广西服务业转型升级研究

朱芳阳 编著

江苏大学出版社
JIANGSU UNIVERSITY PRESS
镇 江

图书在版编目(CIP)数据

广西服务业转型升级研究/朱芳阳编著. —镇江 :
江苏大学出版社,2020.11
ISBN 978-7-5684-1458-6

Ⅰ. ①广… Ⅱ. ①朱… Ⅲ. ①服务业-转型经济-研
究-广西 Ⅳ. ①F726.9

中国版本图书馆 CIP 数据核字(2020)第 225065 号

广西服务业转型升级研究
Guangxi Fuwuye Zhuanxing Shengji Yanjiu

编　　著/朱芳阳
责任编辑/柳　艳
出版发行/江苏大学出版社
地　　址/江苏省镇江市梦溪园巷 30 号(邮编: 212003)
电　　话/0511-84446464(传真)
网　　址/http://press.ujs.edu.cn
排　　版/镇江文苑制版印刷有限责任公司
印　　刷/镇江文苑制版印刷有限责任公司
开　　本/890 mm×1 240 mm　1/32
印　　张/9.5
字　　数/300 千字
版　　次/2020 年 11 月第 1 版
印　　次/2020 年 11 月第 1 次印刷
书　　号/ISBN 978-7-5684-1458-6
定　　价/60.00 元

如有印装质量问题请与本社营销部联系(电话:0511-84440882)

本书编辑委员会

目 录

第三篇　实证篇

第四篇　对策篇

第一篇　理论篇 ◆

第一章　导论

第一节　服务业的分类及发展阶段

一、服务业的分类及特征

《国民经济行业分类》（GB/T 4754—2011）规定，第三产业即服务业，是指除第一产业、第二产业以外的其他行业。具体来说，第三产业包括：批发和零售业，交通运输、仓储和邮政业，住宿和餐饮业，信息传输、软件和信息技术服务业，金融业，房地产业，租赁和商务服务业，科学研究和技术服务业，水利、环境和公共设施管理业，居民服务、修理和其他服务业，教育、卫生和社会工作，文化、体育和娱乐业，公共管理、社会保障和社会组织，国际组织，以及农、林、牧、渔业中的农、林、牧、渔服务业，采矿业中的开采辅助活动，制造业中的金属制品、机械和设备修理业。

现代服务业是21世纪初我国广泛提出的一个概念，与传统服务业这一概念相对。夏杰长（2006）认为，现代服务业还应涵盖借助信息技术改造升级后的传统生产服务业。“现代服务业”之所以区别于“传统服务业”，主要是现代服务业融合了现代信息技术与现代管理理念，其更凸显了高新技术与知识密集的特点。与此同时，服务业又分为生产性服务业与消费性服务业，Greenfield（1966）认为，生产性服务业是指市场的微观主体企业、非营利组织等为生产者提供的产品和劳动。Howells和Green（1986）认为，生产性服务业包括保险、银行、金融和其他商业服务业以及职业和科学服务。国内学者吕政（2006）认为，生产性服务业作为其他产品生产的中间投入的服务业，具有专业化程度高与知识密集的双重特点。尽管国内外对生产性服务业的外延范围还没有形成完全一致的意见，但是普遍认为生产性服务业是一种中间需求性服务业，而非最终需求。而消费性服务业是指直接面向个体消费者的消费支出的服务。

近年来，随着互联网信息技术的迅猛发展，尤其是新业态、新的商业模式层出不穷，许多服务业的传统特征发生了重大变化。互联网技术使得服务生产与消费的距离大大缩短，甚至将生产与消费二者融为一体。同时，就可贸易程度而言，生产性服务业的可贸易性越来越强，由于生产性服务业具有人力资本和知识资本集聚的特征，其能够把大量的人力资本和知识资本等创新要素引入产品的生产过程当中，因而在后工业化时代，工业也面临着向智能化、数字化与服务化转型的要求，寻求工业与服务业的融合是现代产业结构优化的重要路径。

二、服务业发展的几个阶段

国内外一些学者根据对服务业的发展研究分析，提出了服务业发展的几个阶段。

在初级产品生产阶段，主要是围绕个人和家庭生活重点发展生活性服务业，包括住宿、餐饮等。到工业化社会阶段，随着生产力大幅度提高，为适应商品经济发展需要，生产性服务业迅速发展。工业化初期，成长较快的服务业是交通运输、通信业、商业等行业；工业化中期，服务业出现新的变化，金融、保险和流通等与工业发展密切相关的行业得到快速发展；工业化后期，生产和生活服务业互相交融，互动发展，服务业的新业态、新热点不断出现，鉴证、咨询、代办等中介服务业，旅游、房地产、文娱等服务业成长较快；后工业化社会，科研、信息、教育等新兴现代服务业快速发展，逐步成为主流业态，同时，保险、金融、商务等服务业也进一步发展，服务业在经济社会发展中的地位越来越重要，发展潜力巨大，前景广阔。

经济学者按服务业与国民经济总量占比的不同阶段研究，提出了各阶段重点引导服务业发展的行业。

当服务业总量占 GDP 比重低于 35%时，应重点引导住宿餐饮、批发零售和交通运输、仓储和邮政业成长，夯实服务业基础产业，扩展贸易范围，繁荣服务业市场。主要依据是服务业的发展起源于城市的发展，随着城市化发展，社会分工越来越细，与生活有关的服务行业发展是城市中居民及企业发展的需要，这个阶段发展壮大传统服务业更能体现城市的功能。

当服务业总量占 GDP 比重在 35%～40%时，除了继续重点发展批发零售、住宿餐饮业及交通运输、仓储和邮政业外，还应大力发展教育业、金融业等服务业。批发零售和住宿餐饮虽然是传统服务行业，但其在发展过程中逐渐融入现代信息技术和新兴经营模式，并向着信息化、市场化、产业化和现代化方向发展，发展潜力巨大。教育业是服务业发展的重要后盾，是服务业发展所需的人力资本的主要供应来源，也是科技与创新的源泉。金融业的发展是服务业发展到一定程度的要求，是利用和筹集资金的重要方式，也是生产和人民生活的重要保障。

当服务业总量占 GDP 比重在 40%～50%时，服务业在国民经济中的地位已经达到比较高的层次。在这个阶段，除了重点提升批发零售业、住宿餐饮业的规模层次，继续鼓励教育业与金融业发展，还应重点发展科技商务服务业。科技商务服务业是生产性服务业的重要行业，是随着服务业发展而出现的。在这个阶段，服务业不仅仅要着眼于自身的发展，更要注重与制造业的互动融合，在分工与合作中共谋发展。

当服务业总量占 GDP 比重高于 50%时，服务业得到进一步发展壮大，主要部门发展更加成熟。在这个阶段，更加需要提升服务业的服务功能，让服务业与民生结合得更紧密，应该更突出发展与社会保障、社会福利有关的服务业，同时把文化、体育、卫生、娱乐等有关的服务业作为发展重点。

这些理论研究成果，可以为确定服务业发展的重点提供借鉴，同时需要指出的是，当前服务业理论研究对于日新月异发展的现代经济而言，在适用性方面也存在一定的局限性，要求我们必须结合广西实际情况进行判断选择。

第二节　服务业转型升级的背景及意义

一、背景

在经济知识化、全球化的推动下，自20世纪80年代开始，国内外产业结构逐步调整，以高新技术为核心的知识经济突飞猛进，出现全球经济的大发展和革新，即“工业型经济”向“服务型经济”的发展，同时也明显促进了经济结构的优化。21世纪初，随着全球经济现代化的进一步发展，现代服务业的规模化、专业化层次得到明显提升，这是现代服务业转型升级的重大机会。尤其是当前我国处在经济转型的变革期，面对生产服务水平和产业构成相对落后的现状，现代服务业给我国的经济发展渠道提出了新的解答方式。我国的经济、社会结构正在转型，对于服务业概念的界定不断扩大，经济能力逐步提升，产业结构不断升级，现代服务业在拉动经济、促进就业等方面正发挥着越来越重要的作用。

21世纪是知识经济的时代，在一个国家经济发展的过程中，服务业扮演着越来越重要的角色。20世纪末期以来，西方的一些发达国家已经着手进行产业升级，由原来的工业化社会率先进入服务经济的时代。据统计，作为服务业大国的美国，其服务业占GDP的比重在2014年接近80%，服务业已经成为许多发达国家经济增长的主要支柱。在我国，从20世纪90年代开始，党中央及国务院制定了一系列鼓励和支持服务业发展的政策与产业规划。党的十五大报告首次正式提到了“服务业”这一概念。国家“十二五”规划提出，加快发展服务业，把推动服务业大发展作为产业结构优化升级的战略重点，并明确地将服务业分为生产性服务业和生活性服务业，指出生活性服务业是直接满足居民物质文化生活需要的服务行业的总称。党的十七大报告提出加快发展现代服务业，提高服务业的比重和水平。国务院《关于加快发展服务业的若干意见》及国务院办公厅《关于加快发展服务业若干政策措施的实施意见》，为服务业的快速发展奠定良好政策基础，为餐饮业的发展带来难得的机遇。党的十九大报告中提出，支持传统产业优化升级，加快发展现代服务业，瞄准国际标准，提高水平。

2015 年 11 月，国务院办公厅《关于加快发展生活性服务业促进消费结构升级的指导意见》明确，今后一个时期，重点发展居民和家庭、健康、养老、旅游、体育、文化、法律、批发零售、住宿餐饮、教育培训等贴近服务人民群众生活、需求潜力大、带动作用强的生活性服务领域，推动生活消费方式由生存型、传统型、物质型向发展型、现代型、服务型转变。曾艳（2019）认为生活性服务业涉及群众生活方方面面，提升发展生活性服务业，是推动经济增长动力转换的重要途径、保障和改善民生的重要手段。吴学强（2019）认为生活性服务业是服务业和消费的重要组成部分，是国民经济的基础性支柱产业，是城市生活品质的基础，是继农业发展、工业发展后城市经济发展的后续动力。汪为春（2020）认为，在服务业领域，从需求端适应消费者日益增长的美好生活的需求，正在成为服务业发展的新常态。Zheng 和 Sally（2006）认为，作为经济“黏合剂”，生产性服务业是知识和技术密集型的，它改变了服务产品的内容和性质，以及它们在国民经济中的地位和作用。服务越来越多地作为一种软生产资料进入生产领域，使生产性服务业成为现代经济增长的推动力。王永胜、郁万荣（2020）认为，生产性服务业虽然隶属于现代服务业，但与工业生产息息相关，由于它的高智力资本和高创新性，在提高生产效率、降低资源消耗、优化产业结构、推动产业融合、推动城市经济转型和发展中发挥着重要作用。

一方面，随着国民经济的不断发展及国际化程度的逐步提高，我国的服务业在促进经济发展、推动产业结构优化升级、满足人民群众物质文化生活需要、扩大内需、解决劳动就业、提升国际竞争力和综合国力等方面扮演着越来越重要的角色。特别是促进生活性服务业的健康发展，提高生活性服务业的发展水平和质量，将是满足人民群众多元化、多样化服务需求，增强人民幸福感的现实需要。在全广西上下大力推动“产业升级突破年”的活动中，提升生活性服务业对于发挥城市的聚集、规模、外部和扩散效应，优化城市空间布局，促进招商引资引智，提升城市综合竞争力，具有重要的推动作用。

另一方面，随着中国经济不断转型升级，服务业已成为推动我国经济增长的主要引擎。2018 年，我国服务业占 GDP 比重为 52.16%，服务业对国民经济增长的贡献率达 59.7%，稳居国民经济的第一大产业的位置。2019 年，服务业占 GDP 比重达到 53.9%，比上年增加 1.74%，全国服务业生产指数比上年增长 6.9%。而早在 2015 年，在整个服务业中，我国生产性服务业的占比超过 30%，甚至要略高于美国，生产性服务业对国民经济的作用和重要性逐渐凸显。生产性服务业是服务业中最重要的一部分，借助其在信息、技术和创新等多方面的优势，生产性服务业已经成为拉动一个国家经济增长的主要动力。此外，在吸纳就业能力方面，生产性服务业拥有得天独厚的优势，比如，交通运输、仓储和邮政业就能够为社会提供大量的就业岗位，吸纳大量的劳动力。生产性服务业涉及农业、工业等产业的多个环节，具有专业性强、创新活跃、产业融合度高、带动作用显著等特点，是全球产业竞争的战略制高点，代表经济转型的未来方向。先进的生产性服务业与发达的制造业的协调融合发展，将成为“中国制造 2025”的主要驱动力。2014 年 8 月，国务院出台的《关于加快发展生产性服务业促进产业结构调整升级的指导意见》（国发〔2014〕26 号）提出要加快生产性服务业创新发展，实现服务业与农业、工业等在更高水平上的有机融合，推动我国产业结构优化调整，促进经济提质增效升级。我国“十三五”规划纲要第二十四章明确提出促进生产性服务业专业化，以产业升级和提高效率为导向，发展工业设计和创意、工程咨询、商务咨询、法律会计、现代保险、信用评级、售后服务、检验检测认证、人力资源服务等产业。深化流通体制改革，促进流通信息化、标准化、集约化，推动传统商业加速向现代流通转型升级。加强物流基础设施建设，大力发展第三方物流和绿色物流、冷链物流、城乡配送，实施高技术服务业创新工程，引导生产企业加快服务环节专业化分离和外包。建立与国际接轨的生产性服务业标准体系，提高国际化水平。2017 年原农业部、国家发改委、财政部出台了《关于加快发展农业生产性服务业的指导意见》，强调要将农业生产性服务业打造成为战略性产业，大力发展多元化、多层次、多类型的农业生产性服务，推动多种形式适度规模经营发展，带动更多农户进入现代农业发展轨道。2019 年，中央一号文件也明确指出要加快培育各类社会化服务组织，为一家一户提供全程社会化服务。生产性服务业是现代服务业的基石。现代服务业主要服务生产行业，而计算机网络技术及知识经济的发展有力地促进了现代服务业的提升。产品与服务已经融为一体，服务业的范围与生产领域密不可分。这表现为服务业引导了生产领域的生产方向，它们的生产过程是为服务而存在的。

从理论角度来看，国外对服务业的研究已取得很大进展。国外学术研究核心通常是在生产性服务业，自 20 世纪 60 年代起，我国才初步分析了“现代服务业”这一概念。虽然我国对现代服务业进行的研究起步较晚，但是，自 20 世纪 90 年代以来，我国研究人员逐步系统性地研究了它的含义、特征、功能、优势、类型、创新及产业相关程度等。由于外因的影响，虽然这一内容一向是理论研究的热点问题，但尚未从理论方面提升到现阶段的应用与操作方面。当前，在国内还没形成相当完善并且成体系的现代服务业研究框架。因此本书在概括了国内外服务业相关理论的基础上，综合我国国情和广西发展现状，重点表述了有关发展建议，对广西现代服务业的发展现状、竞争力评价水平、当前存在的问题、转型可行性等进行了具体分析，为这一特定区域中的服务业转型升级提供了可作为参考的依据和标准。

二、意义

二战后，随着全球产业经济向新的阶段迈进，在 GDP 中，第三产业的增加值比重不断上升，第二产业的增加值比重不断下降，在国际上，欧美等国的第三产业比重基本大于70%，其中，美国的第三产业增加值比重超出75%，而通常的中等收入国家在50%～60%。另外，第三产业就业比重也超出了第二产业，发达国家一般达到了70%，中等收入国家处于60%～70%。这一情况表明，第三产业已成为衡量一个地区经济社会水平和市场经济发展的主要标志之一，对促进区域经济迅猛增长起着不可估量的作用。

现代服务业是在工业化蓬勃发展的时期产生的，包括运用先进的管理模式、高新科技、新兴营销方式、先进组织模式的服务性行业，同时还包括对传统服务业运用技术升级、经营方法提升等进行改造而产生的服务性行业。现代服务业作为现阶段各国经济的主要组成内容，是主要为生产制造方提供知识、技术、信息等中间投入的服务业，以其特有的优势推动着经济的迅速增长。当前是加速城市化、工业化等项目发展，转变经济增长方式的重要时期，尤其是高新技术的迅猛发展对传统第一、第二产业产生了突出影响，促进了信息传输业、现代物流、租赁和商务服务类企业迅速增长，这不仅有利于新兴行业的发展，提升经济、社会效益，提供宽广的就业渠道，而且能满足人民科技生活方面不断增长的需要，不仅有着提升服务业的专业化、社会化程度的一般意义，而且在促进市场创新发展、资源优化配置、产业结构调整、经济的持续健康发展等方面具有突出而长远的意义。

党的十八大报告提出“要推动战略性新兴产业、先进制造业健康发展，优化产业结构”，而发展生产性服务业又是产业结构优化升级的战略重点。2012 年，我国制定出台了《服务业发展“十二五”规划》，明确将“加快发展生产性服务业”作为服务业发展的重点。2012 年开始实行的“营改增”试点，打通了抵扣链条，无疑为生产性服务企业创造了更好的发展环境。2017 年 9 月，《“十三五”国家服务业综合改革试点实施意见》指出，要准确把握新常态下服务业发展的新任务新要求。一是把发展服务业作为培育新动能的重要抓手，挖掘服务业的发展潜力，补齐发展短板，推动服务创新。二是把发展服务业作为推进供给侧结构性改革的重要内容，消除体制机制障碍，立足于国际产业合作，推进服务业领域开放。三是把发展服务业作为改善民生、扩大就业的重要途径，满足服务消费升级需求，提升服务业吸纳就业能力，营造良好的消费环境。四是做好《服务经济创新发展大纲（2016—2025 年）》的出台实施工作，确保各项目标任务落到实处是启动新一轮国家服务业综合改革试点，加强对试点工作指导，支持试点区域相关措施的落实。大力促进服务业，尤其是先进的生产性服务业与发达的制造业的协调融合发展，加快经济发展方式转变和产业结构调整升级，是落实党中央、国务院赋予的新定位新使命，推动我国经济转型升级，打造全方位开放合作新格局的必然要求。同时，产业结构转型和升级是当下我国经济发展的战略任务。在此背景下，大力发展服务业是经济发展需要面对的挑战，也是要抓住的契机。

本书对服务业的空间布局及其协调机制等方面的研究具有一定的理论和现实意义。首先，拓展了服务业布局的研究范畴。本书的研究着力于市域视角，利用服务业的内在联系，对全区服务业进行合理布局，协调发展服务业的空间结构。其次，丰富服务业布局研究的理论成果。通过分析比较大城市和中小城市对服务业空间布局的基本模式，完善现有服务业理论分析的不足，同时为广西服务业的布局与协调发展机制及发展模式提供理论根据。最后，从现有文献和实践运行情况来看，各地多注重单体城市中生产性服务业的发展，而忽视了城市之间的服务业的协调布局与发展。

此外，生产性服务业集聚区作为供应链的重要组成部分，正成为全球经济发展的一个重要热点和新的经济增长点，其发展水平已成为一个国家或地区经济综合实力的重要标志。一个经济区域的产业集聚发展模式，可以被解释为该区域为推动当地产业健康快速发展，根据自身资源的特点及其经济社会发展的现实情况，探索出的产业发展规律、路径及措施的有机集合体，旨在保护和利用当地资源，促进各产业的转型升级，加速各产业集聚发展及其集聚区的形成。综上所述，研究和探索服务业产业的集聚发展模式，对掌握服务业的发展规律，制定服务业产业集聚发展的有效战略，促进集聚区的有效建设等起到指导和借鉴的作用。服务业构建现代服务业体系、优化经济结构、转变发展方式的载体已经被产业集聚区承担。

第三节　全球服务业转型升级的发展趋势

一、服务业转型升级是全球发展的客观要求

从世界经济发展趋势来看，全球经济结构呈现出以工业为主导向服务业为主导转变的新趋势，特别是现代服务业越来越成为支撑和引领经济社会发展的重要动力。当前，随着新一轮科技革命和产业变革趋势的不断加强，随着我国经济进入新常态，加快产业转型升级，特别是服务业转型升级，已成为当前我国乃至全球经济社会发展的必然选择。

（一）服务业转型升级是经济持续健康发展的客观要求

长期以来，很多国家的经济增长主要依靠劳动力、土地、资源等传统要素的大规模投入。随着这些国家经济进入新常态，原有的依靠要素驱动经济增长的模式难以为继，资源环境约束日益趋紧，资源环境承载力接近上限。面对资源环境的巨大压力，一些高投入、高消耗、高污染、低效益的行业必然要退出市场，而资源消耗低、环境污染少、经济价值高的服务业必然会得到较快发展。服务业转型升级就意味着服务业发展的活力和动力进一步增强，服务业在经济社会发展中的地位和作用进一步增强。随着服务业转型升级步伐的加快，一方面可以减轻资源环境的压力，促进资源节约、环境友好，加快经济绿色化发展；另一方面，新一代信息技术，如互联网、物联网、云计算、大数据、人工智能技术等与服务业的融合发展，促进了信息传输、软件技术服务、商务服务业等新兴服务业的蓬勃发展，这些有利于进一步优化产业结构，加快动能转换，促进经济持续健康发展。

（二）服务业转型升级是调整优化经济结构的客观要求

在经济新常态下，全球各国的经济结构正在发生深刻变化，逐步由以工业为主导向以服务业为主导转变。服务业已发展成为深化

供给侧结构性改革、调整优化经济结构、培育经济发展新动能的关键所在。服务业转型升级包括新兴服务业的快速发展，也包括传统服务业的改造升级，服务业转型升级最根本的动力来自创新，通过科技创新、组织创新、管理创新、市场创新、模式创新等，推动互联网、物联网、云计算、大数据、人工智能等新技术广泛应用于服务业，促进服务业与制造业、传统服务业与新兴服务业等的融合发展，实现生产与生活并举、“传统与新兴” 并重，由此迅速壮大服务业发展规模，提升服务业发展层次，从而带动整个产业结构走向合理化和高级化，推动各个国家的经济结构不断优化升级。

（三）服务业转型升级是应对新一轮科技革命的客观要求

当前，以新一代电子信息技术、新材料技术、新能源技术、高端装备制造技术等为主导的新一轮科技革命正在深刻改变着人们的生产、生活方式。特别是大数据、云计算、移动互联网、人工智能等与服务业的深度融合发展，催生了一大批新产业、新技术、新业态、新模式，如平台经济、体验经济和分享经济等新兴经济形态的不断涌现，个性化、体验式、互动式等新消费模式蓬勃兴起。以服务外包为例，2017 年，我国相关数据分析显示，电子商务平台、互联网营销推广、供应链管理等服务新业态新模式，其执行额分别同比增长 55.4%，44%，40.6%。除此之外的种种迹象均表明，新一轮科技革命和产业变革在赋予服务业发展新动能的同时，也对服务业的发展提出了新的挑战。应对新一轮科技革命和产业变革，各国都迫切需要通过结构性改革提高服务业发展的质量和效益，赢得服务业发展的机遇，占据最高点。

（四）服务业转型升级是发展现代服务业的客观要求

现代服务业是相对传统服务业而言，适应现代经济社会发展的需求，具有高人力资本含量、高技术含量和高附加值的服务产业，已经成为一个国家、地区经济现代化的重要标志。欧美一些发达国家在 20 世纪 60 年代就完成了工业经济向服务经济的转换，从 20 世纪 90 年代就开始由传统服务业向以现代服务业为主导的服务经济转型。相比较之下，一些发展中国家服务业的发展起步较晚，服务产业层次较低，商贸、餐饮、住宿等传统服务业仍然占有较大比重，计算机服务、软件服务、租赁、商务服务等新兴现代服务业占比较低。例如，2017 年我国电子计算机和信息服务、知识产权使用费、个人文化娱乐等新兴服务进口同比分别增长 54.9%，21%和30.6%，其原因就在于当时的服务业发展相对滞后，附加值比较低，还处于服务产业链条的低端。适应国民经济服务化趋势和现代服务业加快发展的要求，推动服务业转型升级，也是发展现代服务业、提高发展中国家服务业竞争力的客观需要。

二、全球服务业转型升级的基本方向

面对新形势、新要求，世界各国必须牢固树立新发展理念，把服务业转型升级作为深入推进供给侧结构性改革的重要内容，促进服务业向智能化、高端化、绿色化、品牌化、国际化方向发展，努力构建优质高效、充满活力、竞争力强的现代服务业体系。

（一）促进服务业向智能化方向发展

习近平总书记在全国网络安全和信息化工作会议上强调，要推动互联网、大数据、人工智能和实体经济深度融合，加快制造业、农业、服务业数字化、网络化、智能化。这一要求，从国家战略高度为服务业转型升级指明了方向。不只是中国，世界各国都应当运用互联网、物联网、云计算、大数据、人工智能等现代信息技术，着力推动服务业信息化、数字化、智能化。积极鼓励众筹、D2C、C2B、OTO 等商业模式创新，推动创意设计、远程诊断、生态旅游、远程教育、智慧社区等新业态发展。积极推进商贸、物流、仓储等传统服务业与大型网络平台对接，创建智慧物流和智能仓储新平台，打造现代智慧物流新模式。大力发展智能化金融，借助人工智能、区块链、云计算和大数据等信息新技术在支付清算、借贷融资、财富管理等金融领域的系统运用，有效提升金融服务效率和水平。智能化不但是服务业转型升级的重要方向，而且也是激发服务业发展活力和动力的重要手段。

（二）促进服务业向高端化方向发展

与发达国家服务业相比，发展中国家的服务业大多还处于价值链的低端，粗放式发展的特征还比较明显。要适应新时代国际产业转型升级的需要，提升发展中国家服务业的发展层次和水平，提高服务业生产效率，必须推动服务业向高端化方向发展，也就是推动服务业产业链和价值链由低端环节向高端产品、高端要素、高端服务、高端平台等高端环节深化延伸，通过抢占高端环节，实现向价值链高端攀升。在生产性服务业领域，深化产学研合作，加快优化研发设计服务、知识产权服务、科技成果检测、中介咨询等科技含量较高的服务业结构，提升生产性服务业对制造业转型升级的支撑能力。在生活性服务业领域，突破物理限制和服务半径，提升专业化和精细化程度，提高以健康、医疗、养老和教育为核心的最终需求型服务业的价值比重，加快生产性服务业和生活性服务业的新产业、新技术、新业态、新模式的发展，加快提升服务业的高端化水平。

（三）促进服务业向绿色化方向发展

产业绿色化是当前全球产业发展的重要趋势，随着资源环境对经济发展的约束趋紧，不仅对农业工业绿色发展提出了新的要求，也对服务业绿色发展提出了新的要求。因此，绿色化也是服务业转型升级的重要方向。推动服务业绿色化发展，首先要坚持绿色发展理念，使绿色发展融入服务业转型升级的全过程和各个环节。其次，要坚持资源节约和环境保护并重，坚持以环保引领服务业绿色发展，促进服务业由高消耗、高污染、高排放向绿色、低碳、循环方向发展。最后，也要大力发展绿色物流、碳金融、生态休闲旅游、体育康乐、文化养生等新兴绿色服务业，积极发展网络约车、远程教育、在线医疗、智慧社区等共享服务新模式，不断提升服务业绿色化发展水平。

（四）促进服务业向品牌化方向发展

品牌是一个企业兴旺发达的源泉，从欧美等发达国家服务业发展的经验来看，只有建立品牌，企业才能真正获得核心竞争优势。有研究表明，尽管名牌产品在全球品牌中的占比不足3%，却占有了全球市场的40%、全球销售额的50%。由此可见，服务业转型升级，其中一个重要着力点就是要树立品牌意识，实施品牌战略，以培育品牌为切入点，提高服务业的发展层次。以研发设计、信息物流、商务金融、会展广告等现代服务业为重点，加强品牌建设，着力打造一批具有自主知识产权和核心竞争力的品牌产品、品牌企业和品牌区域，鼓励企业以品牌为纽带带动服务业实现新突破。加强行业品牌和区域品牌建设，建立差异化品牌优势，通过品牌市场、品牌旅游、品牌会展等专项建设和培育，提升品牌影响力，发挥行业品牌和区域品牌在品牌建设中的引领作用。做好品牌维护，建立健全品牌保护的法律法规，加大对侵犯服务业商标、商号、专利、质量标志、产品标准等知识产权的惩罚力度，通过服务业品牌的建设，推动服务业由粗放型向集约型转变。

（五）促进服务业向国际化方向发展

服务贸易发展滞后一直是发展中国家与国际接轨的一个突出短板。尽管近年来各发展中国家的服务贸易保持着较好的发展势头，但是服务业贸易逆差总体持续扩大。比如，我国 2017 年的服务贸易逆差达到 16 177.4 亿元，比 2016 年增长 0.3%。因此，国际化也是各个国家服务业转型升级的重要方向。要主动抓住服务业国际化、全球化发展的新趋势和新机遇，积极融入全球产业的分工体系，形成服务业由内聚向外拓，由被动接受国际分工到主动参与国际分工的新格局。树立服务业全球化思维，明确各国服务业在新一轮全球产业分工中的新定位，推动服务业从国际分工体系的加入者转变为国际经济关系调整治理的积极参与者，带动发展中国家服务企业更好地走出去，推动发达国家服务业企业的建设更趋向完善。把握服务业国际化发展新特点，对标国际先进水平，积极探索服务业在更高层次、更宽领域、更大范围参与全球服务贸易竞争与合作的新模式，推动服务业由代工、代销等向市场研发设计、软件开发、营销推广、咨询服务等中高端链条延伸，提升服务业在全球范围内配置资源开拓市场的国际竞争能力，提高各个国家服务业的国际化水平。

第二章　服务业转型升级的理论基础

第一节　生产性服务业理论

一、生产性服务业的含义

国内外的不同学者对生产性服务业的解释各有不同，对生产性服务业概念的认识经历了一个深入和完善的过程。在我国，对生产性服务业的研究还处于探讨阶段，其界定和构成目前还没有统一的定论。

（一）国外学者的界定

生产性服务业的概念最早是由国外学者 Machlup 于 1962 年提出的，他将知识产出的行业单独划分为生产性服务业；Greenfield（1996）在此基础上，将生产性服务业界定为向生产者而非最终消费者提供服务和劳动的行业。这两种定义都是基于产品属性本身或需求视角来界定生产性服务业的。Kuznets（1996，1971）则指出生产性服务业是对经济增长有贡献的生产服务行业，最早是从制造业里分离出来的。这些观点为学者进一步研究生产性服务业奠定了基础。

20 世纪七八十年代，学者对于生产性服务业的研究成果逐渐成熟起来。Browning & Singelman（1975）将联合国标准产业分类（SIC）进一步细化，并得到了联合国的支持，金融业、保险业、房地产业等都被划分到作为服务业四类之一的生产性服务业中。Noyell & Stanback（1981）指出生产性服务业的产出是中间产品，而非最终消耗品。Hubbard & Nutter（1982）提出生产性服务产业不同于消费服务。Marshall（1987）指出生产服务活动涉及信息处理服务，商品销售和储存，设备安装、维护，福利服务等。Daniels（1985a）为了将生产性服务业和消费性服务业区别开来，采用产出物作为指标，他认为产出物没有到达最终消费者手中，而是到达其他生产者手中，这种产出物就是生产性服务。Howells & Green（1987）基于服务对象及内容来界定生产性服务业，为其他企业而非个人提供的服务就是生产性服务。例如，银行、保险、职业和科学服务等。Coffey & Polese（1989）同样认为生产性服务业是一种中间投入，并非最终产出，它所面对的对象也不是最终的消费者。Harrington & Lombard（1989）认为作为一种中介服务，生产性服务业是向商业部门提供服务产品的。

1990 年以后，生产经营活动不断拓展，使得生产性服务业的含义和范围也更加宽广。Stull & Madden（1990）将生产性服务业的范围界定为中间行业，其服务并非提供给个人消费者，而是提供给其他企业进行再生产。Martinelli（1991）将生产性服务活动分为研发与创新活动、资源或资金分配和流通活动、生产组织和管理活动和产品配销活动。Hansen（1990，1994）指出作为中间功能，生产性服务业为上游研发活动、下游市场活动及产品生产提供服务。Juleff（1996）认为生产性服务业与传统服务业不同，其是依托产品生产发展出来的专门的独立产业，该产业内的企业有显著的可以识别的共同特征。

（二）国内学者对生产性服务业的界定

20 世纪 90 年代，国内学者开始关注生产性服务业的问题。1991 年，在经济转型时期，我国台湾交通银行将服务对象分为生产性（生产辅助）服务和消费性服务。生产性服务提供服务给生产者或生产企业，消费性服务提供服务给最终消费者。侯学钢（1997）又将生产性服务业称作厂商服务业，它是为各种生产企业生产产品提供所需的无形服务产品。进入 21 世纪之后，生产性服务业快速发展，学者对其研究也越来越深入。阎小培等（2003）指出生产性服务业虽然不直接生产有形产品，但是为各项生产活动提供必需的各项服务，这种服务面对的是生产者，而不是最终消费者，生产力和科技水平直接影响着生产性服务业的发展水平。李江帆、毕斗斗（2005）赞同这一研究，进一步指出生产性服务是一项中间投入，为了满足外部企业的各项生产活动和商业运作。

郑吉昌（2005）认为生产性服务业是为其他产品或服务生产提供所需的服务，这种服务介于直接生产和最终消费之间，属于中间投入环节。刘重（2006）指出生产性服务并非是直接提供给最终消费者的服务。例如，保险、物流、研发、设计、会计、市场调查、教育培训等都属于生产性服务业。王晓玉（2006）指出生产性服务业存在的意义是为了满足进一步的生产所需。程大中（2006）则指出生产性服务业有内涵和外延两层含义。生产性服务业的内涵是指为其他产品和服务的生产提供的中间投入服务，属于非直接消费服务；外延是指由具体的某一生产性服务产业及相关产业组成的产业集群，如金融服务集群、信息服务集群等。

生产性服务业，又称生产者服务业，这是从国外引入的一个新概念，是指为保持工业生产过程的连续性、促进工业技术进步和产业升级、提高生产效率提供保障服务的服务行业。它是与制造业直接相关的配套服务业，是从制造业内部生产服务部门独立发展起来的新兴产业，本身并不向消费者提供直接的、独立的服务效用。它依附于制造业企业而存在，贯穿于企业生产的上游、中游和下游诸环节中，以人力资本和知识资本作为主要投入品，把日益专业化的人力资本和知识资本引进制造业，是二、三次产业加速融合的关键环节。如今，经济发展与合作组织（OECD）认定生产性服务业是提供给其他企业中间性投入并促进生产活动的服务业。主要包括研发设计与其他技术服务，货物运输、仓储和邮政快递服务，信息服务，金融服务，节能与环保服务，生产性租赁服务，商务服务，人力资源管理与培训服务，批发经纪代理服务，生产性支持服务这几类服务行业。刘奕等（2017）借鉴顾乃华（2010）的研究，将生产性服务业分为两大类：一类是基本生产性服务业，主要包括交通运输仓储邮政业；另一类是支持性生产性服务业，具体包括信息传输业、计算机和软件服务业、租赁和商务服务业、金融业及科学技术服务业。唐晓华等（2018）按照2015年国家统计局对生产性服务业的界定标准，综合考虑数据的可获得性，将制造业互动综合技术和科学研究服务也纳入生产性服务之中。

尽管很多专家学者针对生产性服务业的概念都提出了自己的观点或看法，但对于其核心内涵的理念基本是一致的，即生产性服务业不是最终的消费服务，而是一种中间环节，贯穿于整个制造业过程。2006年3月14日，由全国人民代表大会第四次会议审议通过的《国民经济和社会发展第十一个五年规划纲要》中，将生产性服务业细分为交通运输业、现代物流业、金融服务业、信息服务业和商务服务业五个部分，并确定其发展的顺序和重点为：优先发展交通运输业、大力发展现代物流业、有序发展金融服务业、积极发展信息服务业和规范发展商务服务业。

基于以上国内外已有的研究，本书对生产性服务业做出如下归纳总结：生产性服务业产出的并不是有形的实物，而是人力和知识资本，它所服务的对象并不是产业链中的供应商，也非最终的消费者，而是向中间的生产者提供其生产所必需的服务。

总体而言，生产性服务业是指直接或间接为生产、经营活动及政府管理等提供中间服务的服务性产业，是生产者在生产者服务业市场上购买的服务，是为生产、商务活动而非直接向个体消费者提供的服务。从中可以看出，作为一项中间投入服务，生产性服务业通常是知识密集、技术密集和资金密集的产业。例如，知识密集型服务业的典型代表有研究和开发行业、教育培训行业等。知识密集型、技术密集型和资金密集型行业并不是完全独立和区分开来的，这种模糊性和交叉性，使得有的服务行业既属于知识密集型，又属于技术密集型，例如信息服务业。

二、生产性服务业的作用

生产性服务业是集智力、资金、技术为一体的新兴产业，它的发展对一个国家和地区经济结构的调整和升级有重大的影响，其作用主要体现在以下几个方面。

（一）生产性服务业能促进经济的增长

生产性服务业的发展使得社会分工更加精细，商品交易的社会成本更低，经济运行的效率更高，国民经济的发展更迅速。比如，信息传输、计算机和软件行业及现代物流业的发展，使得跨境电商近几年来发展迅猛，我们足不出户就可以购买到世界各地的产品。生产性服务业发展能推动产业升级，提高工业化水平，提升生产力和竞争力，进而推动经济增长，这一点国外学者基本达成共识。Fuchs（1968）、Francois（1990）、Hansen（1990）认为在服务经济的背景下，生产性服务业是拥有成长潜质的产业，具有规模效应，对促进经济增长、产业转型升级，提高产业效率有很大推动作用。Goe（1996）、Aslesenh & lsaksen（2007）认为生产性服务业从科技进步、服务方式转变及服务生命周期改变等方面带动经济增长。Daniels（1993）、Eswaran & Kotwal（2002）认为生产性服务业能推动制造业转型升级，拉动经济增长。李霞等（2016）、苏晶蕾等（2018）认为生产性服务业发展有助于促进制造业向服务型制造转变。郑吉昌和夏晴（2005）、胡飞和黄玉霞（2009）等经过理论与实证研究，指出生产性服务业是经济增长的内在动因之一，是经济增长的推动力和提高经济竞争力的助推器。

（二）生产性服务业能提供更多的就业岗位

传统的生产性服务业，如交通运输、仓储和邮政业是劳动密集型产业，能够为社会提供大量的就业岗位，吸纳大量的劳动力。新兴型生产性服务业，如信息传输、计算机服务和软件业，科学研究、技术服务业对从业者的从业经验及知识水平要求较高，这与当前不断提高的劳动力素质相匹配。生产性服务业的发展能为知识密集型和劳动密集型的产业提供不同层次的劳动力资源，这拓宽了人们的就业渠道，同时也能促使人们提高自身素质，注重各方面能力的培养，使得劳动力的整体素质得到加强。

（三）生产性服务业能加速其他产业的发展

生产性服务业作为制造业的配套产业和现代服务业的重要组成部分，是产业转型的“中场发动机”和经济发展的“新增长极”。

《服务业创新发展大纲（2017—2025 年）》指出“生产性服务业发展存在明显滞后，供给不足”的问题，提出“促进生产服务、流通服务等生产性服务业向专业化和价值链高端延伸，社会服务、居民服务等生活性服务业向精细和高品质转变”，“推动生产性服务业加快发展，提升对区域产业升级的支撑能力”的发展策略。

Daniels（1991）、Drennan（1992）还认为可以形成跨区域贸易，跨区域带动相应产业发展。国内学者认为生产性服务业具有深化分工、提升产业竞争力，带动其他相关产业发展、促进经济增长，推动区域整体发展等功能，并进行了大量的研究。如郑吉昌和夏晴（2005）认为现代生产性服务业能够推动分工的不断深化，同时又是分工经济的“黏合剂”。刘纯彬和杨仁发（2011）、孙青芬（2012）指出生产性服务业是现代经济增长的牵引力，能为其他产业提供中间投入服务，与其他产业的融合将提升产业竞争力。李霞等（2016）、苏晶蕾等（2018）认为生产性服务业发展有助于促进制造业向服务型制造转变。经济全球化的步伐越来越快，各个产业之间的互动融合越来越紧密，生产性服务业能为其他产业提供技术支持、提供产品创新服务、提供产品外包服务等，它的发展，推动其他产业的快速发展。

（四）生产性服务业为产品价值增值提供多样化的服务

在现代经济中，企业生产产品的利润已经不再局限于加工制造的生产环节，而是更多地依赖于产品的研发、市场的开拓等生产性服务环节。在生产的各个阶段都有对应的专业化的服务。比如，在产品生产的前期，有专业的市场调研、可行性分析等专门的服务；在产品生产过程中，需要有相应的质量监督体系、设备的养护等与产品生产相结合的服务；在产品的销售阶段，需要物流、广告、营销等服务。生产性服务业在生产的各个环节为产品价值的增值提供了多样化的服务。

此外，生产性服务业的发展还有助于促进城市产业升级，发展生产性服务业，能够很好地提高产业结构中高端、高效、高附加值产业的比重，成为推动产业结构优化升级的重要动力；有助于增强城市自主创新能力，生产性服务业以其高知识、高技术含量占据产业链的高端环节，对创新资源有较强的控制力，能够很好地将创新资源转化为创新成果，营造城市创新氛围；有助于促进服务业专业化、市场化水平的提升，生产性服务业是从原先作为企业内部的研发、设计、会计、营销、咨询等服务职能部门分离出来的。生产性服务业是专业化分工、市场化水平不断提高的必然结果；有助于推动城市经济的可持续发展。生产性服务业能够为新型工业化提供高水平的生产性服务中间投入，占领产业价值链的中高端环节，有利于加快现代信息技术成果在整个社会再生产过程的应用，更好地实现以信息化带动工业化。

（五）生产性服务业的发展能够促进知识、科研及产品的创新

在知识创新阶段，包含着创新的产生和基础研究过程。生产性服务业具有强目标客户导向性，通过与客户的直接交流和接触，了解和发现客户的需求，围绕这些需求可以萌生出许多相关的新创意，技术创新部门可集中时间和精力进行研发和生产，节约信息成本用于技术研发投入，提供更多的创新机会和开发目标，也保证了最终的研发产品获得市场的支持，对技术创新的发展有重要的拉动作用。此外，技术创新部门可以从生产性服务业获得相关市场和行业的信息，以及咨询、分析、预测的专业化服务，有助于学习其他领域的相关专业知识和技术创新成果，夯实技术创新的知识基础，提高技术创新的开发效率。

在科研创新阶段，包含着创新的转换和应用研究过程。首先，生产性服务业本身就是技术创新的主体，其行业快速发展与技术进步密切相关，而生产性服务行业的技术进步不是只有从其他部门引进新技术这一个途径，还有自身的创新，通过行业和企业内部组织结构改造和创新，让引进的创新技术充分发挥作用，实现组织管理创新与技术创新互补，给技术创新提供更多的研发思路和应用场景。同时，生产性服务业自身具有知识密集型优势，具有显著的集聚发展特征，能汇集人才、市场和信息等大量的创新要素，为技术创新的研究开发营造良好的创新环境。

产品的创新阶段是创新的传播和实验发展过程。生产性服务业

特别是知识密集型生产性服务业，一般都是新产品和新技术的使用者，自然也是新产品和新技术的推广者与传播者。一个企业或行业采用某项新技术，那么该企业或行业的客户群体也能知晓并使用该项技术。当然，市场对新技术的传播具有发散作用，不久后相关企业或行业也会纷纷投入使用这项新技术，从而推动了新技术在不同的企业和行业间的渗透和扩散，降低了创新技术的推广应用成本。不可忽视的是生产性服务业对生产环节和过程投入专业化服务的价值增量将超过单纯物质生产过程的价值增量，促使产品形成差异化优势，提高创新产品的价值增值，不仅能增加技术研发资本，还能增加创新产品的使用场景。

三、生产性服务业的特征

研究发现，生产性服务业不仅具备服务性产品的易逝性（不可存储）、无形性（非实物）、不可分割性（生产和消费的时空一致性）、异质性和客户导向等一般特性，同时，还具有与其他传统服务业特别是非生产性服务业相区分的显著特征，包括中间投入性强、产业关联突出、知识资本和人力资本密集、溢出效应明显、服务高度定制化、外部化和专业化趋势明显、区位集聚趋势明显等。

（一）中间投入性强

生产性服务业是服务业中最重要的一部分，作为连接其他产业的中间纽带，它的发展对国民经济的发展起着举足轻重的作用。一般来说，生产性服务业具有服务性、中间投入性、产业关联性和可持续性的特征。其中，中间投入性是它的最本质特征。这是因为生产性服务并不面向最终的消费者，而以企业和政府机构为主要服务对象，是满足中间消费需求的服务产品，并在作为中间投入品进入产品和服务的生产过程中创造新的价值（李金勇，2005）。

生产性服务业的产品主要是作为最终产品或最终服务的中间投入品，这是其区别于消费性服务业的本质特征。对于生产性服务的消费不属于最终消费，而是生产性消费，是作为生产资料再次投入到生产过程以生产更大的价值。生产性服务的消费过程会产生更多的产品，向社会提供更广泛的服务。生产性服务业通过向制造业各环节提供专业化、深度化、科技含量高的支持服务，不仅大幅度增加了制造业的附加值，而且大幅度降低制造业各环节的交易成本，成为关键的价值源泉。同时，生产性服务业作为中间投入品，不仅为第二产业提供中间投入，也为第一产业和第三产业提供中间投入，是连接第一产业、第二产业和其他服务业不可或缺的纽带，为第一产业、第二产业和其他服务业的发展提供智力支持、技术支持，促进国民经济的快速发展。同时，其他产业的快速发展也能反过来带动生产性服务业的发展。随着服务业自身壮大和国民经济结构优化，为第三产业自身提供生产性服务的比重越来越大。但生产性服务业的中间投入性特征没有改变。

（二）产业关联突出

生产性服务的中间投入性决定了其具有较强的产业关联性。产业关联是指在经济活动中，不同产业之间因经济利益而形成的广泛的、复杂的和密切的经济联系。这些联系主要包括纵向经济联系和横向经济联系，其中，纵向经济联系主要是从企业价值链的视角来定义的，包括前向联系和后向联系；而横向经济联系强调非竞争性产业之间的战略联盟、优劣互补。生产性服务业通过产业间前向和后向联系，与制造业形成关联效应。生产性服务业的发展又反过来促进制造业效率的提升，而制造业的发展壮大，增加了对专业化的生产性服务业的需求，两者关联性突出，且存在较强的正关联性。生产性服务业在经济活动中不直接参与企业生产的各个环节，但在企业生产的过程中能为不同的生产阶段提供各种服务，从而提高生产效率，增强经济的活力。比如，金融服务行业为企业的生产活动提供资金支持，为企业的业务往来提供转账结算等服务，从而降低企业的运营成本，提高经济效益，加快经济的发展。也就是说，作为一种为生产活动进行中间投入的服务行业，生产性服务业贯穿企业生产活动过程的各个阶段，与整个国民经济中各个行业也有着关联，特别是与制造业有着很强的关联关系。实际上，相当一部分的生产性服务业就是从制造业的发展过程中不断被剥离出来的，是制造业内置的生产性服务活动逐步外在化的结果，两者之间相互关联、相互作用、循环发展。同时，生产性服务业与农业和其他服务业之间也存在广泛的关联关系。

（三）知识资本和人力资本密集

生产性服务业是一种高技术含量、高附加值的产业，因为服务产品中包含了大量的知识资本和人力资本，如金融、法律、财务、广告、研发、工程、信息等。它不同于一般服务业，多以人力资本和知识资本作为其中间投入，要求从业人员必须具备较丰富的知识储备、较高的教育水平和较强的创新能力；同样，生产性服务业的服务对象通常都是高科技生产者，从而要求其提供的产品必须具有较高的知识含量和技术含量。人力资源培训等生产性服务都是由高素质的劳动者参与，向顾客提供专业化的知识服务，在互动中进行知识的生产、更新和积累，而知识资本和人力资本的迂回投入和积累使生产过程中规模报酬递增及实现生产力提高成为可能，所以生产性服务业可以通过提高企业的生产力，促进经济发展，从而摆脱“成本病”。生产性服务业必须通过雇佣高素质劳动力，不断进行知识创新、技术创新和管理创新，来满足其服务业对象在研发、设计、培训、管理、市场、售后等各方面提出的更专业、更高效、更优化的服务需求。刘志彪认为，现代生产者服务业是制造业知识密集化的构成要素，是其心脏、脑袋和起飞的翅膀。生产者服务业在输送知识、技术的同时，自身也会通过积累不断提升其知识和技术的密集度，如此循环往复，就产生了人力资本和知识资本的不断累积与日益专业化发展，最终推动经济增长。

（四）产业溢出效应明显

生产性服务业的高知识密集性决定了其具有较强的产业溢出效应。如生产性服务业与制造业之间及生产性服务业内部各行业之间，通过购买产品、人才流动、合作交流等方式实现技术流动。

（五）服务的高度定制化

生产性服务业针对客户的实际问题提供定制化的专业服务，其产品是非标准化的，如软件、法律、研发、咨询等生产性服务业的定制化程度要高于金融贸易行业。

（六）外部化和专业化趋势明显

生产性服务业来自于企业的生产性服务活动外部化过程，存在着专业化和差异化两种发展模式，随着市场分化及对规模经济的追求，生产性服务的专业化水平将不断提高。所以说，生产性服务业具有日益增强的外部化特征。随着企业规模的扩大，全球化进程的逐步加深，国际竞争程度的加剧，一些原本处于企业内部的服务活动正不断地从企业内部分离出来，形成具有较强独立性的专业化生产性服务行业，从而使得生产性服务业日渐外部化。根据 Coffey 的解释，生产服务的外包可以降低企业生产的不确定性，分散企业生产的风险。同时，将资源集中于具有比较优势的环节上，可以提高企业的经营效率，增强企业的竞争优势。越来越多的企业将服务外包，按照比较优势原则，跨地区甚至跨国进行产业战略配置，从而强化了生产性服务业的外部化趋势。

（七）区位集聚趋势明显

生产性服务业在空间分布上集聚趋势明显，因为集聚可以共享基础设施、商业环境、人力资源等资源，同时，生产性服务业集聚会产生正的外部性，因此多分布在中心城市。有研究发现，目前，生产性服务业倾向于向“世界城市”集聚，高端生产性服务业通常在主要城市设立分支机构或者集中在少数城市内集中生产并对外销售。

在发达国家、大都市及城市中心区，生产性服务业空间集聚发展的特征非常明显，尤其在部分大都市中，生产性服务业取代制造业成为促进经济增长的主导产业。生产性服务业之所以倾向于集中在大都市，主要是因为能够获得高素质人才、较大需求市场和便利的交通，这也是区域内生产性服务业发展的基础条件。生产性服务业的知识技术密集程度越高，越倾向于向城市中心区聚集。从国际上看，目前世界上几乎所有大城市的中心区都已由过去的“工业中心”转型为“生产性服务业中心”，都市中心区已成为生产性服务业的主要集聚地。而生产性服务业的集聚发展，反过来促进资源的优化配置，降低市场的交易成本，提供较好的产业环境，对制造业升级具有明显的提升作用。

同时，本书基于以上分析，对生产性服务业、生活性服务业和公共服务业进行对比（见表 2-1），以增加对生产性服务业的认识。不同类型的服务业具有不同的服务功能，同时，各细分行业都具有服务非标准化的特点，而生产性服务业区别于其他服务业最大的特点在于，一是可以提高生产率，二是资本、人力和知识密集。

表 2-1　服务业分类及各项特征比较

类型	生产性服务业		生活性服务业	公共服务业
功能	满足企业中间投入需求		满足个人最终消费需求	提供公共服务产品
行业细分	物流、交通、批发、零售、信息技术、金融保险	研发、设计、工程、实验、咨询、广告	娱乐休闲、文化、艺术、房地产、饮食、教育、医疗	政府服务、公益服务、社会福利
标准化特点	可能标准化	难以标准化	个性化、人性化	难以标准化
劳动生产率	可以提高	难以提高	不确定	不确定
资本和技术密集性质	资本、技术和人力密集型	人力和技术密集型	劳动密集型	不确定

四、生产性服务业的理论基础

（一）配第—克拉克定律

1961 年，英国经济学家配第发现：随着经济的发展，产业重心从农业生产和工业生产部门向商业部门进行转移。这是因为相对于农业生产部门来说，工业生产部门所能获得的利润率更高；相对于工业生产部门来说，商业部门能够获得的利润率更高。因此，劳动力不断从农业向工业、从工业向商业转移。1940 年，英国另一位经济学家克拉克在配第的研究基础上进行了深入验证，通过对不同时间段的 40 多个国家和地区的劳动投入产出数据进行整理和分析发现，随着时间推移、经济的发展和社会的进步，第二产业的从业人员数量与第一产业的从业人员数量比值呈现不断上升趋势，第三产业的从业人员数量与第二产业的从业人员数量也呈现不断上升趋势。克拉克认为造成这一现象的原因在于各产业之间的收入弹性和投资报酬的巨大差距。以农业为代表的第一产业，居民收入到达一定水平之后，在居民的日常开支中，农产品的支出比重将会大幅度减小，此时，农产品的收入弹性大大降低，远远小于占日常支出比重较高的工业品和服务的收入弹性。因此，伴随着人均收入水平的提高，第一产业的经济比重不断降低，第二、第三产业的经济比重不断升高，劳动力要素从第一产业流向第二、第三产业。此外，伴随着现代科学技术的诞生，科学技术对工业化的发展起到了巨大的推动作用，而第一产业的发展则变化不大，因为第一产业最主要的要素投入仍是土地，而土地则相对于人口来说越来越稀少，这就决定了第二产业的规模报酬相对于第一产业来说大大增加。因此，人力、资本等要素不断流向规模报酬较高的第二产业，进一步推动了第二产业的发展。

（二）罗斯托的“经济成长阶段论”

1960 年，美国经济学家罗斯托在其著作《经济成长的阶段》中提出了他的“经济成长阶段论”。罗斯托认为，人类社会发展可以分为六个经济成长阶段：第一个阶段是传统社会阶段，在这一阶段人类尚未提出科学技术的概念，生产主要依靠手工劳动，农业居于经济的主导地位，社会总体消费水平较低，社会等级森严，家庭和氏族占据了社会统治的主导地位。第二个阶段是起飞创造前期阶段，在这一阶段近代科学知识被人类所发现，从而逐渐被运用到农业和工业生产当中，金融业开始有所发展，为新的投资提供所需的资金，商业也随着交通运输业的革命有了较大的发展，社会从传统社会向现代化社会过渡。第三个阶段是起飞阶段，在这一阶段，突破了经济的传统停滞状态，阻碍经济发展的问题得到了解决，经济各部门都得到了有效的增长。达到起飞阶段需要具备三个条件：较高的资本积累水平，资本积累与国民经济总量的比值要超过 10%；建立起飞所需的主导部门，它能够带动新技术的发明创造和新兴产业的出现，甚至能够为下一个主导产业发展打下良好的基础，此外，主导产业还会影响周边地区的经济发展和产业结构演化方向；建立能够保证起飞的社会制度，如保护私有财产和保护发明专利等制度。罗斯托认为，一个国家和地区只有同时满足了上述三个条件，才可能获得经济起飞。经济起飞阶段的劳动力从农业劳动中解放出来，进入城市参与工业和商业的劳动，人均收入水平大幅提高。起飞阶段的主导产业主要是纺织业和铁路运输业。第四个阶段是向成熟推进阶段，在这一阶段，科学技术已被广泛应用到经济生活的各个角落。第五个阶段是高额群众消费阶段，主导部门是耐用消费品工业。第六个阶段是追求生活质量阶段，在这一阶段，对居民生活质量具有重要推动作用的服务部门成为主导部门，服务部门通过提高非实物、虚拟的服务产品推动居民生活质量的提高，社会的进步发展不再仅仅以物质产出的多少来衡量，居民生活幸福指数作为衡量社会进步的重要指标被普遍采用。罗斯托指出在以上六个阶段中，起飞阶段最为关键，它是经济发展历程当中的突破性阶段。

第二节　生活性服务业理论

一、生活性服务业的含义

生活性服务业也被称为消费者服务业、消费性服务业或民生服务业，其概念最早是由 Hubbard Nutter（1982）和 Daniels（1985）等人在探讨服务业分类时提出。根据杨媛媛（2015）的梳理，按研究侧重点不同，生活性服务业的内涵大致可分为以下三种：

第一种侧重于服务对象的研究。在相关研究中，生活性服务业主要用于研究居民的服务消费，其研究内容实际上就是消费者服务业的基本内容。比如，耿莉萍（2006，2007）认为服务业是以提供与消费无形产品为特征，居民为换取所需要的服务支付一定的费用，被称为“居民服务消费”。商务部国际贸易经济合作研究院（2009）认为生活性服务业是指为消费者提供服务产品的服务业，它的范围涉及居民日常生活的方方面面。

第二种观点侧重于生产过程的研究，相关研究主要探讨生活性服务业的劳动与生产过程的关系。其中，杨衍江（2010）认为生活性服务业的劳动与其他产业部门的生产劳动一样，属于生产过程的范畴，具有创造价值的功能。生活性服务业可以定义为生产消费者用于生活的服务产品的行业。

第三种观点侧重于起源。俞梅珍（2002）、郑吉昌（2005）认为，生活性服务业主要是城镇化发展的结果。杨小凯（2003）认为，生活性服务业的出现是市场分工不断深化的结果。

虽然不同的学者对生活性服务业概念的界定不尽相同，但是概括起来主要包括以下两点：① 生活性服务业的本质属于最终需求性服务业，其服务对象为消费者，包括居民个人和政府；② 它是市场分工不断深化的产物，其发展程度和水平与其他产业及城镇化水平高低有关。根据上述相关研究的观点，本书采用杨媛媛（2015）的观点，将生活性服务业定义为直接向居民提供物质和精神生活消费品及服务的行业集合，提供的产品和服务主要用于满足消费者生活中而非生产中的各种需求。

二、生活性服务业的类型

目前，对生活性服务业的分类及其所包含的具体行业，尚未形成一个统一的划分标准。当前，关于生活性服务业的分类，主要有两种划分方法：第一种是陈秋玲、李怀勇等人（2010）从行业分类结构的角度，对生活性服务业所做的划分，具体包括文化、体育与教育培训服务、房地产业与建筑装潢业、租赁和维修服务、零售业、旅游和娱乐服务、社区服务业。第二种是根据国务院印发的《服务业发展“十三五”规划》，将生活性服务业分为九大行业，包括商贸服务业、文化产业、旅游业、健康服务业、法律服务业、家庭服务业、体育产业、养老服务业、房地产业。

比较对生活性服务业分类的方法，《服务业发展“十三五”规划》不仅划分九大行业，而且每个行业又包括许多细分行业，具有很好的可操作性。由于本书研究的对象是广西生活性服务业，同时根据广西现代服务业发展的“十三五”规划，广西将大力发展旅游与运动休闲、商贸服务业、健康服务业、养老服务业、文化创意产业、教育培训业、房地产业等七个生活性服务业行业，结合现有统计年鉴的分类，考虑数据的可获得性，本书分析的生活性服务业，包括批发和零售业、住宿、餐饮、旅游业、租赁和商务服务业、房地产业、文化、体育和娱乐业、教育、卫生、社会保障和社会福利业、居民服务和其他服务业。

三、生活性服务业的理论基础

（一）后工业社会理论

1979年，美国社会学家丹尼尔·贝尔在他的著作《“后工业社会”的来临》中指出：“前工业社会依靠原始的劳动力并从自然界提取初级资源。”“工业社会是围绕生产和机器这个轴心并为了制造商品而组织起来的。”“后工业社会是围绕着知识组织起来的，其目的在于进行社会管理和指导革新与变革，这反过来又产生新的社会关系和新的结构。”

后来，随着研究的不断延伸，西方学者提出了以“后工业社会”理论为核心的人类社会发展的阶段理论，较好地体现了服务业随着经济发展阶段的变化其发展趋势如何。在前工业社会、工业社会、后工业社会中，服务业的发展基本呈现以下三大特点：一是在经济发展的初期，服务业都在快速发展；二是服务业的发展随着经济的发展不是呈现单一的线性关系；三是在逐步发展的不同时期，内部结构也在不断变化发展着。

（二）产业竞争力理论

产业竞争力理论也称国家竞争优势理论，是哈佛商学院著名学者迈克尔·波特教授提出的。他在《国家竞争优势》一书中，提出要问的不再是为什么某个国家有竞争力，而是为什么某个国家在某个产业特别具有竞争力，进而提出国家竞争优势的“钻石理论”。

波特的“钻石理论”认为，产业竞争力是由生产要素，国内市场需求，相关与支持性产业，企业战略、企业结构和同业竞争等四个主要因素，以及政府行为、机遇等两个辅助因素共同作用而形成的。其中，前四个因素是产业竞争力的主要影响因素，构成“钻石模型”的主体框架（图2-1）。四个因素之间彼此相互影响，形成一个整体，共同决定产业竞争力水平的高低。此外，他特别强调，当今的竞争已经处于一种动态多变的状态中，在基础科技可以迅速扩散、交通和传播成本降低的情形下，单单将生产活动迁移到廉价地区已经不能保持长期的竞争优势。企业维持竞争优势的唯一方式，就是不断地持续升级和创新，而这种创新的基础就是高素质的劳动力和强大的科研基础。

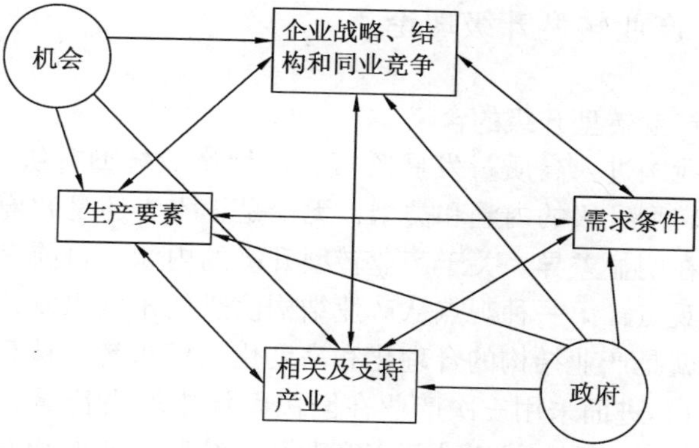

图 2-1 波特钻石理论模型图

（三）规模经济理论

规模经济理论始于亚当·斯密在《国民财富的性质和原因的研究》中以制针为例对劳动分工带来的经济效益的阐释。现代意义上的“规模经济理论”，主要揭示的是大批量生产的经济性规模。马歇尔在《经济学原理》一书中，提出“大规模生产的利益在工业上表现最为清楚。大工厂的利益在于专门机构的使用与改革、采购与销售、专门技术和经营管理工作的进一步划分”。高鸿业在《西方经济学》中将规模经济阐述为“企业生产扩张的开始阶段，厂商由于扩大生产规模而使经济效益得到提高的现象”。

规模经济理论同样适用于阐释生活性服务业的发展，原因在于在农业时代和工业时代，生活性服务业从闲散的个体经营到分工协作、规模生产，规模经营使企业能更好地根据市场需求配置自身供给，带来了巨大的经济利益。进入互联网时代，随着信息技术在生活性服务业领域的广泛应用，生活性服务业产品的生产规模不断扩大，不断涌现创新性、多元化、个性化的服务产品，有利于形成并提升生活性服务业的品牌效应，与此同时，生活性服务业厂商还可以运用信息技术，根据消费者的需求，生产“订单式”的服务产品，不断提升生活性服务业在经济发展中的地位。

第三节　产业转型升级理论

一、产业转型升级的含义

随着我国进入高质量发展阶段，加快产业转型升级已成共识。但对产业转型升级的内涵和类型，无论是学术界还是政府部门，认识上还存在明显差异。关于产业转型升级的内涵，目前有四种颇具代表性的观点：第一种观点从产业结构演进的角度出发，认为产业转型升级就是产业结构的合理化和高度化（韩永辉、黄亮雄、王贤彬，2017），进而采用三次产业在国民经济中所占比重、制造业与服务业的相对比重、战略性新兴产业与传统制造业的相对比重等作为评价产业转型升级的标准（张耀辉，2002；杨青龙、刘启超，2015）。第二种观点从产业要素密集度变化的角度出发，认为“产业结构内生于要素禀赋结构，且随着要素禀赋结构的升级而升级”，把产业转型升级视为资本和技术密集型产业逐步取代劳动密集型产业的过程（徐朝阳、林毅夫，2010），进而把资本和技术密集型产业比重的提高作为评价产业转型升级的标准（梁琦、詹亦军，2006）。第三种观点从产业进出口结构变化的角度出发，认为产业转型升级就是贸易结构从加工贸易为主转变为一般贸易为主，从服务外包为主转变为逆向外包为主，从原材料和一般制成品出口为主转变为高新技术产业出口为主，进而把出口中一般贸易比重或高新技术产业比重等作为评价产业转型升级的标准（刘国晖、张如庆，2014）。第四种观点从全球价值链的角度出发，认为产业转型升级就是国家、地区或企业从全球价值链中低端环节向中高端环节攀升，从代工、贴牌为主转变为自主研发设计和自主品牌为主，把提高产业技术含量和附加价值，进而把产业在全球价值链中的分工地位和出口产品的技术含量等作为评价产业转型升级的标准（刘志彪、张晔，

2005；隆国强、张丽平，2012）。如 Humphrey 和 Schmitz（2002）在全球价值链的分析框架下，将产业升级分为工艺升级、产品升级、功能升级和跨产业升级四种类型。对于产业转型升级认识上的不一致，容易引发政策上的偏差和摇摆，从而会给我国产业转型升级带来一系列风险和挑战。为避免概念上的混乱和政策上的偏差，必须要先对产业转型升级概念有一个清晰的认识。本书认为，产业转型和产业升级含义相近，但又各有侧重，应该予以区分（见表 2-2）。产业转型主要是指随着比较优势和要素禀赋结构的动态转换，一国或地区产业从一种类型转变为另一种类型，主要包括行业结构转型、要素结构转型、贸易结构转型和发展方式转型四种类型。产业升级是指在科技创新和制度创新的双轮驱动下，一国或地区产业沿着全球价值链不断从低端向中高端攀升，从低附加值、低技术含量的生产加工环节为主向高附加值、高技术含量的研发、设计、标准、专利、品牌、营销、服务、关键零部件等环节为主转变。

表 2-2 产业转型升级的内涵和类型

概念	内涵	类型
产业转型	产业从一种类型转变为另一种类型	行业结构转型：比如，三次产业结构从“一、二、三”转变为“三、二、一”，主导产业从制造业转变为服务业，从传统制造业转变为战略性新兴产业等
		要素结构转型：比如，产业从劳动密集型和资源密集型产业为主转变为资本密集型和技术密集型为主，从轻工业为主转变为重工业为主等
		贸易结构转型：比如，出口从加工贸易为主转变为一般贸易为主，从服务外包为主转变为逆向外包为主，从货物贸易为主转变为技术贸易、服务贸易为主等
		发展方式转型：产业发展从数量规模扩张型发展方式转变为质量效益提升型发展方式，从要素投资驱动型发展方式转变为创新驱动型发展方式，从出口导向型发展方式转变为内需拉动型发展方式，从高投入、高污染、低效益的粗放发展方式转变为低投入、低排放、高效益的绿色高效发展方式等

续表

概念	内涵	类型
产业升级	产业技术含量、附加价值、质量效益、分工地位的提升	产品升级：包括引入更为先进的生产线，推进产品质量变革和定制生产，满足消费升级和产品差异化需求 流程升级：包括对生产流程进行重组，或引进智能制造和柔性制造技术，从而提高投入—产出转化效率 功能升级：包括获得新的功能（或放弃现有功能），比如，从加工制造环节转向研发、设计、品牌、营销等环节，以提高生产活动的总体技术含量和附加价值 跨部门升级：包括企业进入新的但往往与已有产业相关的行业，比如，从自行车行业进入摩托车行业，从传统能源行业进入新能源行业 融合升级：利用新技术、新产业、新业态、新模式改造提升传统产业，实现产业深度融合发展，形成产业竞争新优势，如信息化与工业化融合、制造业与服务业融合、军民融合、“互联网+”等

资料来源：作者整理。

二、产业转型升级的类型

（一）产业转型的四种类型

产业转型主要包括行业结构转型、要素结构转型、贸易结构转型和发展方式转型四种类型。行业结构转型是指三次产业结构的转变、产业内行业结构的转变、行业内产品结构的转变等。要素结构转型是指随着要素禀赋结构的变迁，主导产业从劳动密集型和资源密集型产业为主转变为资本密集型和技术密集型产业为主，从轻工业为主转变为重工业为主。贸易结构转型是指随着一国要素禀赋和比较优势的变化，出口结构从“两头在外、中间在内”的加工贸易为主转变为一般贸易为主，从服务外包为主转变为逆向外包为主，从货物贸易为主转变为技术贸易、服务贸易为主等。发展方式转型是指产业发展从数量规模扩张型发展转变为质量效益提升型发展，从要素投资驱动型发展转变为创新驱动型发展，从出口导向型发展转变为内需拉动型发展，从高投入、高污染、低效益的粗放式发展转变为低投入、低排放、高效益的绿色高效发展等。

（二）产业升级的五种类型

本书在 Humphrey 和 Schmitz（2002）对产业升级进行分类的基础上，结合新一轮科技革命和产业变革趋势，将产业升级分为产品升级、流程升级、功能升级、跨部门升级和融合升级五种类型。产品升级是指通过引入更为先进的生产线和机器设备，推动产品质量变革、效率提升和类别增加，满足消费升级和产品差异化需求。尤其是随着我国的消费升级，居民对产品的质量和功能有了更高的要求。深化供给侧结构性改革，化解传统产业过剩产能，关键就在于抓住新一轮科技革命带来的机遇，提升产品质量等级和经济效益，扭转我国产品质量处于低端的形象。流程升级是指通过对生产流程进行重组，或引进智能制造和柔性制造技术，或利用信息技术优化生产制造环节，从而提高投入—产出转化效率。功能升级是指通过获取新的功能（或放弃现有功能）。比如，从加工制造环节转向研发、设计、品牌、营销等环节，以此来提高生产活动的总体技术含量和附加价值。跨部门升级是指从一个行业跨入另一个行业，新进入的行业通常与已进入行业相关。比如，从自行车行业进入摩托车行业，从传统能源行业进入新能源行业，从传统零售领域进入电子商务领域等。融合升级是指利用新技术、新产业、新业态、新模式改造提升传统产业，实现产业深度融合发展，快速形成产业竞争新优势。比如，通过信息化与工业化融合、制造业与服务业融合、军民融合、“互联网+”等，提升产业竞争力。

三、产业转型升级的认识误区

其一，传统产业就是“夕阳产业”。不少人认为传统产业就是低端落后产业和夕阳产业，应该逐步淘汰，这是一种严重的误解。看待一个产业是否属于夕阳产业，不能根据其存在时间或者主要要素构成来研判，而应该根据其市场需求和经济效益来研判。很多传统产业，如纺织服装业存在上千年，是永不过时的民生产业和“恒阳产业”。一般认为纺织服装业是劳动密集型产业，但随着智能制造和柔性制造技术日益完善，“机器取代人工”的发展趋势出现了，在纺织服装产业中，资本和技术的贡献在上升，一般劳动力的贡献在下降，出现了要素密集度属性的变化。而且纺织服装产业链条长，即便加工制造环节存在高耗能、高排放和低效益的特点，但研发、设计、标准、品牌、营销等环节存在低耗能、低排放和高附加价值的特点。因此，不能把传统产业与低端落后产业画等号，不能把产业转型升级简单理解为淘汰传统产业和发展新兴产业，而是应该从价值链的角度出发，一方面引导企业向“微笑曲线”两端的研发、设计、标准、品牌、营销等高附加值环节攀升，另一方面提升加工制造环节的技术水平和生产效率，推动加工制造向数字化、智能化、绿色化、服务化方向发展。

其二，产业转型就是“退二进三”。从全球产业发展的一般规律来看，随着经济的发展，一国产业结构一般会呈现从“一、二、三”到“二、三、一”，再到“三、二、一”的结构转变。我国产业结构目前呈现“退二进三”的演进趋势，这符合产业发展的一般规律。但是，用服务业取代制造业的“退二进三”产业政策不应成为地方政府所追求的目标和政绩。因为我国是一个发展中大国，地区间资源禀赋和发展水平存在很大差异，这就决定了我国产业转型升级必将是一个因地制宜的、多元化的、多重导向的产业政策体系。此外，在新一轮科技革命推动下，全球产业价值链进一步分解，出现了产品内分工、制造服务化和三次产业深度融合的趋势，传统的三次产业划分方法早已过时。在欧美“再工业化”的背景下，我国产业转型升级的关注点不能停留在三次产业的调整上，而应关注产业质量变革、动力变革和效率变革，促进产业提质增效和迈上全球产业价值链中高端，形成“以二促三”和“以三带二”的产业互动融合发展格局。

其三，产业升级就是“资本、技术换人”。一个国家或地区的产业结构内生于其资源禀赋结构，产业结构与资源禀赋结构匹配，才能够充分发挥地区的比较优势，取得较好的经济绩效。如果忽视一国或地区的资源禀赋条件和比较优势，通过政府干预扭曲要素资源配置，就会陷入“结构升级陷阱”，难以获得动态比较优势。我国作为一个地域广阔的发展中大国，劳动密集型产业在欠发达地区仍具有很大的发展潜力，在稳定就业和防范风险方面仍发挥重要作用。而且随着科技进步和产业变革，过去很多所谓的“劳动密集型产业”已经出现了要素密集度转换，变身成为资本密集型或知识技术密集型产业。比如，代工企业富士康的智能工厂利用智能制造技术改造传统生产工艺流程，流水线上的工人逐渐被机器取代，出现了“黑灯工厂和“无人工厂”。随着发达国家在新兴产业领域的技术成熟和生产标准化，原来的技术密集型产业也可能变成资本密集型或劳动密集型产业。由此可见，一个产业的要素密集度属性应该由该产业技术成熟度和该国要素相对稀缺程度（即相对价格）来确定，政府过快推进产业要素密集度转换，实际上就是在扭曲要素资源配置，不利于真正发挥市场配置资源的决定性作用。

其四，传统产业与新兴产业“非此即彼”。传统产业与新兴产业不是非此即彼的对立关系，而是相互融合、共生互促的关系。传统产业转型升级会不断催生出新技术、新产业、新业态和新模式。很多新兴产业是在传统产业基础上发展起来的，或者需要传统产业为其提供配套，如智能制造、互联网+、共享单车、新能源汽车等。传统产业经过新技术、新业态、新模式的改造提升，也会焕发强大的生命力，如青岛红领制衣基于工业 4.0 打造“大规模个性化定制”，让传统服装产业焕发出新的生机。因此，产业转型升级不是要推倒重来，而是要在改造提升传统产业的基础上，培育壮大新兴产业，同步做好增量调整和存量优化两篇大文章。

四、产业转型升级的风险防范

其一，转型升级失序带来的风险。产业转型升级是一个渐进过程，需要把握好政策实施节奏、力度和步骤，增强政策的系统性、整体性和协同性，稳扎稳打，稳步推进，防范片面追求跨越赶超带来的各种风险。一是要防范产业空心化风险。如果政府在新兴主导产业尚未培育壮大之前，过于强调“腾笼换鸟”和“除旧迎新”，就会造成失业率上升、财政收入和经济增长率下降，进而形成产业空心化。二是要防范传统企业倒闭和大量失业。由于存在路径依赖和沉淀成本，因此我国一些传统企业可能缺乏转型升级的动力和能力。如果没有有效的制度安排和转型过渡期，就可能会出现传统企业的倒闭潮。传统企业数量和从业人员众多，企业倒闭会影响就业和社会稳定。三是要防范经济大起大落扰乱产业转型升级进程。如果经济大起大落，就会加大产业发展未来的不确定性，进而扰乱企业正常经营和投资预期。在经济大起大落时期，微观企业主体无法对未来做出清晰判断和预测，最优选择就是观望和维持现状，最终延缓产业转型升级进程。

其二，过度依赖外需带来的风险。改革开放以来，我国通过扩大开放深度融入全球产业分工体系，取得了举世瞩目的经济增长。但与此同时，我国的外贸依存度较高，对外需依赖性较强。过度依赖外需对我国产业转型升级至少带来三个方面的不利影响：一是增大了产业转型升级的外生风险。我国经济增长速度从 2010 年的 10.6%下降到 2016 年的 6.7%，其中，外部冲击是主要影响因素（林毅夫，2018）。一方面，发达国家的经济仍处于深度调整过程中；另一方面，贸易保护主义和“逆全球化”浪潮在发达国家兴起，导致我国出口受到一定阻碍。我国出口企业在外部需求旺盛时，往往缺乏转型升级的压力和动力，在外部需求收紧时又因经营困难和发达国家技术封锁而缺乏转型升级的能力。二是容易导致产业被“低端锁定”。基于国际市场吸引 FDI 和发展加工贸易，我国企业虽然可以通过“干中学”、技术溢出效应等实现产品升级和流程升级，但在推进功能升级时明显受到发达国家跨国公司的技术封锁和市场围堵。发达国家经常采取的技术封锁手段包括：制定更严格的质量、安全、环保等进入壁垒；利用代工企业专用性资产的投资锁定特征和代工者间的价格战，切断其靠利润积累获得研发投入的通道，通过政治否决机制等进行技术封锁；采用知识产权保护和行业技术标准体系；等等。三是弱化区际产业联系。我国出口导向的发展战略导致出口企业竞相为发达国家做配套，在一定程度上弱化了区际产业联系，降低了国内经济自我调节能力，造成有限资源在出口部门和国内生产部门之间的非均衡配置，不利于我国现代化产业体系的建立。

其三，比较优势断档带来的风险。在改革开放之初，我国以劳动力、土地、环境、资源等成本比较优势参与国际分工，大力发展劳动密集型和资源密集型产业，极大地刺激了经济和贸易的增长。但是，到了改革开放40年的关口，我国接近无限供给的人口红利已经消失，可大规模、高强度开发的土地已经消耗殆尽，资源环境承载力成为产业高质量发展的硬约束。与东南亚等发展中国家相比，我们在劳动密集型和资源密集型产业领域的比较优势逐年下降。与此同时，与发达国家相比，我们在一些关键领域和技术环节方面仍存在巨大差距，在发展新兴产业方面还有很长的路要走。在前有围堵、后有追兵的情况下，我国产业发展可能会因路径依赖陷入“比较优势断档”和“中等收入陷阱”风险，既无法与低收入国家在劳动密集型和资源密集型产业竞争，也无法在高新技术产业方面与发达国家竞争。

其四，产业政策不匹配带来的风险产业政策的效果取决于是否与产业发展规律匹配，如果产业政策与产业发展规律出现错配，则会带来一系列问题。一是要防范选择性产业政策带来的政策失误。由于政府的有限理性、信息不对称和企业的逆向选择，政府在推进传统产业转型升级和培育壮大新兴主导产业的过程中，会出现产业政策和产业演化规律匹配失调的问题，出现政府政策错位、缺位和越位现象。二是要防范一致的“理性预期”导致的新兴产业产能过剩。受政策诱导和高收益预期影响，我国各地在发展新兴产业领域时均可能会出现“投资潮涌”现象，出现因一致的“理性预期”而导致战略性新兴产业产能过剩。三是防范地方政府采用“一刀切”的行政化手段去产能。采用“上大压小”的办法，任务层层分解，非但不能有效化解过剩产能，反而会打击产能利用率高、排放达标、生产效益好的企业。那些政策性负担重、产能利用率低的“僵尸企业”，可以通过转让“产能指标”和去产能补贴政策获得输血。产业转型升级过程中存在很多不确定性，理论上，所有不确定性都会带来风险。产业转型升级的某种风险可能并不大，但各种风险的叠加效应和相互传导可能是企业无法承受的，这需要我们重点关注和防范。

五、产业转型升级理论基础

（一）产业经济布局理论

产业经济布局是根据地域分布上的经济差异，以及社会分工的功能资源不同而形成的，是对于经济的总部署和对各部门发展进行的经济合理配置。静态来看，产业经济布局是指各个要素、各个环节、各个组成部门在空间上的分布态势，以及地域上的形成产业的组合。产业布局在动态上体现为各资源、各要素、各产业、各企业为获得最佳布局，在区位中移动、转化、重组的配置、再配置进程。区位论、比较分类理论是产业经济布局理论的依据。1909 年，德国的 A. 韦伯发表的《工业区位论》一文中，提出了作用于产业配置的区位因素；1933 年德国的 W. 克里斯塔勒提出了有关市场空间结构思想的“中心地理论”；1940 年德国 A. 廖什研究了中心地服务区位，提出区位选择、产业配置应由综合要素决定的区位论。英国的大卫·李嘉图提出了国际分工理论在现阶段发展为比较分类理论，他认为基于市场规模、需求结构影响的产业配置和区位选择，不同产品的生产效率在各地存在差距，由此可知，为达成互利结果，各地可利用国际市场交易自己的最优产品。产业结构政策是指对产业各部门、产业内部的比重进行调整，进而达成重点资源的配置，并进一步确定重点发展产业的战略阶段，逐渐演进并规划产业结构的目标，促进区域经济发展纵深、宽广的政策。适宜的产业结构能够积极推动社会发展、提升经济实力。产业组织是指产业内部的企业之间在经济活动开展时创建的互相联系的组合方式。产业组织政策与产业结构政策是基本一致的，但它主要体现了对产业内部的资源进行配置。所谓产业组织政策，便是政府为达成某一目标，对某一产业或某家企业提出的激励或者限制的政策。同时，因优良产业组织的提升需要合理的市场结构、适度的竞争作为条件，因而，产业组织政策也可以叫作“禁止垄断政策”或“竞争促进政策”。产业布局政策也就是对空间格局进行分配，目的是避免生产的过度集中，尽力缩减由于产业结构差异及经济活动密集度差别所导致的各区域经济发展层次的差距。

第四节　其他相关理论

一、竞争优势理论

美国经济学家波特通过构建钻石模型，从国家竞争优势出发谈到了竞争优势中的产业集聚问题。他认为，不同区域和国家的不同规模的产业集聚有利于提高区域和国家的产业竞争优势。通过不同行业在某一地区的产业集聚化发展，网络经济效应形成。企业与上游供应商、下游客户、中间服务商、同行业竞争者及科技研发等支援机构在同一地区形成完善的产业集群，有利于企业之间的信息传递和沟通交流，节约了交易成本，促进了企业生产效率的提高。此外，他认为企业应制定差异化发展战略，从而形成专业化的分工合作。企业针对不同的目标客户群体和差异化的市场需求制订差异化发展战略，提供与其他企业相差别的商品和服务，树立自己的品牌价值；企业通过为特定的顾客群体或特定区域提供特定的产品和服务，实现专业化的生产，提高企业的生产效率。根据竞争优势理论，生产性服务业空间集聚的形成原因是，在某一地区生产性服务业的空间集聚发展能够促进生产性服务业内部各企业之间，以及生产性服务业与制造业各企业之间的信息交流，加强企业之间的联系与合作，降低信息不对称和交易成本，形成规模集聚效应。生产性服务业通过空间集聚实现基础设施的共享，有利于各企业在服务功能上形成互补，降低了区域和各企业的生产成本，形成正向的溢出效应；生产性服务业的集聚使得高端人才集中于某一个区域，专业化人才的集中产生的知识溢出效应促进了企业生产效率的提升。

二、政府干预理论

作为新凯恩斯主义的主要代表人物，约瑟夫·斯蒂格利茨提出了政府干预理论，主要包括市场失灵理论和政府经济职能理论。格林沃德和斯蒂格利茨在 1986 年通过数学模型提出了格林沃德—斯蒂格利茨定理：如果市场中无法提供充分的竞争、完整的信息，帕累托最优就难以出现，从而导致市场失灵，这就提供了宽广的潜在空间来进行政府干预来进行弥补。市场失灵不再局限于狭隘的外部性和公共产品范围，政府干预理应分布于各部门和经济范畴，而不单纯是在分配政策、公共服务等方面发挥作用。斯蒂格利茨在他的理论中提出，政府失灵优于市场失灵，能够对市场失灵有所帮助，因为政府处于特殊地位，其在出台政策改善市场失灵上有着特别的方法，主要有以下几种：一是征税权。政府能够运用这一权利改善税种来对生产产生影响和引导消费。二是禁止权。政府可以依靠强制力对某项活动进行禁止，限制不合规产品进入。三是处罚权。这是政府对市场行为在法律层面上的规范。如市场自身无法对商品进行淘汰、污染等外部问题，可依靠政府处罚来进行解决。四是节省交易费用。政府可通过供给公共品和完善社会福利体系来节省费用。

由于我国的经济体制比较特殊，计划经济时代的影响还普遍存在，由此，政府更加重视宏观调控在经济中的作用，从而要求在避免“市场失灵”的同时，不要出现“政府失败”的状况。

三、新工业主义理论

在社会和研究领域，后工业社会理论曾被许多经济学者、商业人员所认可。但随着经济社会的发展，人们开始怀疑后工业社会理论，这是因为后工业社会理论对于当前社会经济现象的解释已经不再完善，由此产生了新工业主义理论。新工业主义的理论表明，服务经济无法推进经济水平增长，因为其创造了无效的价值，所以，新工业主义理论认为，将来我们的经济增长动力不是服务需求增长，即“服务经济”的方式，而应该是“工业经济”的方式，即经济增长是由物质性产品的实现推动的，不再以体力劳动作为完成工业现代化生产的主要方式，而是由人力和技术资源为主对劳动进行投入。总之，现代经济社会应着重消费实际产品而非服务。

四、产业服务化、服务产业化的理论

从20世纪80年代开始，现代工业和传统工业相比大为不同，西方发达国家的一些学者研究认为，现代工业是“新工业”。关于“新工业”的观点主要有：一是新工业的生产方式着重体现在服务上，即产业服务化。二是融入整体的生产方式能够促进产业化的迅猛发展，服务业的迅猛发展将促使落后、分散的生产方式分离出来，也就产生了服务产业化理论。当前，产业服务化的理论重点在于对生产行业进行服务补充及充实其中间环节。服务产业化的理论认为服务已经渗透到生产过程的实际领域和具体环节，服务业的发展结果就是服务产业化，为促进服务业的发展，需要对服务业进行产业化改进。

第二篇　现状篇 ◆

第三章　广西服务业的发展现状

第一节　广西服务业的分类及发展情况

一、服务业分类

服务业作为一个完整的概念被提出并进行系统地研究，是从20世纪后才开始的。1935年，英国经济学家埃伦·费希尔出版的《安全与进步的冲突》一书中，首次提出了“第三产业”这一概念，确立了国民经济三次分类法。英国经济学家科林·克拉克继承了费希尔的研究成果，在1951年出版的《经济进步的条件》一书中，提出了劳动力在三次产业间分布的结构变化理论。在1957年出版的《经济进步的条件》中，克拉克进一步把国民经济结构明确地分为三大部门，并主张用“服务性产业”替代费希尔的第三产业的概念。此后，随着西方各国第三产业的迅速发展，更多的经济学家开始关注服务业的研究。随后，各国普遍将三次产业分类法作为国民经济部门结构的主要分类方法，三次产业分类法也发展成为国际流行的部门分类法。但在运用三次产业分类法时，学术界通常将“第三产业”和“服务业”这两个概念视为内涵一致，因而经常交换使用。

2003年中国国家统计局对《国民经济行业分类和代码的国家标准》进行修订，在第三产业中新增了大量服务行业类别，逐步规范了我国服务行业的统计。根据2003年国家统计局重新制定的三次产业划分规定，第三产业是指除第一、第二产业以外的其他各个行业，包括批发和零售业，交通运输、仓储和邮政业，住宿和餐饮业，信息传输、软件和信息技术服务业，金融业，房地产业，租赁和商务服务业，科学研究和技术服务业，水利、环境和公共设施管理业，居民服务、修理和其他服务业，教育、卫生和社会工作，文化、体育和娱乐业，公共管理、社会保障和社会组织，国际组织，以及农、林、牧、渔业中的农、林、牧、渔服务业，采矿业中的开采辅助活动，制造业中的金属制品、机械和设备修理业。

现代服务业是21世纪初我国广泛提出的一个概念，与传统服务业这一概念相对。夏杰长（2006）认为现代服务业还应涵盖借助信息技术改选升级后的传统生产服务业。“现代服务业”之所以区别于“传统服务业”，主要是现代服务业融合了现代信息技术与现代管理理念，更凸显了高新技术与知识密集的特点。同时，服务业又分为生产性服务业与消费型服务业。Greenfield（1966）认为生产性服务业是指市场的微观主体企业、非营利组织等为生产者提供的产品和劳动。Howells 和 Green（1986）认为生产性服务业包括保险、银行、金融和其他商业服务业，以及职业和科学服务。国内学者吕政（2006）认为生产性服务业作为其他产品生产的中间投入的服务业，具有专业化程度高与知识密集的双重特点。

近年来，随着互联网信息技术的迅猛发展，尤其是新业态、新的商业模式层出不穷，许多服务业的传统特征发生了重大变化。互联网技术使得服务生产与消费的距离大大缩短，甚至将生产与消费二者融为一体。同时，就可贸易程度而言，生产性服务业的可贸易性越来越强。由于生产性服务业具有较高的人力资本和知识资本的特征，能够把大量的人力资本和知识资本等创新要素引入产品的生产过程当中，因而，在后工业化时代，工业也面临着提升产业链条的智能化、数字化与服务化转型的要求，寻求工业与服务业的融合是现代产业结构优化的重要路径。

由于对服务业的划分及其内部子类的界定仍然存在争议，因此一般将“第三产业”和“服务业”视为内涵相同的分类。

二、广西服务业的发展情况

2009年以来，广西服务业增加值迈上新台阶，由2009年的

2 919.13亿元增加到2016年的7 226.60亿元，现价总量比2009年增加147.6%，年均增长10.3%。2016年，服务业增加值占GDP的39.6%，拉动GDP增长3.3个百分点，对经济发展的拉动进一步提高。2017年上半年，广西服务业的增速为8.6%，连续两年高于工业1个百分点，对经济增长的贡献率达47.6%，占GDP比重超过40%。总体来说，广西服务业增长较快，现代服务业的成长也十分迅速。2018年，广西第三产业增加值比2017年增长9.4%。1—11月，全区规模以上服务业营业收入同比增长12.6%，其中，规模以上其他营利性服务业营业收入增长19.3%。新兴服务业保持较快增长，软件和信息技术服务业营业收入增长14.0%。现代服务业加快发展，租赁业营业收入同比增长53.7%，商务服务业增长21.7%，娱乐业增长83.5%。民生行业增长较快，居民服务、修理和其他服务业营业收入同比增长20.5%，其中，居民服务业增长11.3%，机动车、电子产品和日用产品修理业增长31.9%。金融信贷平稳，2018年年末，全区金融机构人民币各项存款余额为29 620.03亿元，比2017年末增长6.9%；人民币各项贷款余额为26 143.38亿元，增长14.8%。全年新增人民币贷款为3 355.04亿元，比2017年增加749.01亿元。

广西交通运输仓储和邮政业、批发零售业、住宿餐饮业等传统服务业改造提升步伐加快，服务功能不断加强。服务业行业更加丰富，结构较单一的状况得到改善，特别是物流、金融、信息、文化创意、科技咨询等行业发展迅速，服务业整体发展更协调，现代服务业的比重进一步提高。

与此同时，广西通过激发市场活力，民营类服务业经济发展加快，服务业市场化程度不断提高。此外，随着广西服务业行业、规模不断拓展和逐步扩大，服务业效益进一步提升，服务业对税收的贡献作用越来越明显，已成为全区重要税源之一。近年来，广西服务业吸纳就业人数稳步增加，就业人员增长明显快于劳动力总资源和全社会就业人员的增长，对缓解就业市场压力贡献突出。

自2015年以来，自治区分别召开了全区服务业发展大会、服务业工作会议、服务业发展工作电视电话会议，自治区主要领导亲自部署服务业发展工作，相关部门印发了加快服务业发展的若干意见，推动服务业转型升级。全区上下狠抓服务业领域投资项目建设，培育壮大服务业市场主体，创新发展新产业、新业态、新模式，全区服务业整体呈现“稳中有进，进中有新”的发展态势。

“稳”的基础进一步巩固。2015 年，广西服务业增加值的增速首次超过工业；2016 年，全区服务业的增加值为 7 226. 6 亿元，同比增长 8. 6%，占 GDP 的比重接近 40%；2017 年，全区服务业增加值突破 8 000 亿元，增速达到 9%，占 GDP 比重超过 40%，对经济增长的贡献率首次突破 50%，居三次产业首位，拉动全区经济增长 3. 7 个百分点，成为全区经济稳增长的主要动力。

“进”的势头进一步强化。服务业结构不断优化，质量效益持续提高，生产性和生活性服务业稳步发展。电子商务、金融业、科技服务、文化创意、现代物流等持续稳定增长，现代服务业集聚区建设初见成效，服务业综合改革试点加快推进，服务业发展环境不断优化。

“新”的内涵进一步凸现。落实国家服务业创新发展大纲，实施服务业“六大专项行动”，大力发展服务业新行业、新产品、新业态、新模式，不断提高服务业创新发展水平，推动形成具有广西特色和持续竞争力、支撑力、带动力的现代服务业产业体系。

三、广西服务业空间布局的协调策略

（一）坚持政府主导，更加注重协调空间布局

产业布局合理是区域经济可持续增长的重要基础，政府在城市定位和产业发展中要起主导作用，根据自身的区位和资源，合理规划布局服务业。未来，广西服务业的发展应由各级政府做出详细和明确的规划，由有关部门抓落实并做出相应的配套制度安排。加强顶层设计，科学编制广西现代服务业发展规划，进一步厘清发展思路，优化发展布局，释放广西现代服务业的后发优势。强化规划的引导作用，遵循错位发展、互补共赢的原则，使相关产业链条在一定区域内聚集，形成各有特色又相互关联的现代服务业集群，形成

集约型产业发展模式，降低交易成本和商务成本。准确把握现代服务业生产要素向中心城市集聚的规律，将南宁作为广西现代服务业的中心城市进行打造，在项目扶持、政策创新等方面给予倾斜和支持。大力支持南宁、柳州、北海、防城港、钦州、玉林等市发展服务业；重点发展水利、环境和公共设施管理业、卫生和社会工作业；做强南宁市的住宿和餐饮业，柳州市的租赁和商务服务业，桂林市的居民服务、修理和其他服务业，梧州市的卫生和社会工作，北海市的水利、环境和公共设施管理业、金融业，防城港和贵港市的交通运输、仓储和邮政业，钦州市的教育，百色、贺州、河池、来宾、崇左等市的公共管理、社会保障和社会组织业。

目前，广西制造业的整体竞争能力偏低，多数制造企业处于加工生产制造环节，产业缺乏深度的价值链，而现代生产性服务业能将知识、技术等投入要素嵌入传统制造环节过程中，如产品的研发、制造成本的降低与制造系统平台的构建，即能够有效地将计算机软件、信息技术传输、科学研究与技术服务等现代新兴生产性服务业嵌入广西工业体系中，有效推动制造业与现代服务业的融合。就目前广西服务业的内部结构而言，带有传统服务业性质的交通运输业、仓储与邮政业、批发零售业、租赁与商务服务业在服务业内部比重较高，部分传统生产性服务业比重较东部发达地区也有一定优势，然而这些传统生产性服务业以劳动、资本等传统要素投入为主，依靠知识、技术等创新投入要素的服务业发展程度低，如金融业等。尤其是在制造业体系中，积极培育与柳州汽车制造、生产与研发相关的实验室和研发机构，同时，加强经济技术开发区与其他区域之间的知识链接，建立促进产业转型与高端人才相结合的合作组织，加强与区外大学、科研机构的创新要素之间的交流互动。提高开发区内的制造业信息化、智能化、服务化水平，通过产业、科研、外部科技服务的机构产业知识同盟建设，全面提高区内制造业服务化的能力。积极推进“千亿元产业”建设，推进电子信息产业园区的建设，设立现代服务业产业园区与服务业产业基金支持，引导广西服务业内部结构向高端化转型发展，推进产业结构的优化。

现代服务业集聚区的规划与建设是促进广西服务业向更高层次发展的重要载体，也是广西主动适应新常态、转换发展动力和调整结构的重要举措。借鉴上海、江苏和浙江等发达地区现代服务业集聚区的发展经验，突出广西在“东盟、三沿、三南”开放合作战略部署中的特殊作用，结合广西经济发展的特点与实际，在近期，重点建设为生产服务的现代服务业集聚区，并兼顾发展为消费服务的现代服务业集聚区，主要鼓励发展现代物流集聚区、科技服务集聚区、新型（特色）专业市场、文化创意与设计服务集聚区、健康养生服务集聚区、金融商务集聚区、软件与信息服务集聚区、旅游休闲集聚区、现代教育服务集聚区和综合性服务集聚区 10 类现代服务业集聚区。其中，新型（特色）专业市场既包括在传统专业市场的基础上，通过信息化改造和提升，具有电子商务和物流配送等新业态、新功能的专业市场，又包括能够体现广西资源、区位、产业及面向东盟等特色，规模较大、运营模式较新，具有一定区域影响力的大型综合批发市场、专业市场园区、电商交易中心和大型商贸综合体等。现代教育服务集聚区以面向东盟服务、职业教育和社会培训服务为发展导向。

（二）坚持协调各市，更加注重行业平衡发展

积极打造广西和各市的特色产业，平衡发展。瞄准供需矛盾突出、带动力强的重点行业，集中力量破解关键领域和薄弱环节的发展难题，推动服务业转型升级。鼓励各地发挥比较优势、培育竞争优势，因地制宜发展各具特色的服务业，增强城市综合服务功能，引领区域产业升级和分工协作，提升区域经济整体实力。强化小城镇综合服务功能，更好地服务农村和农业发展。发展现代服务业是推进地区或国家产业结构向高级化发展的必然趋势。现代服务业主要是指技术和知识含量较高的服务性行业，或者有较大创新的服务业态和商业模式，广西应基于自身的比较优势，在发展新兴服务业的同时，积极推进对传统服务业的改造力度，提高传统服务业的水平和科技含量，选好重点发展领域与战略性突破口。从产业集聚的角度来看，广西应当基于目前的优势产业，积极推进现代产业园区

的建设，政府在此过程中应该充分利用财政政策、产业政策引导现代服务业企业落户园区，以政策扶持等方式吸引现代服务业人才加速集聚，同时，加强现代服务产业园区的配套产业基础设施与生活设施的建设。

产业发展，规划先行。广西各地方政府需要通力合作，互通有无，协调布局生产性服务业，统一制定发展规划。各市在政府的领导下，自行组建产业协调发展交流平台，搭建沟通机制，互派专员成立委员会，各市发改部门作为委员或监督者。委员会结合各市实际情况、发展战略和发展需要，负责各市服务业发展规划的制订、建设、发展和监督，为服务业布局合理化提供政策依据。各市本级政府以委员会制定的协调规划为准，狠抓区域内服务业建设。

在统一规划上，需要制定和完善有关方面的规定。一是加强组织领导。各市服务业发展部门联席会议要发挥好统筹协调作用，加大推进服务业发展的工作力度。各市发改委要发挥好牵头抓总作用，各成员单位要密切配合、明确责任，按照各市服务业发展的目标任务分工要求，把各项工作落到实处。各县区要加强对服务业发展的组织领导，建立健全相关工作机制，抓好各项目标任务的落实。要创新服务业管理模式，积极推动服务业与其他产业融合发展。二是完善政策体系。逐步放宽服务业各行业各领域的准入门槛。全面落实国家、自治区服务业发展的各项政策措施，研究制定支持生产性服务业各领域加快发展的财政、税费、用地等政策措施，研究降低服务业项目用地成本和企业用能、用水成本等政策措施。将服务业人才培训纳入各市人才培训计划，加大服务业领军人才引进、培养力度，优化服务业人才的发展环境。三是健全工作机制。建立促进服务业发展的考核机制，对完成服务业发展目标任务较好的部门、县区和企业进行奖励。

（三）坚持市场运作，更加注重提升供给层次

《服务业创新发展大纲（2017—2025 年）》指出，我国服务业发展需要坚持市场主导、质量至上的基本原则。以市场需求为导向，顺应消费升级趋势，提升服务品质，充分发挥市场在资源配置中的

决定性作用和更好发挥政府作用，在公平竞争中提升服务业竞争力。树立质量第一的意识，健全服务质量治理和促进体系，打造以标准、质量、品牌为核心的竞争优势，全面提高服务业发展质量和效率。自治区也应把坚持市场主导、质量至上作为服务业发展的基本原则，树立质量第一的意识，逐步以标准、质量、品牌为核心的竞争优势作为发展战略。

需要坚持市场运作，放宽市场准入，促进现代服务业加快发展，提升服务业的供给层次，发展主动发展前瞻性服务业。从西部各省服务业固定资产投资主体看，国有经济为主要投资方。2006年，广西服务业固定资产投资国有有限责任公司、私营、个体等投资主体对服务业固定资产投资额达到了总投资额的91.5%，其余所有制方式在资产投资上的贡献较小。要积极探索和引入市场竞争机制，允许和鼓励外资及民间资本以独资、合资、合作、联营、参股、特许经营等方式进入。政府制定合理的市场主体资质、市场准入条件和服务质量标准，建立公开透明、管理规范和全业统一的市场准入制度。对服务业市场准入的有关规定进行清理，降低市场准入门槛，废除相关不合理的、带歧视性的规定，改革市场准入的行政审批制度，减少行政审批项目。加强对服务市场的依法监管，整顿规范服务市场秩序，打造公开、公平、竞争有序的市场环境，通过市场主体有序竞争来提高服务业的供给质量。

（四）坚持社会参与，更加注重发挥集聚效应

广西服务业需分区发展，发挥中部城市的核心带动作用，做大增长极城市的服务业，更加注重发挥集聚效应，积极培育北部湾经济区作为广西服务业增长值的新动力。

1. 西江经济带服务业的发展建议

西江经济带拥有柳州、桂林、梧州、玉林等老工业基地，是广西工业制造业的聚集地及核心地带；同时，该经济带又兼具西江黄金水道、毗邻粤港澳的区位优势。基于上述实际情况，可从以下方面推进该经济带的现代服务业发展：（1）以柳州为龙头带动沿江城市工业生产性服务集聚区的差异化互补发展。柳州工业基础雄厚、

体系完备，制造技术人才储备较丰富，职业教育较为发达，拥有汽车、冶金、有色金属、机械制造等优势支柱产业。因此，柳州可以传统产业转型升级为契机，发展工业设计和科技服务等生产性服务业高地。同时，加强同沿江市域的专业分工与协作，以差异发展、协同互动为原则，带动本区域以工业为中心的生产性服务业的发展；桂林可以在发展轻工业、旅游产品加工服务业的同时，利用其高校较多的优势为柳州等沿江市域提供上游工业商品设计服务；来宾、贵港可通过为柳州建立配套工业带动当地生产性服务业的发展。（2）以桂林为中心，推动沿江以休闲旅游健康养老服务为主导的特色优势服务产业集聚区的建设。作为世界知名旅游城市，桂林旅游资源极其丰富，以桂林国际旅游胜地建设国家战略为契机，通过建设休闲旅游、健康养老服务产业集聚区，可使旅行社、酒店、旅游交通、景区及地产、旅游会展等业态进行多元化经营聚集发展；同时，以桂林旅游带动柳州、贺州等桂北旅游路线的连片化、精品化，从而通过旅游业带动区域经济整体发展。（3）以梧州为前沿，以贺州为辅助，促进粤港澳产业承接的步伐，推动现代服务业发展。发挥梧州、贺州毗邻粤港澳的区位优势，通过加大招商引资力度，引进循环经济、电子信息、林产化工、生物医药、新能源等产业布局，进而加快产业转型升级步伐，从而带动两地现代服务业协同进步、组团发展。

2. 桂西资源富集区服务业的发展建议

桂西资源富集区（河池、百色、崇左）最大的优势为矿产、水能、旅游、农业土特产等资源富集，发展资源型产业的潜力巨大。近年来，依托资源富集的优势，该区目前已逐步形成了铝、锰、有色金属、水能、制糖、红色旅游等特色优势产业基地，但仍存在以下问题：经济总量偏小，工业基础薄弱；资源优势产业深加工及精加工能力不足，产品的附加值低，产业链延伸受阻；产业结构单一，抵御市场波动风险能力不够。基于上述现状及问题，特提出以下建议：

（1）以有色金属优势产业为依托，引领有色金属生产性服务业体系的发展。一是通过构建“采选冶加一条龙、科工贸一体化”的有色金属产业集群，持续挖掘资源优势产业深、精加工能力，提升高附加值产品的生产水平。二是以有色金属产业集群化发展为抓手，推进有色金属生产性服务业体系的构建，以有色金属供应链建设为中心，引导有色金属深加工、新材料研发、循环经济、新能源行业的发展，加快有色金属下游产业及相关配套建设，积极引入有色金属供应商、贸易商、服务商、物流商等现代服务业的聚集共生发展，延伸有色金属产业链并精细化。

（2）以特色农业优势产业为主导，促进农业生产性服务业的建设。立足桂西三市特色农业资源优势，以大力推进特色农业现代化为契机，通过区域特色农业产业集群的建设，将相关农户、农业流通企业、农业加工企业等龙头企业，按区域化布局、产业化经营、专业化生产、市场化运作的原则在地区和空间上形成聚集，引导农业企业精深加工，拉长产业链条，并以此为契机，大力推进特色农业产前、产中服务业体系（种苗供应、技术指导、统防统治、农业机械等）及特色农业产后服务体系（加工、储藏、流通等）的建设，提高农业生产性服务业专业化程度。

（3）以本区三市特色旅游资源为基础，带动健康养老、旅游休闲服务体系的形成。立足河池的“长寿”品牌效应、百色的红色基因及崇左的沿边风貌等丰富、独特的旅游资源，大力开发红色旅游、长寿养生旅游、休闲农业生态旅游、民族文化旅游、边境旅游等特色旅游，通过三区连片、集中开发，形成规模化聚集发展，带动本区健康养生、养老、休闲旅游等现代服务业体系格局的形成与深化。

3. 积极培育北部湾经济区作为广西服务业增长的新动力

北部湾经济区拥有首府南宁及北海、钦州、防城港三个沿海城市，具有得天独厚的区位优势，尤其利于外向型经济、港口经济和海洋经济的发展。鉴于北部湾经济区拥有的区位优势、禀赋资源、产业基础及政策机遇，建议从以下方面推动本区现代服务业的发展：

（1）立足本区具有石化、造纸、冶金优势的制造业，发展带动生产性服务业规模聚集与扩张。以延伸、提升石化、造纸、冶金产业链广度及价值为切入点，完善研发设计和市场服务环节，拓展相关生产性服务业的需求，推动现代服务业向石化、造纸、冶金生产前期研发设计、中期管理和融资，以及后期物流、销售、售后、信息反馈等延展渗透，以培育壮大现代服务产业集群，形成完善的现代服务体系。

（2）以人力优势为基点，推动新型高端服务业态的壮大。利用首府南宁全区政治、经济、文化中心的地位及高校集中、高端人才较丰富的优势，大力推动电子商务、金融服务、软件信息服务、文化创意设计服务及面向东盟的国际教育服务等高端新型服务业态的发展。

（3）以滨海、临港优势带动现代物流、国际航运、旅游养生等服务业的发展。依托北海、钦州、防城港三市滨海、临港的区位优势，进一步推动三市重点发展保税综合物流集聚区、航运服务集聚区及滨海旅游、健康养生服务聚集发展建设。

总之，以区域优势产业引领广西现代服务业发展是统筹推进“两区一带”经济发展特色各异、协同互补的必然要求，它有利于统筹促进“两区一带”相互借力、互补发展，有利于促进本区区位、资源优势的转化，有利于推动广西产业转型升级和经济协调发展。

第二节　广西服务业发展存在的问题

一、服务业发展不平衡

首先，广西服务业发展不平衡表现为城乡服务业发展二元结构分化明显。城乡居民收入及消费水平差异导致城乡服务业发展水平明显失衡，农村地区对服务业的消费能力大大弱于城镇地域。2014年，广西农民的人均医疗保健消费支出、交通和通讯类支出、教育文化娱乐服务类支出分别为554元、710元、683元，分别仅相当于同期城镇居民人均支出的65.5%、38.5%、40.4%。其次，广西地域广阔，城市间地理环境、资源禀赋、发展环境等差距明显，各地市经济发展水平和城市化水平差异大，由此导致广西区域间服务业发展不平衡，强弱对比较明显。全区14个市中，南宁、柳州、桂林三市的服务业发展水平相对较高，南宁尤甚，全区50%的服务业集中在这三市，其中，28%集中在南宁地区。无论是服务业总数还是服务业增加值占比，南宁、柳州、桂林均牢牢占据区内前三。再次，广西服务业内部结构上具体表现为劳动密集型传统服务业比例较高，知识密集型服务企业占比较低，且发展水平滞后。据统计，2015年，广西规模以上的服务业企业有1 793家，其中，有1 114家集中于交通运输仓储、信息技术、租赁商务服务业三大门类，营业收入为1 052.5亿元，企业数量占全部规模以上服务业的62.1%，营业收入占83.1%，居于规模以上服务业行业的绝对主导地位。而其他九个行业门类共计679家企业，营业收入为214.8亿元，占比分别为37.9%和16.9%。这种因过于集中的行业结构而导致的产业结构失衡，无疑会给地区经济的长期稳定发展带来不利影响。

二、服务业的发展速度缓慢

从服务业占GDP比重来看，广西服务业近年来的发展较为停滞，一直徘徊于40%左右，且低于全国的平均水平；从趋势上看，处于平缓略有上升状态，这说明广西服务业的发展较为缓慢。从三次产业结构的发展情况来看，“三、二、一”的产业发展格局还没有形成。从广西与国内发达地区的比较来看，三次产业增速中，广西工业增加值的增速较为明显地高于东部地区发达省市，然而广西服务业增加值的增速却相对不高，服务业就业人口所占比重也与国内发达地区存在10%以上的差距；从内部结构来看，与东部地区发达省市相比，广西服务业内部各行业中的现代服务业发展也明显较慢，如金融业的比重显得不足，发展较为缓慢。

三、服务业内部结构亟待优化

整体产业结构的优化，离不开服务业内部结构的优化。从上述对服务业内部结构的分析可知，无论是从增加值结构，还是就业结构来看，广西目前的服务业结构中，传统服务业所占的比重都较大。现代服务业如金融业所占比重一直较为平稳，发展较为缓慢，新兴服务业如金融保险、信息咨询、文化中介服务等发展缓慢，而传统服务业中的批零商贸、饮食等行业仍然在广西服务业中占据重要位置。服务业内部结构不合理，呈现低水平饱和的状态，这必然限制和影响广西产业结构的进一步优化与升级。而产业结构仍然处于较低级的形态，说明服务业在目前的发展状况下，对产业结构调整的潜力没有充分释放出来，对产业结构优化升级所起的作用极为有限。

四、企业规模小，服务水平不高

广西服务业企业绝大多数属于中小企业，企业规模小、经营领域窄、服务水平不高等问题比较突出，无论在服务品质上还是在服务技术上，仍需大力改进。第一次经济普查资料显示，全区资产总计 500 万元以上、从业人员 50 人以上的服务业企业，仅占服务业企业总数的 4.9%；而资产总计 1 000 万元以上、从业人员 100 人以上的企业，仅占服务业企业总数的 2.3%。从服务业企业吸纳的劳动力人数看，平均每个服务业企业拥有的从业人员为 25 人，远低于农林牧渔业（103 人）、工业（70 人）和建筑业（205 人），低于广东、湖南、云南等相邻的省份及全国的平均水平。服务业人才紧缺，广西从事信息传输、计算机服务与软件等行业的人数占服务业从业人员的比重只相当于全国水平的 55%，现代物流、金融保险、商务服务等高端人才严重短缺。

五、体制性障碍依然存在

改革开放以来，广西服务业的快速发展主要是依靠竞争性服务业的发展支撑的，竞争性服务业的增长空间得到了比较充分的释放。但目前，一些垄断性服务行业竞争不充分，存在服务质量差、价格高、服务单一、创新乏力等突出问题，制约了服务业的进一步发展。可以说，服务业进一步发展的空间主要来自服务业体制改革所释放的能量。目前，服务业发展的体制障碍主要表现为：不合理的市场准入限制、行政性垄断、长期存在福利化和非社会化倾向、城乡二元分割体制对消费的制约，以及配套服务体系和监管体制不到位等。此外，服务业市场秩序混乱，竞争很不规范，出售假冒伪劣产品、欺诈消费者的行为屡禁不止，在很大程度上制约和影响了服务业潜在需求转化为现实需求。广西服务业行业标准制定不健全、质量管理不规范等，也影响了服务业市场秩序的形成和规范。

六、科技服务业发展滞后

一方面，科技服务中介机构发展相对滞后。由于广西科技服务中介机构建设起步较晚，因此，目前大多数科技服务机构规模较小，服务内容单一，技术交易所、技术市场、科技评估中心、科技信息中心等各类科技中介服务机构发展缓慢，产品创新的专业化、社会化服务尚未跟上。技术知识、信息的传播和转移，更多地依赖政府行为，市场化渠道还不畅通，服务机制和服务形式还不够灵活。此外，由于缺乏系统的认定、退出机制，致使整个科技中介服务机构及服务队伍良莠不齐，很难为客户提供优质高效的科技服务。另一方面，专业技术人才比较缺乏。虽然广西科技服务业的从业人员队伍在不断扩大，整体素质在不断提高，高层次人才队伍也不断壮大，但整体而言，从人才布局上看，专业技术人才主要集中在国有企事业单位，而企业、重点支柱产业的高层次专业技术人才稀缺，特别是信息服务、物流、电子商务、金融等领域的科技服务业专业技术人才奇缺。此外，由于高层次专业技术人才专业知识老化，而且人才的国际化、市场化、职业化和规范化意识不强，对国际惯例、世贸组织规则及国际政治、经济、金融等方面知识了解不够，参与国际竞争的应变、决策能力和实际应用能力不强，不能将人才优势转化为经济和社会发展的动力。因此，从科技服务机构人才队伍状况看，不论是事业型还是企业型服务机构，其从业队伍整体素质仍有待提高。

第四章 广西生产性服务业的发展现状

第一节 广西生产性服务业的产生机制

一、专业化分工理论

亚当·斯密认为，每个国家都有适合生产某种特定产品的绝对优势的条件，每个国家生产都有着绝对优势的产品，然后相互进行交换。这样，整个社会充分利用现有的资源，高效率地进行专业化生产，则对所有交换国家来说产品成本最低、效率最高，这就是“绝对成本论”。然而，随着社会的不断进步和发展，企业生产某种产品，一般会掌握生产环节中有着相对优势的技术或资源，而分离出其他环节不占优势的生产环节，让渡给有着相对优势的企业去生产。这种专业化分工，是为了让企业能够集中注意力生产有相对优势的产品，分离出相对劣势或生产成本高的环节的产业，从而提高企业的核心竞争力，降低内部化成本。

专业化分工程度越高，企业生产成本越低，企业规模报酬递增。在工业化程度不断深化的过程中，基于专业化分工和规模报酬递增的理论，企业不断追求产品规模报酬递增，将企业内部的非核心部分外包给生产性服务业，促进劳动专业化分工程度深化和生产效率、产品质量的提升。企业在生产过程中，其垂直一体化发展需要研发设计、会计服务、法律咨询、货物运输等生产要素附加，企业发展规模越大越发现自身对整个生产过程感到力不从心，需要得到外部环境的支持。这时，生产性服务企业孕育而生，产品研发和设计环节需要科学研发技术中心的支持，产品投入生产前融资环节需要金融行业的贷款，产品生产车间和设备等需要租赁服务，产品投放市场研究结果调查等市场调查需要第三方专门的商务服务，产品运输和配送需要专业的物流公司，产品宣传策略制定和执行需要广告服务业。企业将相对优势的核心环节牢牢控制在手里，分离出非核心部门和服务，再将内部化和外部化的各环节产品或者服务通过打包组合成一整套产品销售给顾客。这样的专业化分工，企业能不断获得规模报酬递增带来的好处，这又使得企业继续深化专业化分工，这样不断循环下去，使得生产性服务业不断地从制造业行业分离而独立发展，形成一个专业性更强、能更好地服务制造业的新兴服务业。

二、生产性服务业外包

科斯（1937）最早提出交易成本概念，认为交易成本是为促成交易发生形成的成本。比如，谈判协商、签约等。交易成本理论可以解释生产性服务外包这一现象。某些领域的行业已经率先实现规模报酬递增的效应，取得该领域的核心竞争力，能够以交易成本低于其他企业运营成本的价格提供其他企业的产品和服务。企业在生产过程中，为了集中资源优势和精力在擅长的环节中，则会将一些服务或生产环节以交易成本低于内部化成本的价格外包给生产性服务企业。这样，企业不仅甩掉了较高的内部化成本的产业，还能比以前更加专注地形成企业核心竞争力。根据这一实践，专业化分工让相同领域的行业能够在同一起跑线上竞争、让不同领域的行业能够各自绽放光彩。

价值链学说（M. E. Porte，1985）也解释了服务业外部化问题。价值链学说认为，一开始企业是以垂直一体式价值链发展的模式生产产品的，但是单一的产品已经不能满足人们的需求，人们对产品差异化的要求越来越显著，这时，企业开始向横向一体式发展。垂直式一体化和横向式一体化最终编织成一张复杂的价值链网。这张价值链网可以分为上中下游三个环节，上游环节包括产品研发设计、生产运行、物资采购等，其重点是产品研发，与产品技术特性有关。中游包括质量控制、会计、人事管理、法律、保险等，其重点是控制产品生产。下游环节包括市场营销、售后服务、成品运输等，其重点是客户。在这一过程中，随着价值链逐渐从“链”向“网”展开，企业开始将经营不善的产业或者交易成本高的环节剔除出去，外包给周围其他企业。而这些专门服务于生产者的行业就是我们现在所说的生产性服务业。

第二节 广西生产性服务业的特点

一、总体规模不断扩大

“十二五”时期，全区生产性服务业规模持续快速扩大，对经济发展的贡献稳步提升。2015 年，生产性服务业实现增加值 3 202.8 亿元，增加值增速首次超过工业，且比 2010 年翻一番以上，实现现价增长 17.7%，占全区服务业总量比重接近 49.0%，占全区 GDP 比重达到 19.1%。生产性服务业成为全区经济发展的新增长点。2016 年，全区服务业增加值 7 226.6 亿元，同比增长 8.6%，占 GDP 的比重接近 40%；2017 年全区服务业增加值突破 8 000 亿元，增速达到 9%，占 GDP 比重超过 40%，对经济增长的贡献率首次突破 50%，居三次产业首位，拉动全区经济增长 3.7 个百分点；2018 年，全区服务业又有新突破，服务业增加值达 9 260.2 亿元，同比增长 9.4%，增速位居全国第五，高于全国平均增速 1.8 个百分点，对经济增长的贡献率达 61.5%，比 2017 年同期提高 11.7 个百分点。数据显示，服务业增加值占全区生产总值比重为 45.5%，高于第二产业 5.8 个百分点。服务业内部结构日趋优化，电信业、其他营利性服务业等新兴服务业快速发展，营利性服务业占服务业比重为 17.4%。其中，邮政、电信业务总量分别增长 44.5%和 196.1%，增速均为全国首位。

二、传统服务业保持平稳增长

2018 年，广西重点实施传统服务业转型升级活动。为促进传统服务业转型升级，自治区服务业发展专项资金安排 2 050 万元，重点支持专业市场、商务诚信体系及重要产品追溯体系等项目建设；崇左市东盟商贸物流标准、南宁市药品流通、梧州市名特优追溯体系建设试点等一批项目获得支持。同年，广西全区批发、零售业商品销售额分别增长 13.8%，11.5%，住宿、餐饮业营业额分别增长 11.5%，14.0%，4 个内贸指标均保持两位数增长。西部陆海新通道的加快建设，带动了全区交通运输业加快增长，铁路、公路、水路及航空运输周转量分别增长 5.2%，9.0%，9.9%，12.9%；全区房地产销售面积增长 20.1%；全区旅游总消费 7 619.9 亿元，增长 36.6%；娱乐消费旺盛，娱乐业营业收入增长 83.5%；机动车、电子产品和日用产品修理业，以及体育、居民服务业、文化艺术业等生活性服务业营业收入均保持两位数增长。

三、现代服务业成为新增长点

2018 年，广西将集中力量，重点建设首批自治区认定的现代服务业集聚区，力争 38 家现代服务业集聚区总产值增长 15%左右，力争引进一批世界 500 强、全国 500 强服务业企业及服务业龙头企业、品牌企业落户。政策上，将在资金、项目、土地、税费、用水用电用气等方面给予倾斜支持；资金上，2018—2020 年，自治区服务业发展专项资金每年安排 1 亿元左右，用于支持现代服务业集聚区建设，同时，开展集聚区与金融机构“银企”“银担企”对接活动。项目上，将优先保障集聚区项目建设，各级专项资金优先支持认定服务业集聚区内的项目，并且优先纳入自治区层面统筹推进的重大项目库。在基础设施建设上，注重集聚区交通资源、市政设施、信息网络等综合配套的建设，降低集聚区企业运行成本。在服务功能上，注重搭建投融资、科技信息、检验检测、商务服务、政务服务、人才服务等公共服务平台和公共技术平台，为集聚区企业提供成本更低、服务更优的创业环境。因此，2018 年，广西全区软件和信息技术服务业、租赁业、商务服务业分别增长 14.0%、53.7%、21.7%。商务服务业中的会议、展会及相关服务业，以及广告业、人力资源服务业、法律服务业等生产性服务业保持 30%以上的高速增长；电子商务交易额预计突破 8 000 亿元，增长 13.4%；科技成果加速转化，全区完成科技成果登记 2 469 项，技术合同成交额增长115%，技术交易额增长81.5%。

四、与制造业互动加强

生产性服务业从制造业中衍生和分化而来，并依托制造业扩大其市场需求，与制造业唇齿相依。广西的整体经济发展在国内相对滞后，其自身制造业发展水平也偏低，从而影响了生产性服务业的发展。2011年，广西第二产业生产总值为5 675.32亿元，占全区生产总值的48.42%，比上年增长了25.79%。而广东省同期第二产业生产总值为26 447.38亿元，是广西的4.66倍。广西制造业规模较小，使得其生产性服务业的发展缺乏重要的内生推动力。目前，广西整体经济发展速度加快，制造业发展水平平稳上升，促进了广西生产性服务业的发展。如2018年，广西全区生产总值为20 352.51亿元，比2017年增长6.6%，实现了6.5%左右的预期发展目标。分产业看，第一产业增加值为64 734亿元，比上年增长3.5%；第二产业增加值为366 001亿元，增长5.8%；第三产业增加值为469 575亿元，增长7.6%。同时，前几年，广西大多数制造企业仍是传统的垂直整合模式，价值链上的各种经济活动均由企业内部完成，尚未形成通过将企业生产性服务外包以降低成本从而构建企业核心能力的意识。近年来，这一情况大有改善。此外，税收制度也有一定改进，重复征税的问题得到改善，税负得到减轻，从而促进了服务外包的发展；地方政府也纷纷出台税收优惠政策和相应的服务企业的鼓励措施。

五、发展方式不断升级和产业布局不断优化

“十二五”时期，自治区政府积极引导、推动大型装备制造业企业分离生产性服务，改变“大而全、小而全”的生产经营模式，提升企业的主营业务水平和核心竞争力。广汽集团、玉柴集团等一批重点工业企业通过设立专业的生产性服务企业，率先将研发设计、检验检测、人才培训、生产物流、销售物流、产品营销等业务分离，实现资源整合和效率提高，促进发展方式优化调整。随着“双核驱动、三区统筹”区域发展战略的实施，南宁市保税物流中心、柳州汽车城、钦州保税港区、凭祥综合保税区等一批新兴生产性服务业产业园区建设已具备一定规模。金融保险、第三方物流、软件外包、研发设计、商务会展、总部经济、广告创意、工程咨询等生产性服务业加速向新兴产业区集聚，全区生产性服务业的聚集和辐射效应日益凸显。2019 年，广西全区着力“强龙头、补链条、聚集群”，加快推进“双百双新”重大产业项目建设，竣工投产崇左南国铜业、桂林深科技华为手机、柳州志高智能家电等 18 个项目，开工建设百色吉利百矿铝产业、玉林正威新材料、钦州恒逸化工、北海惠科电子等 47 个项目，加快建设防城港钢铁基地、来宾汇宾碳酸钙产业链等 77 个项目。实施“千企技改”工程，南宁博世科等 254 个技改项目建成投产，培育形成一批“专精特新”的中小企业。实施“三百二千”科技创新工程，41 项重大技术实现新突破，广西大学牵头完成的清洁造纸一体化技术成果获国家技术发明奖二等奖，新增 42 个国家级创新平台、500 家高新技术企业，转化 266 项重大科技成果。科技进步贡献率达 53.7%，同比提高了 1.37 个百分点。大力发展现代特色农业，成功创建 4 个国家级现代农业产业园。突出发展大健康和文旅产业，阳朔、金秀两县荣获首批国家全域旅游示范区，百色起义纪念园成为国家 5A 级旅游景区，阳朔遇龙河成功创建国家级旅游度假区。新增隆安等 10 个国家级电子商务进农村综合示范县，南宁成为全国首批国家物流枢纽，自治区级服务业集聚区营业收入达 1 300 亿元，现代服务业加快成长。

第三节　广西生产性服务业的发展模式

广西既具有发展生产性服务业的动因，也具有发展生产性服务业的路径。而通过模式创新的推动，将进一步加快广西生产性服务业的发展。广西产业发展的现状，为采用服务外包模式、集聚区模式和外资拉动模式发展生产性服务业创造了得天独厚的契机。

一、服务外包模式

世界产业战略转移的大趋势正从生产外包转向服务外包。越来越多的企业通过购买第三方提供的服务来完成原来企业内部完成的工作。“外包”并不仅是简单地将企业内部的工作和流程转移到外部，还伴随着产业分工的继续深化，并逐步发展和开始形成多种新兴服务业，包括软件外包、物流外包和人事培训外包等，这些新兴的服务业统称为服务外包。服务外包促进了生产性服务业的急剧扩张和发展。服务外包按承接外包的境内外地域分，包括“域内外包”和“离岸外包”；按业务领域分，主要有信息技术外包（ITO）和商务流程外包（BPO），其中，信息技术外包占据超过60%的全球市场份额，业务流程外包市场份额近40%。由于服务外包可大大降低成本、优化产业链、提升企业核心竞争力，因此，近年来全球服务外包发展极其迅猛，在客观上极大地促进了全球生产性服务业的发展。而采用服务外包模式发展生产性服务业需要具备较强的制造业实力。随着东部产业转移与广西工业的发展，广西在劳动力、基础设施等方面有着一定的比较优势。不少发达地区的外资企业，已经陆续把一些劳动密集型的加工业、高技术制造业，以及资本密集型的重化工业从东部地区向广西转移，利用广西的成本优势、区位优势来提升自身的竞争力。广西作为广东产业转移的基地，为广西采用服务外包模式发展生产性服务业创造了巨大的空间。如经国务院批准，商务部、国家发改委等九部委于日前联合下发通知，新增南宁等10个城市为“中国服务外包示范城市”。南宁作为广西首个获此殊荣的城市，将享受中央财政专项资金、技术先进型服务企业税收优惠等政策。2011—2015年，南宁市服务外包执行额累计完成2.55亿美元，年均增长173%。仅2015年，南宁市服务外包执行额就达1.32亿美元，占广西服务外包产业规模的99%。数据显示，2017年，南宁市新增服务外包注册企业65家，累计达137家，数量位居广西第一；服务外包执行额为3.94亿美元，占广西的99.88%，同比增长51.84%；新增从业人数4 619人，同比增长109.57%；新增国际认证数量21个，同比增长200%；服务外包执行额在500万美元以上的企业15家，15家企业执行额达3.45亿美元，占全市总额的88%；离岸外包执行额突破2 000万美元，达到2 268.8万美元，同比增长1 055%。

此外，要留住外资企业在广西的制造企业，进而吸引其将更高端的制造环节转移到广西，必须为制造业的发展提供发达的生产性服务外包。可见，以广西获得东部产业转移为基础，利用服务外包模式发展广西的生产性服务业潜力巨大。依据广西生产性服务业发展的路径拓展，采用服务外包模式发展生产性服务业应聚焦以下两个重点领域：

（1）外需型服务外包。积极承接外需型服务外包业务，能提升生产性服务业的规模和能级，转变经济发展模式，增强国际竞争力。特别是承接离岸外包，是发展以服务经济为主产业结构的重要突破，是转变对外贸易方式、推动货物贸易向服务贸易转变的重要途径。

（2）内需型服务外包。事实上，服务外包的覆盖领域和涉及行业，远远大于时下笼统划分的信息技术外包和商务流程外包两大类及外需型。按照国际公认的服务外包概念，其内容就达 18 个行业大类。广西积极发展外需型服务外包的同时，也不能忽视国内业务天地最为广阔的内需型服务外包。可以说内需型服务外包更为丰富，涉及的行业领域更普遍，发展的前景也更广阔。特别是随着我国政府与现代服务业之间的互动合作更趋紧密，服务外包已成为我国本土企业和在华跨国公司提高市场竞争力、优化资源配置、降低综合成本的一种重要手段和必由之路。内需型服务外包的业务主要包括供应链与物流、装备制造业融资性租赁、第三方品质检验、第三方产品测试、产品 OEM（委托加工制造）、ODM（委托设计加工制造）等。

总之，广西应该抓住国际国内两个市场，既重视外需型服务外包，也不能忽视发展潜力更为巨大的内需型服务外包。服务外包模式将极大地促进广西生产性服务业的发展。

二、集聚区模式

发达地区的经验表明，当经济发展到一定阶段，在经济总量发展、经济结构变化和人口发展等因素的驱动下，集聚模式会由单一的大型 CBD（中央商务区）模式向多极化、分散化发展，在原来的基础上演变扩展成若干个微型 CBD，即生产性服务业集聚区。依靠区域特色和功能，形成产业集聚是生产性服务业集聚区模式的特点。尽管服务业的发展是以市场为基础的，但其产业特色的形成则取决于所在区域的特定功能。生产性服务业的发展依托由资源、禀赋、区位、经济和文化等因素所构成的功能，突出其区域优势和特色，建立起与区域功能相吻合的生产性服务业体系，从而与周边地区错位竞争，增强服务业的辐射效应。基于产业关联效应和社会网络效应而形成的集聚区，具有资源共享、服务网络系统和品牌效应的特征，客观上为生产性服务业的发展构筑起一个良好的产业生态环境。而通过品牌效应，服务企业可获得更高的市场认同度和占有率，从而进一步提高该区域服务产品的市场需求；集聚区内企业之间的竞合机制又提高了服务产品的有效供给水平，为生产性服务业的发展拓宽了市场空间。

在生产性服务业的发展过程中，利用集聚区模式已经成为一种趋势。我国产业区域特色鲜明，为建立生产性服务业集聚区创造了良好的条件。而我国的部分城市已经开始利用集聚区模式发展生产性服务业。以我国的经济中心城市上海为例，生产性服务业集聚区的建设在上海现代服务业的总体规划中占据着非常重要的位置。上海力图打造一批生产性服务业集聚区，鼓励在各区符合条件的专业产业园区或服务业集聚区内建立生产性服务业产业基地，各有侧重地发展生产性服务业。例如，南桥中小企业总部商务区凭借杭州湾跨海大桥的交通便利，依托区位和产业优势，成为奉贤区新一轮发展的载体和抓手；江湾五角场科教商务区充分发挥杨浦区大学强势学科的优势，重点发展科技研发和教育培训产业，形成以知识创新为核心的科教商务集聚区；已经集聚了金融要素市场本来的外滩和陆家嘴地区集中发展为金融贸易区；等等。这些点状的集聚区通过产业链或创新链彼此相通、有机相连，使上海的生产性服务业整体辐射等级进一步提升和放大。目前，这些生产性服务业集聚区对上海生产性服务业发展的拉动效应已经显现，集聚功能效应得到拓展提升，更好地体现了微型 CBD 作用：空间形态布局上，由上海市中心地区逐步向周边重点地区分散化、多极化发展；产业功能布局上，各集聚区初具特色，逐步呈现功能错位。因此，广西应借鉴上海建立生产性服务业集聚区的经验，逐步建立和完善各具特色的生产性服务业集聚区，进一步提升广西生产性服务业的等级和品位。

现代物流集聚区是以服务产业为主导，相配套产业齐全，具有资源集合、产业集群、服务集成、空间集聚等功能的新型服务业发展区域。2015 年，广西首次出台了现代服务业集聚区发展规划，明确提出，到 2020 年全区建设 122 个特色鲜明、业态多样的自治区现代服务业集聚区。2017 年，自治区人民政府制定了《服务业集聚区认定管理办法》，开展了首批自治区服务业集聚区认定工作。在首批认定的九大类 38 家现代服务业集聚区中，现代物流集聚区数量达 14 家，是入驻企业、从业人员和缴税额最多的集聚区，重点分布在沿海沿边沿江，特别是港口和口岸，其中，防城港东湾物流园和凭祥综合保税区被认定为国家级示范物流园区。此次，南宁市共有 9 家集聚区上榜，数量位居全区各市第一，涉及科技、商务、金融、信息技术及养老等多个方面。例如，首批认定的金融商务集聚区仅有南宁五象新区金融集聚区上榜，该集聚区以五象新区总部基地金融街为主。数据显示，广西现代服务业集聚区呈现出加快发展的良好态势，2017 年，首批认定的 38 家服务业集聚区累计完成投资 2 251 亿元，入驻企业 7 000 多家，从业人员 20 多万人，营业收入总额为 1 325 亿元，上缴税收 33 亿元，成为各地服务业发展的重要引擎。2018 年，38 家服务业集聚区累计完成投资 1 100 亿元，营业收入 1 041 亿元，上缴税收 38 亿元。营业总收入超过 10 亿元的有 15 个，超过 30 亿元的有 6 个。2019 年年初，在 38 家现代服务业集聚区里评定了中国—东盟检验检测认证高技术服务集聚区、中国电子北部湾信息港、中马钦州产业园综合性服务业集聚区等 8 家发展较快的优秀示范服务业集聚区（见表 4-1）。这 38 家服务业集聚区呈现出投资增长快、入驻企业多、吸纳就业强、发展势头好、后发潜力大的良好态势，是广西服务业发展的重要力量。

表 4-1 广西 8 家优秀现代服务业集聚示范区名单

城市	名称
南宁市	中国—东盟检验检测认证高技术服务集聚区
桂林市	桂林创意产业园
北海市	中国电子北部湾信息港
防城港市	防城港市东湾物流加工园区
钦州市	中马钦州产业园综合性服务集聚区
百色市	中国龙邦—越南茶岭跨境商贸物流集聚区
贺州市	中国—东盟石材·碳酸钙交易中心
崇左市	广西凭祥综合保税区

三、外资拉动模式

我国从 1979 年起开始吸引外商直接投资，并且吸引 FDI 已经连续 15 年位居发展中国家首位，加之全球 FDI 的投资方向和重点已经转向服务业，这些都为我国扩大服务业开放力度、利用 FDI 发展生产性服务业创造了难得的机遇。广西近年来吸引的 FDI 也逐年增长，特别是中国—东盟自贸区建成，以及“一带一路”倡议实施以来，FDI 增速较快。总体上看，广西已经初步具备了承接生产性服务业国际转移的条件。广西良好的区位优势、政策红利与国家发展规划，广西对跨国公司的吸引力越来越强。

就当前而言，广西采用外资拉动模式发展生产性服务业。一是要积极承接国际离岸服务外包。这既是广西发展服务外包的重点领域之一，也是广西扩大生产性服务业对外开放的重要抓手。要充分发挥广西的优势，培育一批具备国际化水平的服务供应商，提高接单能力，继续发挥在相关业务领域的优势，特别要注重培育承接 BPO（商务流程外包）业务的能力，积极承接计算中心、呼叫中心、数据处理、技术研发、财会核算、售后服务等国际服务业转移，特别是逐步拓展一些具备优势和条件的高端业务。二是要继续开放生产性服务业市场，大力发展服务贸易，不断提高吸引 FDI 的质量和层次。要更多地吸引跨国公司、外资企业、国内知名企业来广西设立研发中心、运营中心和地区总部，积极引进国际生产性服务业的新理念、先进技术和管理经验，促进广西生产性服务业提高水平。同时，要积极进口广西国民经济发展急需的生产性服务产品，为制造业的转型升级提供服务支持。

2019 年广西制定出台了“稳外资 16 条”等一系列政策文件，并对利用外资工作实行专项考核和专项激励，加大对辖区内外资企业的服务力度等措施，推动广西实际利用外资转为正增长。2019 年的 1—4 月，广西新设外商投资企业 73 家，同比增长 55. 32%；合同外资 11. 13 亿美元，同比增长 23. 65%；实际利用外资 2. 3 亿美元，同比增长 8%。当前，世界对于中国市场的投资信心清晰可见，中国的发展对全球投资的吸引更加强劲。广西也正采取一些措施，蹄疾步稳，紧跟国家发展步伐，不断优化营商环境，破障碍转观念，去烦苛，优服务，投资洼地正在逐步形成。2019 年 1—4 月广西的外资利用情况数据显示，当前广西对外资“磁吸力”正在不断增强。

第四节　广西生产性服务业的产业集聚

一、产业集聚的内涵与特征

（一）产业集聚的内涵

学者对产业集聚问题的研究起源于 19 世纪末，较早关注产业集聚这一问题的学者马歇尔指出，许多相似的企业为了共享资源获得外部效应，从而在特定的区域形成集中分布成为产业集聚。波特 1990 年创作的《国家竞争优势》中是这样界定“产业群”的，在一定的地理范围内，彼此存在竞合关系的企业或供应商，以及政府和其他相关团体集中分布，这种集聚可以提高一个企业乃至一个地区的国际竞争优势。美国生产性服务企业的发展就存在着典型的产业集聚现象。例如，电子技术、资本管理集中分布在硅谷；汽车设备与维护集中分布在底特律；基金及生物技术等集中分布在波士顿；而纽约则集聚了大量的金融服务、广告推广、多媒体等企业；西雅图则集聚了大量的飞机设计企业、金属加工企业等；达拉斯则将大部分的房地产开发商聚集在一起；好莱坞基本上集聚了美国整个影视娱乐业。

尽管学者对产业集聚分别从不同的视角给出了多种定义，但是还没有一个共识。有些学者甚至在研究过程中提出了相似的概念来代替产业集聚，例如，“区域集群”“企业集群”“地方生产系统”“产业综合体”“区域产业群”“新产业区”等。虽然名称不同，但要反映的却是同一个经济现象：有关联的一群企业集聚在一定范围的地理位置内，从而实现资源共享，获取竞争优势。因此，产业集聚通常被看成一种空间产业组织形式。绝大多数国家特定产业发展必经之路就是形成产业集聚，而产业集聚也能提高该国产业发展的竞争优势。产业集聚现象最开始出现在传统的制造业中，随着服务业的不断发展，这种集聚现象也开始出现在新兴的服务业中。不论是主导产业，还是辅助企业或机构；不论是上游的供应制造企业，还是下游的销售机构；不论是生产制造企业，还是服务公司或机构，都有可能实现产业集聚。通过总结归纳产业集聚的定义发现，不论基于何视角来研究产业集聚，以下的内容和基本思想都是必不可少的。

（1）产业集聚是由一群既相互联系又相互独立的企业群构成的。

（2）产业集聚除了存在地理位置的集中，同时存在分工和协作现象，分工是为了满足不同的需要，协作是为了实现外部经济效应。

（3）产业集聚需要企业与企业之间进行资源的交换，以及文化等的适应。这种交换能够让企业获取其需要的人力、资金等资源，而适应是为了降低不一致及不确定带来的风险，从而使集聚内的企业获得长期的稳定的关系。

（4）集聚区内合作的企业既相互竞争，又互补。

（二）产业集聚的特征

通过总结归纳已有的研究成果，得出产业集聚具有以下特征：

1. 中小企业通常是产业集聚的主要构成

统计全球产业集聚的发展情况发现，中小企业通常是产业集聚的主要构成。美国200多个中小企业集聚区出口的产品将近占了美国总出口的一半，同样，印度300多个中小企业集聚区出口的产品占了印度总出口的60%。就国内的浙江大唐袜业来说，其集聚区内有上万家企业，超过100人以上的企业寥寥无几，大多数企业不超过100人，甚至相当一部分企业不超过50人。

2. 集聚现象的基础是分工和合作

产业集聚并不是将企业简单地进行捆绑。无论对于技术密集型还是传统型产业，其集聚内的成员企业都在某一产业的产品链周围进行有效分工和合作，组成了一个完整的专业化分工和协同生产网络。这种专业化的分工和合作可以达到有效降低产品平均成本的目的，提高获取知识和积累知识的能力，产生集体利益。

3. 规模适度

只有在一定规模上，集聚才是真正的集中，规模不可过大，也不可过小。不同的产业集聚规模是不同的，但一般来说，一个产品的国内市场份额应该达到25%以上，即“市场控制率”。适度规模和集聚收益将有助于专业化和聚集优势的显现。然而，大规模的集聚可能会增加生产成本和交易成本，反而使得聚集收益递减。相反，集聚规模过小则很难形成气候，聚集效应难以显现。

4. 地域嵌入性

嵌入性意味着所有产业集群都建立在特定的地方社会结构上，包括社会关系、文化背景、心理习惯和社会规范。嵌入的强度关系到产业集聚的稳定性和可持续发展。产业集聚是区域经济发展的战略，决策者必须高度重视产业集聚的根源。

5. 生产柔性

一些学者用“柔性”来描述企业对市场需求、产品构成和产品设计快速变化的适应性。可以看出，“柔性”的相对性是“刚性”

系统。产业集聚的生产柔性体现为：第一，内部生产经营方式的灵活性；第二，上下游的生产协作或贸易关系灵活；第三，劳动过程的灵活性。

二、广西生产性服务业产业集聚的必要性和条件

广西生产性服务业集聚区的发展将改变经济增长方式，积极开展国际产业转移，加快推进先进制造业产业升级和旧工业区改造，遏制人口过度膨胀。生产性服务业产业集聚的条件来源于集聚效率的提升、市场需求的集中、政府推动等方面。此外，影响广西生产性服务业集聚的因素有六个方面，分别是生产要素、市场需求条件、制度和环境、区位分布、市场发育程度和对外开放程度、信息通信技术发展水平。

（一）广西生产性服务业产业集聚的必要性

生产性服务外源化集中反映了社会对知识密集型和技术密集型服务业的市场需求的增长，这种市场需求的增长促进了生产性服务业的迅猛发展，通过科学合理的建设与经济的快速生长促进先进制造业的产业升级。

生产性服务业是高智能、高增长、高就业、高辐射的现代服务业，包括现代物流服务、金融保险、信息技术服务、商业服务等。它与制造业的服务直接相关，从制造业内部生产服务部门独立发展出来，主要功能是为产品生产过程的各个阶段提供服务。国际经验表明，生产性服务已成为服务贸易的主要内容，成为国际生产的必要条件。它是工业化国家晚期工业化的一个重要特征，在提高价值和实现价值方面起着重要的作用。

20 世纪以来，中国工业化的速度明显加快，为生产性服务业的发展提供了广阔的空间。由于其广泛的关联效应，生产性服务已成为市场资源的强大经销商，直接影响着经济增长的速度和整体经济表现。国际经验表明，在生产性服务业的支持下，制造业的附加值和市场竞争力在制造业发展到一定阶段后得到了进一步的改善。制造业对服务业的需求在不断增长。随着制造业的“服务”化，生产性服务业发展迅速，已成为发达国家和地区最强大的产业。

1999年，我国人均GDP突破1 000美元，2008年突破3 000美元，2011年突破5 000美元，2019年突破1万美元大关。根据2019年12月的平均汇率，我国人均GDP换算成美元是10 274美元，这是中国人均GDP首次站上1万美元的台阶。而服务业是经济增长的主要动力，生产性服务业的发展可以促进产业结构升级、新的产业体系的形成和城市功能的转变，从而降低企业成本，改善投资环境，避免地区产业结构的竞争，为承接全球制造业转移提供了重要依据；同时，生产性服务业明确了国际投资方向。生产性服务业发展的基本前提是经济、贸易战略目标的确立。生产性服务业产业集聚的必要性具体表现在如下方面：

1. 国际工业发展的新趋势

只有当中国的产业发展趋势与国际行业轨迹一致的时候，中国才能最大化地享受资源配置全球化带来的利益，形成新的产业模式，与发达国家相竞争。因此，加快发展生产性服务业，不仅有助于更好地应对服务业开放带来的严峻挑战，也将迈出国际产业融合和发展的新步伐。建立生产性服务业集聚区，承接国际服务转移，有利于整个国民经济的技术溢出，实现集聚规模经济，提高集聚区的整体竞争力；有利于深化分工，降低产业链成本。随着分工的进一步深化，企业所提供的服务分为专业服务和外包服务。一方面，制造商可以专注于制造和制造方面的改进。另一方面，制造企业通过服务外包可以获得更多、更专业、更优质的服务。同时，信息、软件、物流等生产性服务成为产业链之间的润滑剂，有助于降低不同环节之间的交易成本，深化产业链的整合。生产性服务业集聚区的发展有利于提高制造业的出口程度，扩大产品出口，提高经济区先进制造业的服务水平。生产性服务业是加强国际制造业贸易和全球经济活动的基础和纽带。信息获取、贸易谈判、货物交付、货款支付和制造业国际网络的形成与跨境交易中大量的服务都与生产性服务需求有关。

2. 吸纳较多就业人口

建立生产性服务业的产业集聚区，承接国际产业转移，通过基础设施建设提供公共服务，可以促进企业间的交流和相互学习，成为知识密集型生产性服务业之间的沟通桥梁。

如果只发展制造业和一般服务业，中国的人口可能会过度增加。从工业发展与就业的关系来看，金融、保险、运输、仓储、邮政服务、房地产吸纳就业人口最低，批发、零售、餐饮业等服务业吸纳的就业人口较多。大力发展以生产性服务业为中心的服务业，既可提高产业结构水平，又可避免房地产、公路、交通等公共基础设施的过度增长。

3. 提高本地区的产业竞争力

产业集群在生产性服务业的发展可以带来更有效的生产和组织能力，从而形成商业中心高度集中的产业服务。企业在行业中心的优势聚集在一起，为整个行业带来连锁的生产服务，使整个企业能够共享资源。生产性服务业的发展在一定程度上是为了提高自身的生产能力，并利用这种能力来提高产业的竞争力。

4. 集聚有利于促进广西制造业的转型升级

当前，广西经济处在新旧动能转换时期，转变经济增长模式、实现可持续发展是广西经济发展的必由之路。作为制造业的中间产品投入，生产性服务业发展与制造业的升级具有天然密不可分的联系。广西生产性服务业集聚发展过程中，相关企业要想在激烈的市场竞争环境下生存下来，必须通过技术创新和学习等途径改进自身的服务能力，进而推进整个广西制造业转型升级的进程。例如，信息技术产业和研发设计服务产业集聚带来的大数据、云计算等技术，能很好地帮助广西制造业了解“一带一路”沿线国家消费者的行为习惯，减少信息不对称带来的盲目生产所造成的资源浪费，这样可以让广西制造业腾出更多的时间和精力投入企业自身的发展中，有利于增强广西制造业与广西生产性服务业之间的互信，促进生产性服务业与制造业的协同创新。

5. 集聚有利于实现区域品牌效应和区域技术转移

生产性服务业集聚是现代区域经济体系中的重要发展规律，并且已经成为区域经济的新兴增长极。生产性服务业当前已经被称为城市功能的主要承担者。由此可以预见，生产性服务业集聚过程中形成的专业分工，将促进企业的生产效率提高和服务能力的提高，有利于进一步提高广西北部湾城市群的竞争力。经济学的基本原理告诉我们，生产性服务业行业规模发展到一定程度时便会吸引相似的企业集聚某个地域或空间，即实现了规模效应和范围经济，其对应的产业就会拥有较大的市场份额和区域影响力，进而形成相应的区域品牌认同。通过品牌效应，服务企业获得更高的市场认同度和占有率，从而进一步提高该区域服务产品的市场需求。

按照《生产性服务业统计分类（2019）》的分类标准，生产性服务业包含研发设计、信息服务、人力资源管理与职业教育培训等服务行业，这些行业均具有服务业的无形性、污染少、产品附加值高的特点。广西在参与“一带一路”倡议建设的过程中，离不开生产性服务业的支持。生产性服务业集聚会带来大量的就业岗位，同时，伴随着资本、技术和知识等生产要素的集聚。生产性服务业的集聚加速集聚区及辐射区的技术流动，使得技术在不同主体间和不同地域间迅速传播，产生技术溢出效应，进一步促进区域技术转移。

（二）广西生产性服务业产业集聚的条件

1. 获得规模外部经济是生产性服务业集聚的内在动力

马歇尔认为，外部规模经济意味着企业通过扩大规模，可以使生产成本接近最低，从而使单个企业通过外部合作获得规模经济。生产性服务业通过形成和共享特殊的人力资源市场，聚集在一定的区域，获取知识和技术溢出效应。此外，生产性服务业集群不仅可以使企业通过资源共享优势达到互补，形成乘数效应，获得更多的利润，而且可以通过合作和竞争，提高集聚企业的创新能力和整体实力。

2. 生产性服务业产业集聚的外部引力来源于市场需求的集中

生产服务业以制造业和流通企业为服务对象，市场需求的集中和服务对象的集聚促进了生产性服务业的集聚和发展。工业集聚特别是制造业集聚，以及商品交易市场的快速发展已成为生产性服务业蓬勃发展和形成集聚的重要外部吸引力。目前，在需求市场的激烈竞争下，生产性服务业将积极关注需求，从而获得更多的市场份额，获得更多的利润。

3. 生产性服务业产业集聚发展的积极引导因素起源于政府

政府直接参与生产性服务业的集聚发展，政府行为是生产性服务业发展最重要的积极引导因素之一。为了支持发展生产性服务业，吸引企业投资，政府将在一定程度上代替市场主体和金融市场的投资行为，以优惠的土地价格和良好的基础设施，降低企业的经营成本，或间接地通过税收优惠来增加企业的利润。这种积极引导行为有效地降低了经济活动成本，促进了生产性服务业在某一地理区域的集中，形成产业集聚现象。如广西壮族自治区人民政府印发了《广西壮族自治区人民政府关于印发广西现代服务业集聚区发展规划（2015—2020 年）的通知》《广西现代服务业集聚区认定管理暂行办法》，来宾市服务业发展部门联席会议修改完善了《来宾市现代服务业集聚区认定管理暂行办法》。

4. “一带一路”倡议下广西生产性服务业集聚的条件

（1）“一带一路”倡议助力广西生产性服务业走出去

制度和环境因素是影响资源配置的效率和生产性服务业集聚的重要因素。截至 2019 年 3 月底，中国政府已与 125 个国家、29 个国际组织签署了 173 份合作文件。2019 年 10 月，国家发展改革委市场部发布了《关于新时代服务业高质量发展的指导意见》，指出生产性服务业可以“一带一路”建设为契机，与制造业协同走出去拓展市场。西部陆海新通道、中国（广西）自由贸易试验区等国家开放战略也在稳步推进。这些国家政策进一步提高了广西对外开放水平，为广西生产性服务业积极走出去指明了方向。

（2）“一带一路”建设为广西生产性服务业创造有效需求

“一带一路”倡议的贸易畅通，极大地促进了广西与“一带一路”沿线国家（尤其东南亚国家）的经贸合作，拓展了广西贸易差异化发展领域，有利于广西形成新的经济增长点。广西统计局数据显示，广西进出口贸易额从2013年的2 035.9亿元增长到2019年的4 694.3亿元，总量翻了一番。广西具有独特的区位优势，与东盟国家陆海相连。2019年，广西对东盟进出口额为2 334.7亿元，占广西进出口贸易总额的4 973%。在开展对外经贸合作方面，广西积极探索并开创了“两国双园”的产业合作新模式。生产性服务业为生产者服务，服务于实体经济。广西在参与“一带一路”倡议建设促进贸易互通的过程中，会产生制造业出口的引致需求。这对于目前自身经营规模尚且不大、市场需求尚且不足的广西生产性服务业来说，是一个大有可为的历史机遇。

（3）“一带一路”建设为生产性服务业集聚注入新的活力

按照《生产性服务业统计分类（2019）》的分类标准，金融业是生产性服务业的一部分，资金融通是“一带一路”建设的重要前提条件。目前，广西正全力推进与东盟国家在金融领域的交流合作。广西建设面向东盟的金融开放门户，将给予“一带一路”建设中生产性租赁、货物运输、生产性支持服务、研发设计、信息服务等生产性服务业领域以资金支持，有利于扩大人民币在国际市场交易活动中的结算范围和影响力。此外，广西各大金融机构可以通过开展金融业务与产品创新，更好地为广西生产性服务业提供金融服务，为广西生产性服务业注入血液、注入新的活力。

三、影响广西生产性服务业集聚的因素

GEM模型是两位长期研究产业集群的学者Tim Padmore和Hervey Gibson在迈克尔·波特“钻石模型”的基础上提出的分析产业集聚影响因素及其竞争力的模型。根据GEM模型，不同产业集聚的影响因素是不同的。国外学者主要运用GEM模型来分析制造业的集聚，鉴于服务产品的复杂性，许多学者在服务业集聚的模型分析的时候，会增加一些变量作为影响因素。根据GEM模型，可以把产业集聚的一般影响因素分解为一级和二级指标，见表4-2。基于GEM模型及国内外学者的研究，在综合生产性服务业特征的基础上，将生产性服务业产业集聚的影响因素概括归纳为以下几个方面：

表4-2　基于GEM模型的产业集聚影响因素

一级指标	二级指标
资源	劳动力
	技术人员
	地理位置
	自然和土地资源
设施	硬件设施
	制度安排
供应商和相关辅助行业	原材料供应商
	辅助材料供应商
	产品检验
	机器设备供应商
	物流供应商
企业结构、战略和竞争	管理模式
	竞争目标
	企业规模
	产权结构
本地市场	市场规模
	市场份额
	增长前景
外部市场	市场进入障碍
	进出口障碍

（一）生产要素

生产要素是指生产或提供各种投入条件的服务，包括人力资源、自然资源、知识资源、资本资源、交通信息、机场设施等要素，同时，这些要素可分为初级生产要素和高级生产要素。初级生产要素主要是自然资源的状态，高级生产要素主要是指交通、通信基础设施、人力、大学研究机构等，而高级生产要素是生产性服务业集聚持续的决定性因素。

（二）市场需求条件

许多集中的地区能够为生产性服务业集聚区做出很好的转化，原来的制造业为了降低成本需要外部的一些服务，或者将制造本身外包，保持生产和运营总部的集中。在这些制造服务独立或外置后，这些商业活动会带来金融业、信息服务、技术服务和其他一些地区的生产性服务业的需求，从而导致许多相关的上游和下游相关产业的集聚，并能够共享人力资源。制造业的集聚主要从供给和需求的角度探寻集聚利益，而生产性服务业主要是通过集聚学习和创新环境角度来探寻集聚利益，这些企业也需要相关的资格进入全球网络，在都市知识密集型服务业集聚区，可以得到额外的优势与全球化的发展。因此，需求的区位选择、制造业等服务产业集群将影响生产性服务业在空间上的集聚及其程度。图 4-1 是产业集聚影响因素的 GEM 模型。

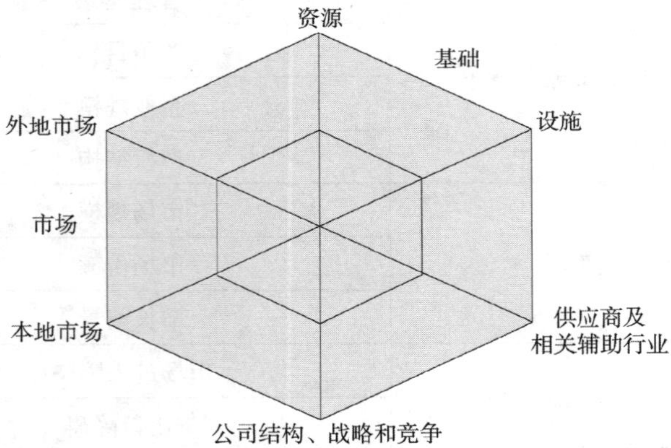

图 4-1 产业集聚影响因素的 GEM 模型

（三）制度和环境

制度和环境因素对资源配置效率产生影响，进而成为影响生产性服务业产业集聚的重要因素。其中，法律环境和政府行为是最重要的因素，市场竞争结构也会产生较大的影响，区位意识、社会生活环境、办公设施等条件也是需要考虑的制度和环境因素。快速变化的经济环境，以及由此产生的不确定性，使得生产性服务企业之间形成这种集聚经济，以降低经济环境带来的不确定性和风险性。从文化资本的角度来看，生产性服务业主要表现为接近于一种社会文化的空间集聚，形成共同的价值观、信仰和默契，从而使企业之间形成互惠互利的共赢关系。生产性服务业的嵌入将加快集聚区的创新，降低创新成本，同时也将促进系统和服务环境的改善。

（四）区位分布

生产性服务业的空间可分性特征，使得知识密集型集聚经济往往集中在大城市。传统的经济学家认为，区域内的企业之间可以相互依赖，更加贴近市场，在企业、客户、同行和外部信息可达性之间享受相互便利的服务。新经济地理学派认为，生产性服务业空间集聚的机制可以实现回报的增长、不完全竞争、外部规模经济、路径依赖等效益。空间集聚的形成源于运输成本与规模经济的相互作用，以及累积循环效应。生产性服务业的区位选择，主要集中在交通条件和基础设施建设较完善的区域，这对交易成本非常重要。

（五）市场发育程度和对外开放程度

生产性服务业的发展，需要寻求一个更加完善的市场体系和健康的市场环境。作为一种服务产品，生产性服务业具有生产、交换和消费的同时性，大多数来自同一消费市场的企业之间更容易达到服务业规模的需求及发展的门槛，更有利于提高随机服务系统的服务设施和服务人员的利用率，从而减少闲置损失。相对于制造业，生产性服务业的发展受到当地市场和国际化程度的影响更大。随着我国加入 WTO 过渡期的结束，我国的金融保险业、电信业和公共服务业对外国投资的限制较少，但在不同地区市场化程度仍然有很大的区别。

（六）信息通信技术的发展水平

信息和通信技术不仅是生产性服务业的核心产业，也是影响生产性服务业发展水平的重要因素。其发展水平不仅影响着生产性服务业的发展规模和结构，而且有助于降低交易成本，为集聚发展提供良好的外部环境。企业间信息与通信技术的发展，减少了企业之间面对面交流的需求，这也使得虚拟和网络生产服务成为一种可能。信息通信服务也发挥了其优势，促进了生产性服务企业提高内部智能化水平。在虚拟的系统中，传统上被认为是“整合”或“疏散”的“内力”和“外力”资源可以实现有效的整合，这些整合后的相关要素能够在市场中充分发挥其价值，也充分凸显了企业的现有优势。

第五节　广西生产性服务业的主要衡量指标与数据

一、广西生产性服务业固定投资值规模状况

（一）全国和广西固定资产投资值规模状况

由表 4-3 可知，2013—2018 年，全国和广西的固定资产投资值规模均逐年递增，2012—2013 年，广西固定资产投资值规模略有下降；同比上年增长来看，广西的增长速度均大于全国平均水平，但均呈现增长速度下降的趋势，全国和广西在固定资产投资值规模增长速度均在 2018 年达到最低值。虽然广西在固定资产投资值规模增长速度上占有一定优势，但从总值上来说，2017 年只占全国固定资产投资值规模的 3. 20%。

表 4-3　全国和广西固定资产投资值规模

亿元

年份地区	2012 年	2013 年	2014 年	2015 年	2016 年	2017 年	2018 年
全国	374 695	446 294	512 021	562 000	606 466	641 238	645 675
比上年增长（%）	20. 3	19. 1	15. 2	9. 8	7. 9	7. 0	5. 9

续表

年份地区	2012 年	2013 年	2014 年	2015 年	2016 年	2017 年	2018 年
广西	12 635. 21	11 907. 67	13 843. 21	16 227. 78	18 236. 78	20 499. 11	-
比上年增长（%）	24. 4	21. 4	16. 3	17. 2	12. 4	12. 4	10. 2

数据来源：中国统计局和广西统计局 2019 年统计年鉴。

（二）广西生产性服务业细分行业固定投资值的规模状况

从广西生产性服务业细分行业看，2016 年交通运输业固定资产投资额为 1 726. 0 亿元，批发和零售业固定资产投资额为 756. 2 亿元，房地产业固定资产投资额为 2 999. 2 亿元，租赁和商务服务固定资产投资额为 560. 1 亿元，信息传输、软件和信息技术服务固定资产投资额为 223. 2 亿元，科学研究和技术服务固定资产投资额为 153. 4 亿元，金融业固定资产投资额为 72. 1 亿元。其中，房地产业占比最大；其次是交通运输业、批发和零售业、租赁和商务服务。与 2016 年相比，2017 年批发和零售业、交通运输业、金融服务业、房地产业投资额均有所下降。房地产业下降最快，其次是交通运输业。信息技术服务、租赁和商务服务、科学研究和技术服务在 2017 年有所增长，其中，租赁和商务服务增长额最多，其次是信息技术服务（见表 4-4）。

表 4-4　2016—2017 年广西生产性服务业细分行业固定投资值规模

亿元

行业门类	2016 年	2017 年
批发和零售业	756. 2	640. 2
交通运输业	1 726. 0	1 519. 3
信息技术服务	223. 2	245. 8
金融服务业	72. 1	53. 3
房地产业	2 999. 2	786. 1
租赁和商务服务	560. 1	804. 3
科学研究和技术服务	153. 4	153. 5

数据来源：广西统计局 2013—2019 年统计年鉴。

二、广西生产性服务业法人单位数情况

（一）全国和广西生产性服务业法人单位数情况

由表4-5可知，2012—2017年，全国生产性服务业法人单位数逐年递增，并在2017年突破千万大关。广西在2013年生产性服务业法人单位数有所下降，下降了13 950个。此后，法人单位数在2013—2018年逐年增长，增长幅度不是很大，在2018年接近30万。

表4-5 2012—2018年全国和广西生产性服务业法人单位数对比

个

年份	2012	2013	2014	2015	2016	2017	2018
全国	4 689 243	–	6 343 001	7 642 978	9 230 026	11 567 793	–
广西	125 278	111 328	147 030	189 123	235 409	279 648	296 113

数据来源：根据中国统计局2019年统计年鉴和广西统计局2019年统计年鉴整理而得。

（二）广西生产性服务业细分行业法人单位数情况

由表4-6可知，2013—2018年，广西批发和零售业、金融服务业呈现波动上升趋势，而交通运输业、信息技术服务、房地产业、租赁和商务服务、科学研究和技术服务均呈现上升趋势；批发和零售业在2017年达到峰值，交通运输业、信息技术服务、房地产业、租赁和商务服务，以及科学研究和技术服务在2018年达到峰值，金融服务业在2015年达到峰值。这七个行业是生产性服务业的细分行业，总值也呈现上升趋势，并且2016年增加值最高，高达46 282个法人单位。

表4-6 2012—2018年广西生产性服务业细分行业法人单位数

个

行业门类	2012年	2013年	2014年	2015年	2016年	2017年	2018年
批发和零售业	67 375	64 262	84 623	106 962	131 838	153 421	142 714
交通运输业	6 107	5 092	6 647	8 512	10 650	12 514	13 254
信息技术服务业	6 952	2 546	3 815	6 484	9 612	13 404	18 658

续表

行业门类	2012 年	2013 年	2014 年	2015 年	2016 年	2017 年	2018 年
金融服务业	1 643	1 610	2 321	2 972	2 509	2 703	2 387
房地产业	11 034	8 847	11 513	13 475	16 006	18 677	21 498
租赁和商务服务业	22 108	18 610	25 498	35 285	46 247	56 993	68 916
科学研究和技术服务业	9 959	10 361	12 613	15 433	18 547	21 936	28 686
总计	125 278	111 328	147 030	189 123	235 409	279 648	296 113
增加值		−13 950	35 702	42 093	46 282	44 239	16 465

数据来源：根据中国统计局 2019 年统计年鉴和广西统计局 2019 年统计年鉴整理计算而得。

三、广西生产性服务业从业人员情况

（一）全国和广西生产性服务业从业人员情况

由表 4-7 可知，2012—2018 年，全国生产性服务业从业人员数逐年递增，呈现上升趋势；2016 年突破 4 000 万人大关，其中增长最快的年份是 2013 年，增长最慢的是 2018 年。而根据数据可以看出，广西在此期间生产性服务业从业人员数波动幅度不大，一直在 70 多万人，未突破 80 万人；广西生产性服务业从业人员数在 2013 年增长速度最快，并在 2015 年达到峰值。

表 4-7　2012—2018 年全国和广西生产性服务业从业人员数对比

万人

地区	2012 年	2014 年	2015 年	2016 年	2017 年	2018 年
全国	3 026. 6	3 914. 8	3 996. 8	4 093. 5	4 158. 7	4 169. 9
广西	71	79. 4	79. 7	78. 3	77. 4	78. 5

数据来源：根据中国统计局 2013—2019 年统计年鉴计算而得。

（二）广西生产性服务业细分行业从业人员情况

由表 4-8 可知，2012—2018 年，广西生产性服务业从业人员中，交通运输业从业人员最多，其次是金融服务业和批发和零售业，信息技术服务从业人员最少，仅有 4. 9 万人。从广西生产性服务业细分行来看，广西科学研究和技术服务从业人员数在 2012 年至2018年逐渐减少，由2012年的9.3万人减少到2018年的7.1万人；信息技术服务一直在4万人到5万人之间徘徊；房地产业在2013年增长到7.8万人后，波动幅度较小，最高只有8万人从事该行业；其他几个行业均呈现波动上升趋势，波动幅度均不是很大，与中国生产性服务业从业人员数相比，广西从事生产性服务业的人员还不是很多。

表4-8　2012—2018年广西生产性服务业从业人员数

万人

行业门类	2012年	2013年	2014年	2015年	2016年	2017年	2018年
批发和零售业	12.8	14.1	13.3	13.4	13.5	12.7	12.5
交通运输业	18.5	21.2	20.9	20.0	19.4	19.0	18.8
信息技术服务	4.4	5.2	4.5	4.4	4.2	4.0	4.9
金融服务业	11.7	11.6	11.8	13.3	14.3	14.7	15.6
房地产业	5.4	7.8	8.0	7.9	8.0	7.9	7.8
租赁和商务服务	8.9	9.8	11.1	11.2	10.0	10.8	11.8
科学研究和技术服务	9.3	9.4	9.8	9.5	8.9	8.3	7.1
总计	71	79.1	79.4	79.7	78.3	77.4	78.5

数据来源：根据中国统计局2013—2019年统计年鉴计算而得。

第六节　广西生产性服务业对临港产业的影响

一、临港产业发展概述

（一）临港产业的含义与构成

临港产业就是指那些地理位置毗邻港口，相关业务与港口关联，依托港口资源和运转优势而发展起来的有关产业部门。广义的临港产业应包括四个产业：其一是临港直接产业，包括港口的装卸主业，以及港口企业所经营的全部产业。其二是临港关联产业，是指与港口主业有着前后产业关联的产业部门，如海运业、集疏运业、仓储物流业等分布在以港口主业为核心的产业链的不同部位的产业。其三是临港依存产业，是以港口存在和港口条件为主要选择依据而设立的产业部门，如造船业、贸易、钢铁、石化等建立在港口及港口区域一定范围内，依港口而布局的产业。其四是临港派生产业，它包括建立在沿海一定范围内，与港口直接产业、港口关联产业、港口依存产业的经济活动有关的金融、保险、房地产、饮食、商业等服务业；市区直接和间接与港口直接产业、关联产业、依存产业的经营活动有关的其他产业。

（二）临港产业发展的动力机制

临港产业发展的演变是与工业化进程息息相关的。目前，世界上发达国家的临港产业都是由初级阶段经过漫长的升级换代逐步升级到高级阶段的。推动临港产业发展的因素，主要包括市场和政府两个因素，即市场是推动产业升级、经济发展的重要因素。在临港产业发展初期，临港地区利用优良区位和一定的基础设施进行货物运输和畜牧、渔业加工及简单工业。随着临港地区经济实力的增强和基础设施的完善，重化工业开始进驻临港地区。在重化工业形成一定规模后，临港地区开始吸引其他一些轻工业在本地区集聚。临港地区的繁荣带动了地价的上涨，从而失去了低成本优势，企业纷纷内迁。然而，海运业的发展、科技水平的提高，以及良好的基础设施，使临港地区受到高新技术产业的青睐。与此同时，金融、贸易、旅游等临港第三产业逐渐在临港地区发展壮大。政府是经济活动的重要主体之一，在经济生活中，一味强调市场的作用往往会产生“市场失灵”。政府对于纠正临港产业发展中的“市场失灵”作用尤为明显。通过加强对产业布局的规划引导和空间导向，制定各种招商引资优惠政策，可以改变市场的无序竞争。

（三）临港产业的发展模式

通过对发达国家临港产业发展路径及产业模式构成要素的分析可以发现，临港产业有自身的演变过程。通过梳理不同阶段临港产业发展的规律性及特性，可以概括出临港产业动态发展模式，如表 4-9 所示。

表 4-9 临港产业的发展模式

模式	资源利用	产业结构	空间结构	技术条件	典型区域
渔业主导的简单运输加工型临港产业	海洋渔业资源	海洋养殖及加工	渔业养殖捕捞业零散坐落于港口附近	渔业养殖捕捞业零散坐落于港口附近	坐落于沿海的渔港，如青岛沙子口渔港、威海中心渔港等
以工业为主导的重工业临港产业	铁屑原料、铁矿石、原油等	钢铁、石化等“大进大出”的产业	钢铁等企业分布于毗邻港口的工业园区中	高耗能、高污染，有一定技术含量	曹妃甸港、湛江港、营口港等
以重轻工业为主导的混合型临港产业	钢铁、橡胶、玻璃、塑料等制造企业	汽车等深加工装备制造业、家电等轻工业	产业结构调整，附加值更高的汽车、造船毗邻港口	产业具有较高的技术含量	青岛港、大连港等
以高科技产业为主导的综合型临港产业	适用于高科技产业的中下游中间产品	集成电路、海洋生物等临港第三产业	高科技产业布局临港地区	产业具有很高的技术含量	新加坡港等

1. 货物运输为主导的海运服务型发展模式

该模式一般出现在临港产业发展的初级阶段。临港产业以海洋运输业为主，产业规模较小。港口区域主要肩负着对外贸易和简单农副产品加工的任务，产业结构单一，临港区域的主要功能是运输的货场和中转站。在此发展模式中，临港产业缺乏统一的布局和良好的规划，通常以优越的区位和优惠的税费吸引广大客户。临港产业发展的初级阶段经济效益较低。

2. 制造业为主导的重工业型发展模式

在该阶段，临港产业的经济结构进一步优化，科技含量明显提高。临港产业布局更加规范，经济效益明显提高。临港产业区大量的钢铁、石油化工、装备制造等重工业企业为社会创造了大量就业机会，对经济增长及税收的贡献可观。

3. 轻工业为主导的混合型产业发展模式

该模式一般出现在临港产业发展的中后期。随着工业化的推进，临港产业结构进一步升级。在产业升级的同时，高附加值的出口加工业获得了较快发展。这一阶段可以看成是第二阶段发展后期的成熟阶段，其主要特征是产业结构的升级调整及科技含量较高的轻工业的出现，产品附加值进一步提高，产业布局进一步合理，环境污染得到有效控制。

4. 高科技产业为主导的综合型发展模式

该模式一般出现在临港产业发展的成熟期。随着临港地区经济发展，地价逐渐上涨至工业企业所不能接受的程度，经济效率低、科技水平低、污染严重的产业逐渐转移到内陆地区，技术密集型行业逐渐成为临港产业的主导，与此同时，金融、贸易、旅游等临港第三产业逐渐发展壮大。这一阶段临港产业的主要特征是科技领先、经济发达、环境友好，这标志着临港产业发展到高级阶段。

但是，并非所有临港产业的发展都完全遵循以上规律，临港地区应依据实际情况，选择合适的发展路径。有的临港产业在由初级阶段向高级阶段转化过程中遇到了障碍，发展模式受各种因素的影响。因此，临港地区应根据自身的区位因素、经济基础、资源因素、政策因素选择适合自己的临港产业发展模式。在此基础上，通过调整临港地区的产业结构、空间结构、技术结构和资源利用方式促进临港产业的换代升级，通过临港产业的发展带动港口和整个区域的发展。

二、生产性服务业对临港产业发展的有利影响

（一）有利于发展临港产业服务业

围绕港口区位和资源优势，强化国际贸易、国际金融、港口信息、通关服务等核心业务市场主体的培育与引进，通过人流、物流、资金流、信息流的集聚态势，构筑现代化港口服务体系，发展海运相关产业，延伸航运服务产业链等生产性服务业，从而推动临港产业服务业的发展。

（二）有利于形成临港产业的集聚效应

以生产性服务业为节点，连接临港重轻工业的各个产业，发展金融、保险、代理、现代物流、供应链等产业，以“临港产业循环化发展、传统产业集群化发展、现代服务业高端化发展、战略新兴

产业跨越化发展”为方向，做大做强临港工业，推进产业集中、促进产业集聚、打造产业集群，延伸产业链、提升价值链、完善供应链，全力塑造产业竞争新优势。

（三）有利于形成产业联动经济效应

加强生产性服务业与临港产业的融合发展，大力发展以金融服务、现代会展、科技与信息、文化产业、创意设计、服务外包、电子商务等为重点的生产性服务业，促进制造业与服务业互动发展；加强信息化建设，建设数字化港口，大力发展以航运交易、航运金融、通关服务、航运信息、航运代理、货运服务等为重点的国际航运服务业，以服务拉动临港经济的快速跃升；发展现代物流，加快国际物流中心建设，加快服务平台创新。

三、生产性服务业对临港产业发展的战略

根据临港工业发展的国际实践经验，生产性服务业的布局和发展对临港工业的发展起到了极大的推动作用。充分发挥港口资源和区位优势，大力发展生产性服务业，有利于建立新型临港工业化道路。

（一）充分发挥政府的指导协调作用，确定合理的临港产业布局

根据各国或地区发展临港工业的经验，临港产业布局无一不是以政府的规划投资和各项有利于发展的政策与措施为基础的。因此，政府应充分发挥其总体规划者与调控者的作用，明确港口的功能定位，注重临港工业的合理布局，建立生产性服务产业，为加快临港工业建设提供必要的行政保障，在土地出让、简化政府办事程序和提高效率等方面提供优惠政策和便利。同时，还应注意加强岸线资源的整合利用，节约使用建设用地，建设临港工业园区，形成特色产业群，鼓励组建产业集团，以形成功能明确的现代化临港工业基地发挥其规模经济效应。

（二）发挥生产性服务业的产业集聚效应，推动临港工业集群发展

日韩临港工业非常重视产业集群的理念，通过采用集群化发展战略和全球化生产模式，形成了临港型工业强大的国际竞争力。我

国临港工业的发展也应通过发挥天然水深的优势，将港口运输与地区经济结构有机地结合起来，实施产业规划、优惠政策、产业配套等措施，注重培育新的产业集群，大力发展具有世界先进水平和规模效应的临港工业，如重化工业、电力工业等优势产业和支柱产业。同时，要借鉴鹿特丹、新加坡和我国香港地区的经验，注重产业的多元化发展，建立多层次、多元化的临港产业模式，并努力实现向技术型、知识型的产业模式转变，力争形成区域特色鲜明、产业关联度大、创新能力强的新型临港产业集群。

（三）大力推进生产性服务业和临港工业的融合发展

产业融合发展是社会生产力进步和产业结构高端化的必然趋势，现代服务业与现代制造业的融合发展是现代产业经济发展的客观规律。在现代经济条件下，要做强做优临港工业，必须跳出单一性临港工业发展的窠臼，大力推进临港制造业与生产性服务业的融合发展，这也是当今世界著名港口城市发展的一条基本经验。首先，要加快推进二、三次产业的融合发展。从发达国家的发展经验看，服务业占 GDP 的比重超过 70%，为制造业服务的生产性服务业占整个服务业的比重也在 70%以上。必须大力提高现代服务业的比重，特别是把制造环节的前“3”个环节和后“3”个环节潜力挖掘出来，争取生产性服务业比重有一个大的提高，引进培育研发、设计、营销等专业机构，做大做强生产性服务业。其次，要大力推进现代物流和港航服务业发展。充分发挥港口优势，大力发展现代国际物流业，吸引更多的国际物流企业入驻，积极发展国际配送、国际中转、国际采购等，努力建设成为国家物流节点城市。抓住海洋经济发展战略的机遇，以大容量的港口物流为支撑，大力拓展大宗商品交易功能，努力形成特色大宗商品的市场交易中心、价格控制中心和资源配置中心。再次，要大力推进产业在空间上的融合。在大区域的范围内，产业的融合也包含着区域间的错位竞争。因此，临港工业要坚持“差异化发展、错位化竞争”原则，进一步发挥资源禀赋、产业基础和港口优势，善于找准自己的定位，发展优势主导产业。最后，推进临港工业与相关产业融合互动发展。形成临港主导产业及上下游产业的互动发展模式；放大和拓展保税物流园区的功能效应，更好地为各类开放区、工业园区、科技园区、产业园区等服务；通过着眼于区域经济的角度，促进产业融合，带动经济的发展。

（四）营造良好的临港工业外部发展环境

港口物流是临港工业的基础，大力发展现代物流、信息技术等为港口配套的服务业，为临港工业升级换代提供支撑和保障。同时，要促进临港工业和临港服务业相互结合，形成组合优势，实现产业互动，以产业融合作为发展的推动力，通过资金、技术、信息的有机结合，打造新型的临港制造业基地，提高区域整体竞争力，营造良好的临港工业外部发展环境。

第七节　广西生产性服务业发展面临的问题

一、总体规模偏小

近几年来，广西服务业发展有了很大的进步，增长幅度较大。2015 年，广西服务业增加值增速首次超过工业；2016 年，全区服务业增加值 7 226.6 亿元，同比增长 8.6%，占 GDP 的比重接近 40%；2017 年，全区服务业增加值突破 8 000 亿元，增速达到 9%，占 GDP 比重超过 40%，对经济增长的贡献率首次突破 50%，居三次产业首位，拉动全区经济增长 3.7 个百分点；2018 年，广西重点推进贺州市国家服务业综合改革试点，明确贺州市试点突出融合发展的主题，围绕“服务业+制造业”“服务业+农业”“服务业+服务业”三条主线，以服务业为主导推动贺州市碳酸钙产业、现代有机农业、大健康产业转型升级，探索“服务业+”的发展模式，使 2018 年贺州市服务业发展继续提速，服务业增加值增长 10.4%；2019 年，全区第三产业增加值比上年增长 6.2%，其中，营利性服务业增加值增长 14.2%，金融业增加值增长 6.2%，住宿和餐饮业增加值增长 6.6%，交通运输、仓储和邮政业增加值增长 5.8%，批发和零售业增加值增长 6.0%。1—11 月，全区规模以上服务业营业收入同比增长 10. 3%，其中，互联网和相关服务营业收入同比增长 50. 4%，软件和信息技术服务业增长 23. 0%，租赁业增长 50. 3%，商务服务业增长 18. 9%，居民服务业增长 18. 5%，机动车、电子产品和日用产品修理业增长 39. 3%，娱乐业增长 27. 2%。规模以上战略性新兴服务业、高技术服务业营业收入同比分别增长 7. 9%和 8. 6%。但纵观全国，广西仍然处在全国相对靠后的位置，当然，这与广西本身经济发展相对落后是分不开的。广西生产性服务业起步比较晚，发展基础比较薄弱，再加上人们一开始对生产性服务业的认识不足，对生产性服务的资金投入等比较少，致使其总体规模偏小。

二、区域内经济发展不均衡

广西区域经济发展的很大一个特点是区域内经济发展不均衡。南宁作为首府，生产要素集聚，生产资源丰富，经济发展基础较好。2017 年，南宁市服务业增加值突破 2 000 亿元，占整个广西全年服务业增加值的一半左右，而其中生产性服务增加的贡献约占 60%；2018 年上半年，南宁服务业增加值同比增长 9. 1%，比上一年同期增速高 0. 6 个百分点，创三年来发展新高。服务业增加值占全市 GDP 比重达 63. 9%，高于去年同期 8. 5 个百分点，产业结构进一步优化；2018 年，全年南宁第三产业增加值比上一年增长 7. 8%。柳州是工业强市，经济发达。桂林以旅游著称，旅游业对经济的促进作用明显。纵观 2017 年广西主要地级市全年国民生产总值，南宁 4 118. 83 亿元，排在第一位；柳州 2 755. 64 亿元，排在第二位；桂林 2 045. 18 亿元，排在第三位；钦州1 309. 82 亿元，排在第 7 位。而防城港、贺州、来宾、崇左等市都低于 1 000 亿元。2018 年，广西主要地级市全年国民生产总值仍是南宁、柳州、桂林分别排在第一位、第二位、第三位，而防城港、贺州、来宾、崇左等市都仍低于 1 000 亿元，经济发展速度跟不上，区域内经济发展不平衡，生产性服务业发展效果不明显。

三、内部投资不合理

整体来看，广西地区及各市对生产性服务业内部各结构投资比例不均衡，一直以来，对交通运输仓储邮政业和房地产业都有很大的投入力度，而对其他生产性服务业的投资力度却明显不足。然而存在的一个现实问题是，交通运输仓储邮政业和房地产业这类行业的投资回报率比较低，而且回报时间长，主要属于基础设施建设投资，是劳动密集型行业，而非技术密集型行业。其他几个生产性服务业，尤其是新技术产业，却因资金不足使得自身发展力度不够。

四、产业层次发展较低

目前，广西区内的生产性服务业大都处于产业业态发展的初期。如典型的生产性服务行业金融业，现有的业态大都为各大商业银行和地方性银行在城市内设置的营业网点，只有极少部分的证券、保险、金融借贷和金融租赁等更高级别的业态发展形式。而物流类服务业也大多是一些快递、快运型企业，现代物流、智慧物流非常少。同时，商务、科技服务、信息等发展总量小，且都属于较为传统的基本型企业（如电信行业中的移动、电信、联通等）。区内生产性服务业的发展层次低，有效需求还得不到有效供给，很多科学研究成果不能快速地实现产业化，金融业未实现全面的现代化，对其他行业的支持力度小、支撑面窄、支撑方式单一。对于科技型企业和中小企业促进作用小，第三方物流和智慧物流相对缺失。

五、企业规模小

广西生产性服务业主要依托工业发展，是市场为主要导向的粗放型发展模式。规模比较大的服务业企业集中在金融、保险、铁路、客运、邮政、仓储等国有传统服务业和北部湾港口建设后引进的一些以港务服务为主的服务企业，而货物道路运输、信息服务业、科技服务业、中介服务、会展服务等均出现了企业规模偏小、多而散、国际竞争力弱的缺陷，致使广西生产性服务业的服务水平专业化程度低，服务附加值低，造成资源服务的浪费。广西工业企业一般规模比较小，同时数量也比较少，与全国平均水平相比还存在很大的差距。工业企业发展实力的不足，制约着区域经济的发展与各区域间经济的竞争。再者，由于企业规模小，造成产业集中度不高，龙头企业数量少，发展分散，还没有形成竞争力强的大型企业或集团，不能做到合理有效分配资源，市场竞争力不足，不能形成对生产性服务业发展的强而有力的拉力。

六、科技水平低和专业人才缺乏

科技水平制约了生产性服务业的发展。广西处于我国西部欠发达地区，自主创新能力不强的问题相当突出，科技发展存在不少限制性因素，科技投入不足，科技产出水平不高，科技成果转化率较低，科技创新融资驱动匮乏，科技管理体制改革滞后。广西科技本身的限制性因素，使得科技成果向服务业的渗透存在障碍，制约了现代性服务业，抑制了生产性服务业的科技创新。

专业人才缺乏是各行各业普遍面临的一个问题，生产性服务业同样也不例外。生产性服务业是以人力、知识、技术为核心的产业，尤其是技术密集型的科技、金融、商务、信息、软件、设计等服务业，对资本等资源并没有太高的要求，更多的是对于高素质人才资源的需求。而广西的高端教育资源较为缺乏，尤其是高素质人才培养较为缺失，人才供给不足。同时，加上对比周边省份尤其是广东等地，广西经济较为不发达，无法留住在广西的高端人才，也很难对外面的高素质人才产生足够的吸引力。广西的专业技术人员和管理人员这类应用型人才极度匮乏，具有战略眼光且具备省外、国外市场开拓能力的高端人才更是少之又少。除了整体高素质人群的缺失，广西生产性服务业发展较慢的另一个原因主要是缺少生产性服务业相应的专业人才。在经济较为发达的地区，已经形成了对生产性服务业各行业专业人才的培养模式，但是在广西，对于专业型人才的教育培训体系还尚未出现，相关的教育培训极其稀少，这也致使广西专业人才十分稀缺。而且从广西对于专业人才的需求量来看，广西专业人才的供给明显无法满足行业发展的需要，这大大阻碍了广西生产性服务业的发展。

第五章 广西生活性服务业的发展现状

第一节 广西生活性服务业的产生与发展

一、广西生活性服务业的发展历程

改革开放40多年以来，广西生活性服务业呈现逐步上升的发展态势，在经济增长中的地位和作用日趋突出，对产业结构优化、产业协调等方面的促进作用较大。广西生活性服务业从缓慢发展到快速发展，再到全面发展，总体经历了三个阶段。

（一）缓慢发展阶段（1978—1985年）

该阶段是从提出改革开放到具体划分第三产业的8年。改革开放初期，我国经济发展重点仍然是第一产业和第二产业，第三产业未引起足够的重视，由于社会经济水平的局限，生活性服务业发展滞后。随着改革开放的深入，第三产业逐步得到发展，生活性服务业也有所提升。1981年，十一届六中全会提出“以计划经济为主，市场调节为辅”，意味着现实经济活动进入真正意义上的商品经济的发展轨道。1985年，以国家经济委员会、国家标准局和国家统计局联合颁布的《国民经济分类和代码》为依据，且参照国外的通常做法，对第三产业各行业的划分进行了具体规定。在这一阶段，广西第三产业略有发展，其中，生活性服务业也有一定的发展，但增速较缓。1978—1985年，广西三次产业比重由40.9：34：25.1变为42.8：30.2：27，作为此阶段生活性服务业中规模较大的批发、零售和住宿餐饮业占第三产业的比重由5.8%上升为8%。

（二）快速发展阶段（1986—2000 年）

该阶段是从提出建设社会主义市场经济体制到提出发展现代服务业的 15 年。1987 年，十三大提出“社会主义有计划商品经济的体制应该是计划与市场内在统一的体制”。1992 年，十四大明确我国经济体制改革的目标是建立社会主义市场经济体制，并作出关于加快服务业发展的决定。1993 年，十四届三中全会作出了关于建立社会主义市场经济体制若干问题的决定，极大地促进了商品经济的发展。1997 年，十五大报告和 2000 年十五届五中全会关于“十五”计划建设中，明确指出“要发展现代服务业，改组和改造传统服务业”。在宏观政策的推动下，广西服务业得到了快速发展，尤其是商贸、零售和批发、餐饮业、旅游等生活性服务业。1986—2000 年，广西三次产业比重由 41.7：33.6：24.7 变为 26.8：35.2：38。其中，1989 年第三产业比重首次超过第二产业，三次产业比重为 39.1：28.7：32.2，批发、零售和住宿餐饮业占第三次产业的比重由 6%上升为 13.9%。

（三）全面发展阶段（2001 年至今）

该阶段是我国已经确立了社会主义市场经济新体制，并且实施西部大开发战略，进入全面建成小康社会的关键阶段。我国服务业发展受到了党中央和国务院的高度重视。2002 年，党的十六大报告提出，加快发展现代服务业，提高服务业在国民经济中的比重，正确处理发展高新技术产业和传统产业、资金技术密集型和劳动密集型、虚拟经济与实体经济的关系。2007 年，国务院发布《加快我国现代服务业的发展规划》。党的十七大也进一步明确，促进国民经济又好又快发展，必须发展现代服务业，提高服务业比重和水平。广西壮族自治区人民政府也出台相关文件，采取措施鼓励招商引资，发展旅游、商贸等形式多样的服务业，在《广西现代服务业发展“十三五”规划》中明确要升级发展生活性服务业，并列出了七个重点行业。在这一阶段，广西发展生活性服务业实现了全面发展，年均增长 15%，这既是宏观政策推动的结果，也是经济发展产生的内生动力。

二、广西生活性服务业的发展状况

（一）区域差异较大

广西14个市区的生活性服务业及其内部各行业的发展地位存在明显差异。南宁市、柳州市、百色市批发零售业就业人口高于其他市区，说明这几个区域对零售业消费需求旺盛，从业人员较多，而防城港市最低，差距较大；桂林市、北海市、来宾市在住宿、餐饮业就业人数占比较高，主要依靠旅游业带动该行业发展；房地产业就业人口较多的主要为柳州市，其次是南宁市、桂林市；租赁和商业服务业与房地产业在广西各区域从业人员占比的情况较为相似，柳州市占比较高，主要原因在于柳州市是中国五大汽车城之一，工业经济较为发达，也是广西综合性的交通枢纽，虽为工业城市但是环境宜人，所以吸纳了较多人口；居民服务和其他服务业就业人员占比在各区域差别不大，均较低；教育行业在各区域人员占比均排在首位，其中，相对较为突出的是贺州市、贵港市和钦州市，这几个区域总体就业人员不多，但分布了不少科研机构和高校，能提供大量知识型人才，这对该行业的发展起着至关重要的作用；卫生、社会保障和社会福利业就业人员在梧州市、贺州市、钦州市较为集中；文化、体育和娱乐业在各区域就业人员占比均较低，说明总体上广西的文化娱乐产业发展较为落后。

（二）发展水平提升但结构不合理

近几来年，广西生活性服务业发展水平有了较大提升，对第三产业发展规模的贡献举足轻重，充分发挥了对劳动力的吸纳作用，但生活性服务业内部各行业发展存在较大差距。从各个行业的就业人数来看，交通运输业从业人员最多，其次是金融服务业和批发和零售业，信息技术服务从业人员最少。此外，广西生活性服务业内部各行业的比较生产率差异较大。有些行业尽管就业人数比重不大，但劳动力的投入产出效率较高，属于高盈利、高收入行业，在生活性服务业中地位相对突出，比较劳动生产率也高于平均水平，说明广西经济发展过程中对房地产、批发和零售等行业需求很大。而住宿、餐饮、旅游业、租赁和商务服务业、教育业、卫生、社会保障和社会福利业、文化、体育和娱乐业、居民服务和其他服务业等行业的比较劳动生产率低，表明这些行业尚未发展成熟，科技含量低，市场竞争力不强。

总体来看，教育业、文化、体育和娱乐业等行业劳动生产率虽未超越批发和零售等传统行业，但从发展的趋势也能说明广西的生活性服务业正朝着知识技术密集型方向演变，对于产业结构调整能起积极的带动作用。随着改革不断推进，广西生活性服务业总体发展较快，但是从内部结构来看，批发和零售业、住宿餐饮业等传统生活性服务业仍然占据广西服务业的主体地位，服务业产业内部结构并不科学。生活性服务业内部新兴产业占比低，内部结构亟待优化。具有高知识含量和高附加值的文化创意、动漫产业、服务外包等生活性服务业尚未形成规模和竞争优势。总体而言，现代生活性服务业虽然呈现良好的上升趋势，但是所占比重依然较低，传统生活性服务业仍是当前广西服务业的主体。

（三）地位提升和贡献增大

一是地位持续提升。广西服务业增加值占全国服务业增加值的比重，由 2015 年的 1.91%增至 2018 年的 1.98%，实现四年连续增长。2015—2018 年，广西服务业增加值增速分别达到 9.7%，8.6%，9.2%，9.4%，分别超过同期工业增加值增速 1.6，1.2，2.6，5.1 个百分点。2017 年，广西服务业增加值达到 8 192 亿元，占地区生产总值的 40.2%。2018 年，服务业再次迎来新突破，服务业增加值达 9 260.2 亿元，占地区生产总值比重的 45.5%，提前 2 年实现 2015 年全区服务业发展大会目标（比重 43%左右）。2018 年服务业增长值增速位居全国第 5，高于全国平均增速 1.8 个百分点。二是贡献显著增大。2015—2018 年，广西服务业对经济增长的贡献率逐年增加，分别达到 41.9%，48.6%，49.8%，61.5%，拉动经济增长超过“半壁江山”。服务业在创造税收、吸纳就业等方面领跑，支撑经济持续健康发展。2015 年开始，全区服务业税收收入占全区税收收入比重越来越大，连续 4 年对税收收入贡献过半，其中，2017 年比重达 54%，2018 年达 55%。全区服务业就业人员比重由2015年的31.2%增至2018年的32.7%，成为吸纳劳动力就业的主渠道。

（四）结构优化和活动力度加强

从2015年开始，广西第一、第二产业比重持续下降，第三产业逐步上升，三次产业结构不断变化，由2015年的15.3%，45.8%和38.9%变为2018年的14.8%、39.7%和45.5%（见表5-1），实现了从“二、三、一”向“三、二、一”的转变。2017年，广西传统服务业、现代服务业、公共服务业分别占服务业增加值比重为31%，34.7%，34.3%，与2015年相比，传统服务业比重下降5个百分点，现代服务业比重提高4.7个百分点。2018年，以电信业、其他营利性服务业等新兴服务业为主的营业性服务业占服务业比重的17.4%，比2017年同期增长1个百分点。其中，邮政、电信业务总量分别增长44.5%和196.1%，增速均为全国第一位。近年来，随着“放管服”改革持续推进，新增市场主体大幅增加，主要是服务业的市场主体增加明显。2017年，全区各类市场主体250万家，其中，服务业市场主体218万家，占市场主体比重87.2%。2018年，全区服务业企业总数达59.5万户，年内新增服务业企业11万户，占新增企业总数的81.6%。

表5-1　2015—2018年广西三次产业增加值

指标	2015年	2016年	2017年	2018年
三次产业构成—国内生产总值（%）	100	100	100	100
三次产业构成—第一产业增加值（%）	15.3	15.3	14.2	14.8
三次产业构成—第二产业增加值（%）	45.8	45.1	45.6	39.7
三次产业构成—第三产业增加值（%）	38.9	39.6	40.2	45.5

第二节　广西生活性服务业发展的环境基础

一、优势分析

（一）地理区位优势

广西地处华南经济圈、西南经济圈与东盟经济圈的结合部，对内是西南地区最便捷的出海大通道，对外是促进中国与东盟全面合作的重要桥梁①。同时，广西区内发达的西江水系既是两广水运运输的大动脉，也是贵州、云南等西南部省份物资外运至广东和北方地区的重要水运通道。目前，广西划分四个经济一体化区域，分别为北部湾经济区、北部湾经济区、桂西资源富集区、珠江—西江经济带。其中，区位优势较为显著的广西北部湾经济区，战略目标为建设成为重要国际区域经济合作区。北部湾经济区南部临海，拥有中国大西南最便捷的出海口，北部湾港口之间相互形成优势互补，发展潜力巨大。同时，以玉林市和贵港市为枢纽城市的“玉贵走廊”地区的公路、铁路、内河港口，形成了连接粤港澳及大西南的快捷网络，成为广西融入“泛珠三角”区域经济合作的特色条件。优越的地理位置为物流业、旅游业及各类商贸服务业等现代服务业提供了发展机遇②。

（二）拥有较好的资源条件

广西生态环境优良、自然人文景观独具特色、旅游区位优势明显，发展旅游业的潜力巨大。此外，旅游是关联度高、带动性强的综合性产业，旅游业的发展也将带动交通、餐饮、酒店宾馆等生活性服务行业的发展。在当前广西已经进入“高铁时代”的背景下，广西的旅游业将迎来新的发展机遇。广西共有3处国家级风景名胜区，即漓江风景名胜区、桂平西山风景名胜区、宁明花山风景名胜区。还拥有隆安龙虎山风景名胜区、贵港南山—东湖风景名胜区、百色澄碧湖风景名胜区、陆川谢鲁山庄风景名胜区、三江的林溪—八江风景名胜区、鹿寨的香桥岩风景名胜区、北流的勾漏洞风景名胜区、容县的都峤山—真武阁风景名胜区等29处自治区级风景名胜。有7处国家级历史文物保护单位，即桂平的太平天国金田起义

---

① 孟维娜：《加快发展广西现代服务业的重点及对策建议》，《广西经济》，2015年第3期。

② 厦剑晖：《广西北部湾经济区服务业发展对策研究》，《特区经济》，2009年第8期。

旧址、容县经略台真武阁、三江的程阳风雨桥、合浦县的大士阁、宁明的花山崖壁画、兴安县的灵渠、中国工农红军红七军司令部及红八军司令部右江革命军事委员会旧址。另有220处自治区级历史文物保护单位，12个国家级森林公园，1个国家级旅游度假区。

（三）具备后发优势

广西生活性服务业虽然水平不高，转型升级起步较晚，但具有较大的后发优势，可通过吸取发达地区在发展中所犯错误的教训，规避风险，选择一条适合自身发展的道路。而且广西的部分生活性服务业尚处于初级阶段，可以按较高的标准去统筹。比如，广西滨海旅游行业尚处在生长时期，刚开始开发部分滨海旅游项目，就能够推出特色鲜明的产品，树立了良好的形象。同时，由于开发滨海旅游资源的时间较晚，客观上保留了比较多的原生性资源，从一定意义上来讲，深度发展广西滨海旅游具备后发优势。

（四）形成了一批带动性较强的现代服务业聚集区

广西作为26个老工业基地之一，有较为雄厚的工业基础，在汽车制造业、冶金行业有一定的领先优势，与其他区域相比，生产性服务业具备一定的优势。与此同时，带动生活性服务业的相关产业更具优势。近年来，不断加强对民族地区产业发展的规划指导，扶持培育重点产业发展，坚持“分类指导、区别对待”，有效推进了民族地区特色经济的发展。通过全面实施汽车、机械、冶金、有色金属、石化等重点产业调整和振兴规划，指导利用好当地民族地区资源优势，优化产业结构和布局，促进产业集聚，发展特色产业，从而把资源优势转化为产业优势。通过支持南宁、柳州、百色、来宾、崇左、河池、防城港市七个少数民族聚居市，12个少数民族自治区县和3个享受自治区县政策的县，结合自身资源优势，不断加大工业投入，加快重点项目建设，推进地方特色产业的发展。另外，自治区人民政府制定了服务业集聚区认定管理办法，开展了首批自治区服务业集聚区认定工作，推动广西现代服务业发展。

（五）政策优势

广西正面临着一系列重大机遇，各项政策优势明显。在国家“一带一路”建设战略、打造中国—东盟自由贸易区升级版的战略中，广西作为重要的有机衔接门户，具有国家层面的对外开放政策。在珠江—西江经济带建设、北部湾经济区建设中，广西具有区域开放的优惠政策。构建西南、中南地区开放发展新的战略支点，广西既有东部开放战略，又有西部大开发的系列优惠政策。这些政策优势大大改善了发展环境，为广西生产性服务业提供了发展平台。

二、机会分析

（一）政策环境趋好

近几年，受到国际金融危机的影响，同时随着中国经济不断稳步发展，加快促进中国服务业高质量、高水平发展已经成为中国各级政府的共识。各级政府出台了许多有利于地区服务业发展的政策法规。在国家层面，国家通过灵活运用货币政策缓解“融资难、融资贵”问题，通过降低税费、全面实施营改增等税收手段鼓励企业发展，这些政策措施为中国生活性服务业发展提供了良好的宏观政策环境。同时，国家还出台了许多促进服务业发展政策文件，从发展规划、体制机制、细分行业、统计工作等方面为生活性服务发展提供政策支持。另外，广西作为边境少数民族地区，国家在促进区域协调发展中的政策也为广西生活性服务业发展提供了帮助。比如，国家西部大开发战略和其他扶持民族地区、边疆地区发展，支持西南地区经济协作、泛珠三角区域合作及国内其他区域合作，特别是将广西定位为“一带一路”发展的有机衔接门户和推动广西作为面向东盟合作的前沿和桥头堡，以上举措都为广西生活性服务业发展提供了极好的政策环境。

在自治区层面，广西也积极抓住机遇，一方面紧跟国家政策方向，出台了符合地区实际的、有利于广西服务业发展的政策法规，另一方面也不断深化各方面改革，为发展生活性服务业营造良好环境。2008 年，实现地方战略上升为国家战略，实现《广西北部湾经济区发展规划》获批；2014 年，印发《广西印发深化北部湾经济区改革若干问题的决定》；2015 年，出台《关于加快服务业发展的若干意见》《广西现代服务业集聚区发展规划》《广西服务业发展重点项目实施方案》等政策文件；2017 年，发布《广西现代服务业发展“十三五”规划》《2017 年全区服务业发展主要目标和工作要点分工方案》等（见表 5-2），在上述众多政策支持下，广西生活性服务业将进入快速发展阶段。

表 5-2 国家和广西出台的促进生活性服务业发展的主要政策文件

国家发展生活性服务业的相关文件		自治区发展生活性服务业的相关文件	
国务院关于加快发展服务业的若干意见	国发〔2007〕7 号	广西壮族自治区人民政府关于加快发展服务业的实施意见	桂政发〔2007〕53 号
国务院办公厅关于加快发展服务业若干政策措施的实施意见	国办发〔2008〕11 号	广西壮族自治区人民政府办公厅关于加快发展生活性服务业促进消费结构升级的实施意见	桂政办发〔2017〕69 号
国务院办公厅转发统计局关于加强和完善服务业统计工作意见的通知	国办发〔2011〕42 号	广西壮族自治区人民政府办公厅关于加强全区服务业统计工作的通知	桂政办发〔2009〕164 号
国务院办公厅关于加快发展高技术服务业的指导意见	国办发〔2011〕58 号	广西壮族自治区人民政府办公厅关于印发加快全区服务业发展工作方案的通知	桂政办发〔2011〕22 号
国务院关于印发服务业发展“十二五”规划的通知	国发〔2012〕62 号	广西壮族自治区人民政府关于印发广西现代服务业集聚区发展规划（2015—2020 年）的通知	桂政发〔2015〕37 号
国务院关于加快发展养老服务业的若干意见	国发〔2013〕35 号	广西壮族自治区人民政府办公厅关于印发自治区本级服务业综合改革试点工作方案的通知	桂政办发〔2017〕116 号

续表

国家发展生活性服务业的相关文件		自治区发展生活性服务业的相关文件	
国务院关于促进健康服务业发展的若干意见	国发〔2013〕40号	广西壮族自治区人民政府关于加快发展现代保险服务业的实施意见	桂政发〔2015〕4号
国务院关于加快发展现代保险服务业的若干意见	国发〔2014〕29号	广西壮族自治区人民政府办公厅关于印发2017年全区服务业发展主要目标和工作要点分工方案的通知	桂政办发〔2017〕44号
国务院办公厅关于同意建立服务业发展部际联席会议制度的函	国办函〔2016〕8号	广西壮族自治区人民政府办公厅关于印发广西现代服务业发展“十三五”规划的通知	桂政办发〔2016〕154号
国务院办公厅关于加快发展生活性服务业促进消费结构升级的指导意见	国办发〔2015〕85号	广西壮族自治区人民政府关于印发消费品培育升级专项行动工作方案的通知	桂政发〔2017〕28号

资料来源：根据中国政府网站和广西人民政府网站整理而得。

（二）服务业内部呈现相互促进、共生发展的良好趋势

近年来，随着金融、计算机信息传输服务、咨询、商务服务业和软件业等现代服务业的发展，也从产业环境上促进了交通运输仓储和邮政业、批发和零售、住宿和餐饮业等传统服务业的发展。因而，即使在宏观形势复杂的2019年，广西服务业中占大头的批发和零售业、住宿和餐饮业等行业的增加值仍保持了6%左右的平稳增长，营利性服务业甚至还实现了14.2%的高增速。这与广西金融业增加值保持6.2%的快速增长密不可分，可以说，正是由于金融业的大发展，才使得广西经济发展有了足够的资金支撑，广西服务业的发展也逐步呈现出产业、行业间互为支撑、互利共赢、齐头并进的扁平化发展特征，逐步形成的一种以服务业发展支撑服务业发展的良好结构。特别是在北部湾开放开发建设大规模启动后，除金

融业以外，交通、市场及各类服务业项目的建设，也极大地提升了广西服务业的发展基础，为广西服务业加快发展创造了良好条件，使广西服务业逐步具备了加快发展的基础①。

（三）经济发展稳步上升

经过 40 多年的发展，广西经济总量不断提升，经济结构也在持续优化升级，城乡居民收入也在整体经济持续高速增长中稳步提升，加上广西财政长期对民生领域的扶持，广西居民消费信心和能力都在增强。2017 年，广西社会消费品零售总额达到了 7 813.03 亿元，同比增长 11.2%，整个第三产业总值为 8 191.54 亿元，增速 9.2%，高于第一产业和第二产业增速；到 2019 年，广西全区社会消费品零售总额比上年增长 7.0%（见表 5-3）。城镇消费品零售额比上年增长 6.9%，乡村消费品零售额增长 7.9%。随着广西经济步入新常态，消费驱动模式已经逐步取代投资驱动模式，成为驱动广西经济增长的主要动力，可以预见的是，在以后相当长的一段时期内，以满足最终消费为主要任务的生活性服务业必将迎来全新的发展环境。从“十三五”发展规划文件来看，商贸服务业、文化产业、旅游业、健康服务业、法律服务业、家庭服务业、体育产业、养老服务业、房地产业等行业将在新的经济环境中取得长足发展。

表 5-3　2019 年广西经济发展主要指标数值与增速

指标	总量（亿元）	增速（%）
广西 GDP	21 237.14	6.0
第一产业增加值	3 387.74	5.6
第二产业增加值	3 387.74	5.7
第三产业增加值	10 771.97	6.2

① 林道珠：《新常态下广西服务业发展面临的机遇和挑战》，《广西经济》，2015 年第 3 期。

续表

指标	总量（亿元）	增速（%）
财政收入	2 969.22	6.4
固定资产投资	–	9.5
社会消费品零售总额	–	7.0
外贸进出口总额（人民币，亿元）	4 694.7	14.4
城镇居民人均可支配收入（元，实际增长）	34 745	7.1
农村居民人均可支配收入（元，实际增长）	13 676	10.0
居民消费价格指数（上年同期=100）	–	3.7

数据来源：广西统计信息网。

（四）便捷快速的交通网络吸引消费群体在城市集聚

不断完善的区域交通基础设施，带来的不仅仅是区内外及国际物流便利性的提高和物流规模的扩大，还极大地缩短了广西不同地区之间人们来往的时间，显著提高了交通网络中一些节点地区城镇化水平，整个广西城市空间不断向外扩展，城市之间的联系也愈加紧密，空间距离不再成为广西经贸发展和人们交流往来的阻碍，为广西生活性服务业发展提供了宽阔的舞台。最具代表性的是随着广西北部湾经济区的高速公路网络和沿海的南钦高铁、钦防高铁、钦北高铁的建成，以南宁为中心的“1 小时经济圈”“2 小时经济圈”开始形成，整个北部湾城市群“同城效应”凸显，北部湾经济区成为广西生活性服务业发展的先进地区。

第三节　广西生活性服务业的发展模式

结合生活性服务业的定义及类型，以及当前广西生活性服务业发展现状和所处的战略环境，借鉴国内外发达地区生活性服务业的发展经验，广西可以采取社区商业模式、集聚区发展模式、融合嵌入模式、“互联网+”模式等四种模式发展本地区的生活性服务业。

一、社区商业模式

社区商业中心是相对集中的社区服务网点所形成的集商业、餐饮、休闲、文化、娱乐、体育、卫生等生活服务为一体的服务业综合体。社区商业模式就是一种利用社区商业中心，以社区范围内的居民为服务对象，主要为社区居民提供日常生活服务的生活性服务业发展模式。其典型特征是拥有大型超市主力店或社区型百货店、社区便利零售品牌店；餐饮、洗染、摄影、美容、健身等休闲设施及儿童教育、音乐培训、舞蹈培训等教育设施，既能满足传统的衣、食、住、行的需求，又能适应新型的消费需求。根据发达地区经验，60%以上的城市消费及一般性生活服务活动在社区完成，且集中在餐饮、个人及家庭服务等领域①。

随着广西城镇化水平不断提高，城镇社区已经成为广西城镇居民生活消费的重要区域，围绕社区居民提供各种各样的生活性消费品和消费服务，打造综合一体的社区商业中心成为经济发展到一定阶段的必然趋势。政府管理部门需要针对社区商业中心形成与发展的规律，在社区土地提供、社区交通基础设施建设，还有商业类型及模式创新方面给予充分的鼓励和引导，尤其需要创新社区商业管理体制和机制，为社区的商业发展提供投资与贸易的便利，也为社区经济与社会协调发展提供制度保证。同时，要注意分类发展，对于一些新建社区，要注意市场秩序维护，发展新型生活性服务业；对于较为成熟的老社区，一方面需要加强监管，另一方面更应鼓励企业创新服务方式，提供优质消费品，努力塑造社区良好形象；对于未来规划建设的社区，要注意超前规划，将未来新建的社区商业中心作为引领广西社区生活性服务业发展的标杆。

① 路红艳：《加快创新我国生活性服务业发展模式》，《中国经贸导刊》，2013年5期。

二、集聚区的发展模式

现代服务业集聚区是服务业发展的新型业态，是以服务产业为主导，相关产业相配套，具有资源集合、产业集群、服务集成、空间集聚等功能的新型服务业发展区域，是现代服务业发展的重要载体。就生活性服务业集聚区的表现形态来看，目前常见的有美食一条街、服饰一条街、摄影一条街等专业化集聚区，也有步行街、城市商业中心（包括 CBD）等综合性商圈，这种生活性服务业集聚的商业模式，能够很好地将本地特色产品和企业汇聚在一起，一方面可以产生经济上的集聚效应，促进行业间的相互学习和竞争，另一方面能够很好地形成统一的商业形象，有利于增强集聚区在所有消费者中的品牌意识。特别是那些综合类的生活性服务业集聚区，由于可以提供吃、住、玩、乐于一体综合服务，更能够吸引人流，集聚更多优势品牌企业入住，从而拉动地区消费层次，更重要的是能够促成服务经济产业链，带动了相关产业发展。

根据生活性服务业发展的规律，广西采取生活性服务业集聚区发展模式，应该充分考虑如下因素。第一，要为生活性服务业的产业集聚形成提供便捷的综合交通运输服务，这是生活性服务业物流、人流、信息流汇聚的前提，只有具备高效通畅的交通运输网络，才能为参与生活性服务业生产和消费的市场主体带来高效、便捷的良好体验；第二，要为产业集聚整理整顿各种规章制度，因为生活性服务业企业作为服务提供方，如果参与经济活动受到各种繁杂的行政管制，还要面临样式繁多的税费，那么企业积极性和创造性会受到抑制；第三，生活性服务业集聚需要制定长远规划，空间布局、产业引进，还有配套设施建设，以及后期管理都需要政府进行顶层设计，然后采取政策和资金引导，促进市场自发形成，如此才能形成持久的产业集聚效应和产业竞争力。

三、融合嵌入发展模式

融合嵌入发展模式是指在城市商业中心、区域商业中心及商业综合体和商业街中，生产性服务业和生活性服务业相互融合、互相嵌入共同发展的模式。这种模式一般以生产性服务业为主体，生活性服务业作为配套。例如，在中央商务区或总部经济区，住宿、餐饮等生活性服务业作为配套服务，与金融总部、物流总部、商务总部等生产性服务企业总部融合在一起①。

广西在发展现代服务业的过程中，形成了一批具有较大带动效应和产业示范效应的服务业集聚区。其中，一些综合类的服务业集聚区就特别需要采用融合嵌入发展模式，推动服务业整体繁荣发展。比如，粤桂合作特别试验区、东兴国际综合性服务集聚区、百色新山铝综合性服务集聚区、中马钦州产业园综合性服务业集聚区，这些集聚区内既有制造业，也有服务生产制造的生产性服务业，但从整体发展来看，部分还处于夯实基础和引资入园的发展阶段，如果今后要形成一个成熟的产业园区，成为带动地区经济发展的强有力增长点，就需要强化配套的生活性服务业与生产性服务业融合发展，更好地服务于集聚区发展。广西其他突出生产性服务业发展的现代服务业集聚区，比如五象新区金融服务区等，也应该注意做好生活性服务业的配套支撑，特别是对于那些事关工作人员及其家属饮食、卫生、教育、娱乐、购物等方面的生活需求，要加以规划，保障集聚区各类消费群体能够进得来、留得住，更重要的是能够活得开心幸福。

四、“互联网+” 的发展模式

随着计算机和通信网络技术的发展，互联网已经走入千家万户，网民数量在不断增长的同时，网民在互联网上的时间也越来越长，在互联网上消费的意愿不断增强，对一些群体而言，网购甚至已经成为一种消费习惯。据统计，中国网民在互联网上非常活跃。比如，与餐饮消费有关的美团外卖一分钟将近 7 700 份订单，网络购物平台——京东也有近 5 000 个订单。此外，交通出行方面的摩拜共享单车、旅游方面的穷游网，以及可以为用户提供各种周边生活服务的支付宝和微信的活跃度更是超过数亿用户。以上这些，都

---

① 路红艳：《加快创新我国生活性服务业发展模式》，《中国经贸导刊》，2013 年第 5 期。

使得广西生活性服务业的发展必须要主动对接互联网，采用“互联网+生活性服务业”发展模式。但是采取这种“互联网+”的发展模式，广西需要加快相应配套基础设施的发展，特别是要加快电商物流网络的建设，还有互联网运营人才的引进和培养。此外，由于互联网安全形势严峻，还要为一些传统企业及农村地区的网民，进行相应的安全教育，减少互联网安全威胁引起人们的抵抗。更为重要的是，要加大生活性服务企业在使用互联网开展经营活动方面的法律宣传，保证广西生活性服务产品在互联网上能够形成良好口碑，帮助企业创造更多的社会价值，实现广西生活性服务业能够良性发展。

第四节 广西养老服务业的发展概况

一、广西养老服务业的发展现状

（一）从事企业数量多且规模较小

1. 从事企业数量多

广西的养老服务是一项朝阳行业，近年来吸引了大量的投资①。通过天眼查系统的查询，从事企业数量上看，截至2018年4月，广西本地注册从事提供养老服务产品的企业共计2 276家，注册资本在1 000万元人民币以上的企业有1 080家，经营企业数量众多。其提供的产品领域涉及教育、体育健身、医疗、保险、建筑行业、互联网、服饰、饮食等行业。其中，商业服务业企业有939家，是所有从事养老服务产品领域占比最大的行业（见图5-1）。从地区分布来看，广西养老服务产品企业主要分布在南宁、桂林、北海3个城市，从高到低分别是南宁974家、桂林310家和北海143家。

① 刘建民：《广西养老机构现状调查与对策分析》，《传承》，2010年第3期。

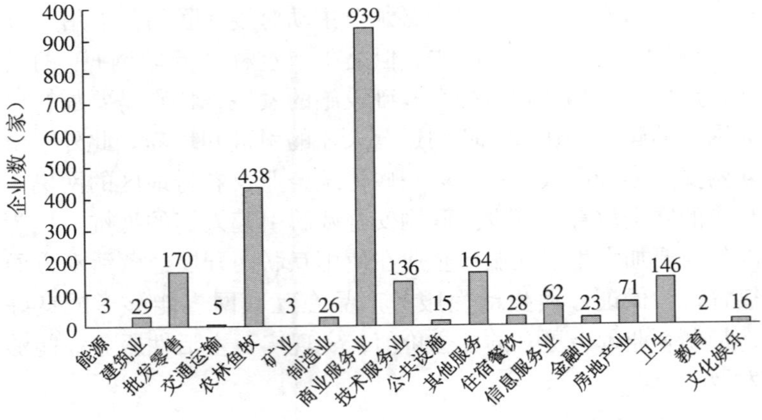

图 5-1　广西从事养老服务企业分布图

2. 从事企业规模较小

因为人口不断老龄化，广西养老服务产业也在持续发展，但是养老服务企业的规模还无法满足老年人的需求。因为生活水平的不断提高，大部分老人都愿意选择环境良好、服务上乘的养老院，好的养老院一床难求。此外，普通养老机构只能够提供养老照顾服务及简单的医疗服务，无法有效满足老年人在养老院及医疗方面的需求。大医院能够提供专业的照顾及护理，并且还能够医保报销，所以部分慢性病及需要长期治疗康复的老人不愿意出院，医院床位日益紧张。

3. 养老产品市场和养老产品的技术含量

（1）养老产品市场的发展相对落后

借助对养老服务产品市场情况的调查（见图 5-2）可以知道，32. 07%的被调查对象表示当前广西养老服务产品市场表现一般，28. 27%的被调查对象对广西养老服务产品市场表示担忧，对其认可为差；仅有 39. 61%的被调查对象表示较好及很好。同时，通过天眼查对广西从事养老服务产品生产与供应的 2 276 家企业的经营产品进行分析，主要产品分别是老龄服饰、医药保健、养老保险、体育健身、文化教育、清洁照顾服务等方面。从产品线角度看，广西养老服务产品的产品线呈现横向宽而纵向浅的特点，即提供的养老服务产品种类很多，但是每个种类包含的产品却很少，可供消费者选择的少，而且多集中在低层次。以广西养老服务产品中的养老保险为例，广西的养老保险产品普遍为城镇居民养老保险、社会基本养老保险等基本养老保险，而在商业补充保险、企业补充保险、个人储蓄型养老保险三个方面（如个人补充养老保险、养老保险基金、商业养老保险等）的产品偏少，无法满足老年群体对养老保险的需求。

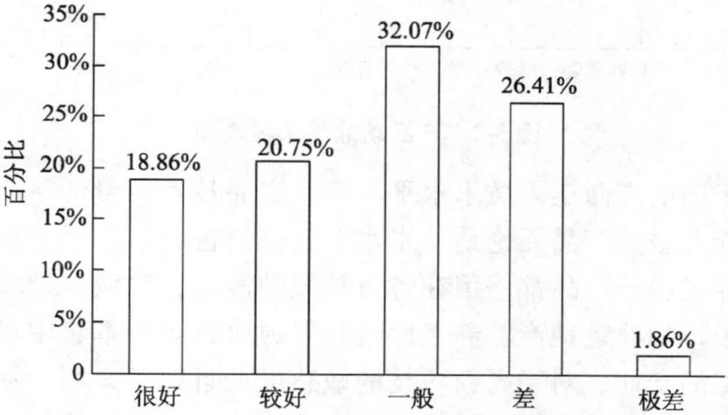

图 5-2　广西养老服务产品市场发展状况图

（2）养老产品的技术含量相对低

对广西客户养老服务产品功能的需求程度调查中的数据显示，50. 94%的被调查对象表示对产品功能十分看重，20. 75%的被调查对象表示产品功能非常重要，仅有 5. 65%的被调查者表示不看重产品功能（见图 5-3）。广西客户购买养老服务产品时，对产品功能十分看重，但是现在广西养老服务产品的功能无法满足需求者的需求，供需失衡。随着互联网科技的发展，养老服务产品与互联网思维结合是养老服务产品发展的一个新趋势。目前，养老服务产品领域出现智慧养老主题，将传统养老服务产品与新兴智能技术结合，研发出为老年人服务的信息平台与物联平台，为老年群体提供轻松、快捷的养老服务产品①。

---

①　孙文灿：《互联网+养老，未来空间无限》，《社会福利》，2015 年第 10 期。

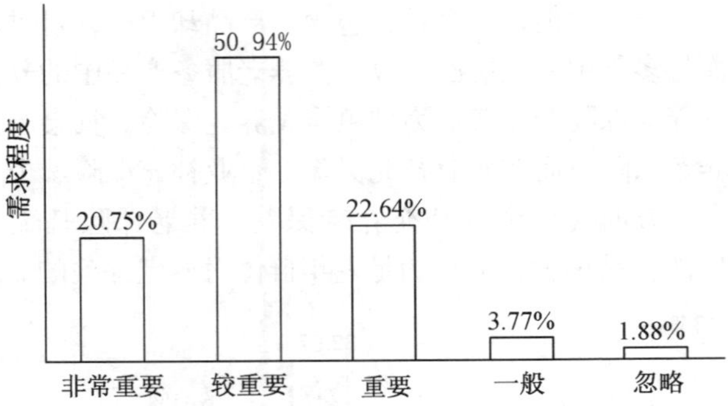

图 5-3　产品功能需求程度图

由于当前广西工人技术水平不高，产品技术含量低，广西本地生产的养老服务产品无论是技术水平还是销售数量都远远低于其他省份。养老服务产品都停留在各自领域的浅层，领域与领域之间的跨度很小，如养老地产、养老保险、保姆照顾等资本集中型和劳动力集中型的产业，对于高新科技的敏感度低且缺乏运用。从对广西养老服务产品互联网销售情况的调查结果来看，广西养老服务产品多为劳动密集型产业产品，如服饰、食品初加工和低价医疗用品；而在高技术含量的养老服务产品供应上，地区内的智能养老服务产品多数都是由地区外养老服务产品生产企业或者产品涉及养老服务领域的企业输入，但是由于广西老年人购买力低，只有少部分人承担得起价格。而区内生产智能产品的企业数量少，规模小，技术含量相对地区外产品差距大。在这种情况下，广西养老服务产品方面呈现出数量多却质量差、技术含量低的特点。

4. 养老服务业的发展不平衡

目前，广西城乡养老制度不完善。城镇地区实施养老保险制度较早，养老资金充足且制度完善，但是在农村养老仍以农村社会养老保险及社会救济为主。虽然国家尽力平衡城乡养老，但是在我国农村人口及老龄化不断提高的背景下，城乡养老服务业发展仍存在不平衡的情况。我国农村经济水平收入较低，且由于传统思想束缚，我国农村还是以家庭养老为主。有数据显示，广西地区公立养老机构占全区养老机构总数的 87.5%，民办养老机构所占的份额太低，导致养老服务业结构发展不平衡。除此之外，还有养老服务业内容发展不平衡，基本只有老年日常照料，医疗、保健、心理慰藉、生活娱乐、临终关怀显得不足。要根据老年人的真实需要，不断去开拓老年用品市场。

5. 广西养老服务模式发展有待创新和发展

目前，广西养老模式主要有居家养老、社区养老和机构养老。跟国家提倡的养老模式“9073”一致，90%为居家养，7%为社区养老，还有 3%为机构养老。居家养老是指老人在家庭中居住，安度晚年。因为受到传统文化的影响，我区大部分老人都愿意选择在家颐养天年，尤其是高龄老人和对养老院存在偏见的老人。但是在社会不断发展的进程中，大量年轻人到其他地方开始工作生活，留下父母等老年人在家，这些老年人就成为空巢老人，他们的健康情况、生活起居不受关注，容易出现意外。社区居家养老，就是通过社区平台，由民营企业出资、政府扶持创建，为社区范围老年人提供医疗卫生、休闲娱乐场所和上门服务、送餐及看护照料等养老服务。但是目前，社区居家养老中的服务种类及规模都需要进一步改善。机构养老就是养老院为老年人提供专业化的服务。截至 2018 年，全区现有的公立和民营养老机构床位总共为 14.48 万张，平均每千名老年人拥有床位 18.54 张。养老服务机构床位无法满足老年人口不断增加的需求，机构养老需要进一步完善。

6. 广西养老服务业发展投入和人才队伍

（1）广西养老服务业发展的投入不足

在传统社会福利管理过程中，福利性事业投入都是政府管理。在改革开放之后，随着社会福利事业不断社会化，广西政府鼓励民间资本及个人资本进入社会养老服务产业，从而有效促进了养老服务的发展。但是资本投资增长对于社会养老服务需求还远远不够。比如，广西社会养老服务资金都是通过民政部门慈善捐款及福利彩票，从发展趋势分析，此部分资金增速比较慢，社会捐款赶不上养老服务业需求增长。社会资金参与养老服务业发展的速度较快，但是总的来说，其占据社会养老资金比重较小。

（2）广西养老服务业人才队伍匮乏

广西养老服务业发展过程中，一直面临着专业服务人才短缺的问题。养老机构相关从业人员的学历不高，文化程度较低，上岗之前没有接受过系统性及专业化的培训，虽然持证上岗比例在不断地增加，但是专业人才缺口较大。目前，老年人不断追求高层次、个性化及智能化的养老服务内容，所以要加快培育创新型专业人才（比如服务设备、环境设计、防滑地板、自动床等），以应对老年人的特殊需求。

二、广西养老服务业电子商务市场的发展现状

（一）经营成果显著

广西养老服务产品在电子商务方面发展的成绩较为明显，通过对知名电子商务网站如淘宝、天猫、美团等的搜索与调查，截至 2017 年，广西专门从事养老服务产品电子商务或者电子商务范围，包括养老服务产品的网络店铺共有 232 家，遍布广西各市。其中，桂林地区的养老服务产品电子商务方面，主要是老年服饰产品和户外养老旅游，服饰类网络店铺 68 家，户外养老旅游 27 家；南宁市则是各领域均衡发展，网络店铺共有 39 家；河池与北海专门从事养老旅游的电子商务企业，各有 5 家、8 家。主要销售的产品类别在 1 200 种以上，主要有老年服饰、老年饮食品、医疗保健品、体能健身、养老旅游、老年教育等产品。销售业绩方面，广西养老服务产品电子商务 2017 年的销售额为 4 527 万元，销售产品大类主要为老年服饰与养老旅游，占销售额的 45. 1%，其余是养老器械、饮食和医疗保健品。其中，大部分产品的受众主要是广西的老年人。在养老旅游方面的受众，则是全国各地前来旅游参观的老年人。2017 年，广西养老服务产品购买次数超过 18 000 次。2018 年，广西高度重视支持全区养老服务业发展，打造政策组合拳，广西财政筹措 4. 4 亿元支持养老服务业的发展，较上年增长 86%，其中，对民办养老机构发放运营补贴和床位补贴共计 2 200 万元。据民政部门统计，目前广西已建成各类养老服务设施 1 500 多家、各类居家

养老服务中心及日间照料中心 1 000 多家，每千名老年人养老床位数达到 25 张，城市和农村居家和社区养老服务覆盖率分别达 72% 和 46%。

（二）发展失衡

广西产业发展多为轻工业，经济发展极其不平衡，大量的社会资源集中在桂林、柳州和南宁等城市，这些城市又对周边城市进行资源的掠夺，导致其他地区发展滞后，也导致产业发展的不平衡。首先是电子商务发展地域上的不平衡，由于城市化的进展和地区经济文化发展的差异性与不平等，根据自治区政府出台的相关文件，广西健康养老产业将划分为“一核四区”五大板块进行规划建设。但是主要的养老服务产业都分布在南宁、柳州、桂林等城市①。其次是养老服务产品在电子商务上的产业发展不平衡，广西养老服务产品通过电子商务销售的产品多为老年服饰、养老旅游等劳动密集型产业，依靠人多取胜，而在第二产业工业和第三产业服务业的发展偏为落后，需要进行产业的转换升级。

（三）竞争力不足

在养老服务产品电商企业的数量、规模和水平上，广西与全国发达省份差距较大，缺乏核心竞争力和独特性的产品。以淘宝平台为例，在淘宝平台上搜索，养老服务产品有 1.35 万种以上，而产地来自广西的养老服务产品仅有 975 种，仅占全部产品比例的 7.2%，多数为服饰等技术含量低的产品，无法生产高技术含量产品。如医疗保健和智慧养老产品，产品竞争力远远不如其他地区，这就导致广西养老服务产品市场通过电子商务流通的产品中，流入大于流出，网络消费额外流严重。广西统计局数据显示，近几年，广西养老服务产品在电子商务销售上的情况虽然有所改善，但不论是质还是量都与其他地区有一定差距。

① 广西壮族自治区人民政府：《广西壮族自治区人民政府关于建设养老服务业综合改革试验区的意见》，2015 年。

（四）客户购买力低

在广西养老服务产品市场大力发展的同时，产品服务的对象——广西老年人的收入却与产品价格严重脱节，广大老年人对养老服务产品有着足够的购买意愿与购买欲望，但是由于金钱问题，无法购买。广西老年人收入来源主要有三个：退休金、再就业收入和家庭子女的贴补。在退休金与家庭子女贴补方面，比较广西2006年至2017年的月平均退休养老金和月人均GDP值，广西月平均退休养老金一直保持平稳上调的趋势，但与月人均GDP值的差距在扩大，扩大的差距不是很明显。以2017年的数据为例，2017年月均退休养老金为2 176元人民币，月人均GDP为2 767元人民币，差距仅为591元人民币，这就意味着，广西家庭子女在满足自身生活需要的基础上，无法为家庭的老年人提供资金供养。再就业收入方面，2018年，南宁市人才市场召开专场招聘会，大部分工作岗位都对年龄有着严格要求。而且由于工作岗位种类的局限，现场求职成功率不高，老年人再就业率很低，从而导致广西老年人购买力低。2006—2016年广西平均退休金和月人均GDP如图5-4所示。

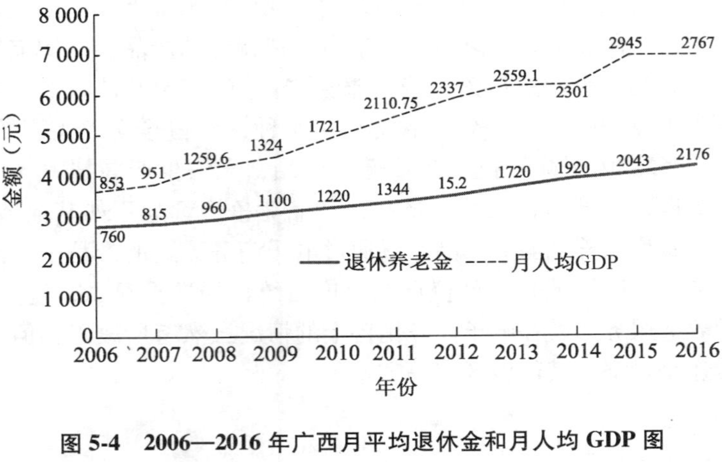

图5-4　2006—2016年广西月平均退休金和月人均GDP图

三、广西养老服务产品的现有模式

（一）现有 B2C 模式

1. B2C 模式简介

B2C 即企业通过互联网为消费者提供一个新型的购物环境——网上商店，消费者通过网络在网上购物、在网上支付。由于这种模式节省客户和企业的时间和空间，大大提高了交易效率，特别是对于工作忙碌的上班族，这种模式可以为其节省宝贵的时间。同时，B2C 的电子商务模式也越来越被普通大众接受。

2. 运营方式

目前，B2C 模式仍是广西养老服务产品生产企业使用电子商务模式的主流，根据运营者的不同，B2C 模式的具体运营形式也表现不同。部分产品企业采取独立自营方式，即企业本身独立拥有自己的电子商务网站，生产与销售全部由企业自己运营，生产销售一体化，自身拥有线下的店铺，网上商城仅是企业的一个辅助销售手段；拓展销售的渠道、宣传方面主要通过线下机构和线下广告的形式，将线下顾客导引至线上，企业重点还是属于实地销售；部分产品生产企业则以参与者的身份进入与该企业电子商务模式对应的大型电子商务平台对养老服务产品进行销售，如淘宝、天猫、京东、美团等。这些企业通过电子商务 B2C 模式，在网络上进行宣传销售，吸引需求者在网络购买，然后通过物流或者互联网信息流发送给需求者，需求者接收货物后进行使用。通过这种方式将各种养老服务产品输入广西，解决广西养老者的生理与心理问题，满足广西养老服务产品的需求。具体操作如下：第一步是企业引进互联网技术，搭建企业官方网站或者是以加盟方的形式加入到第三方电子商务网站，进入电子商务领域；第二步是网站通过口碑宣传、流量引进、竞购排名等宣传方法吸引顾客点击；第三步是顾客流览网站的信息，确定自己的购买物品并下单；第四步是网站方面将顾客的购买信息发送给企业的线上电子商务端，通知发货与信息确认；第五步是企业收到信息后与物流机构联系，进行物流运输；第六步是物流机构收件开始运输；最后一步是顾客签收货物后，在网站确认收货。具体见图 5-5。

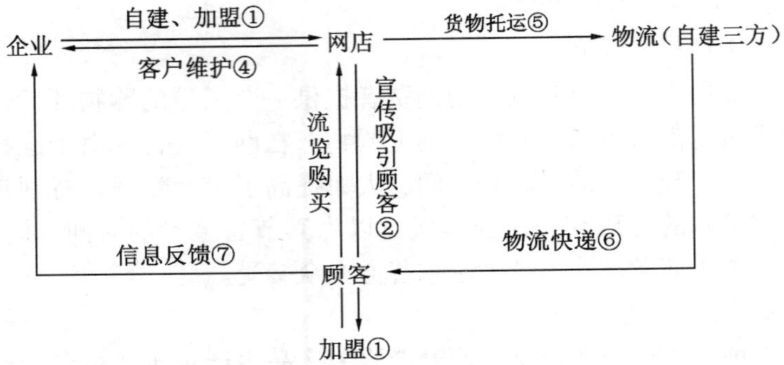

图 5-5　现有广西 B2C 模式操作流程图

（二）现有 O2O 模式

1. O2O 模式简介

O2O 是一种电子商务模式，核心技术是在线支付，它结合网上和网下的优势，通过网购导购，将互联网与地面店对接，实现互联网落地；让消费者在享受线上优惠价格的同时，又可享受线下贴身的服务①。

2. 运营方式

广西养老服务产品 O2O 模式主要集中在渗透率还不高的领域，如美食、家政、美业、生鲜、快消百货、教育、体育等。因为 O2O 模式企业的分散性和独立性，广西养老服务产品 O2O 模式主要借助第三方 O2O 平台，通过在平台上进行产品宣传吸引顾客网上购买，线下体验，快速且亲身感受服务，体验感强，将线上的潜在顾客转化为线下的实际消费者。具体操作如下：第一步是企业建立线上电子商务机构，与平台签订合约，进驻平台；第二步是平台与顾客建立联系，平台通过宣传吸引顾客注册浏览并购买物品，平台将相关信息反馈给顾客和企业；第三步是企业与顾客的互动，顾客根

① 陆艺：《从汇银乐虎网现状分析其是否适合开展 O2O 业务及相应对策》，《中国管理信息化》，2015 年第 23 期。

据自己购买商品的使用地点，决定是送货上门还是上门体验。操作流程具体见图 5-6。

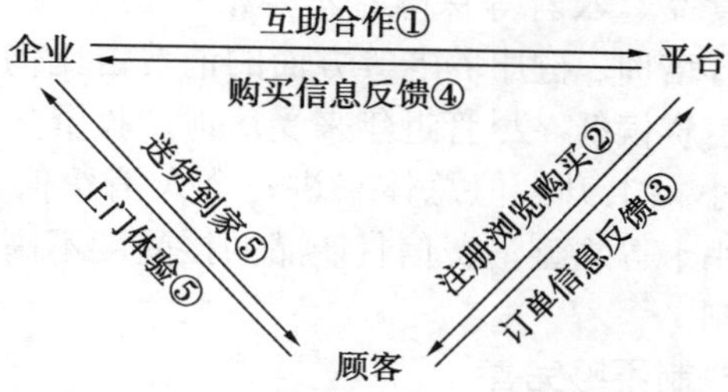

图 5-6 现有广西 O2O 模式操作流程图

第五节 广西生活性服务业发展面临的问题

一、居民消费倾向整体偏低

生活性服务业作为非物质消费部门，主要依靠消费而发展壮大。服务业要实现大发展，必须在第一和第二产业快速发展、居民消费需求增加时才有可能达成。受多方面原因影响，目前，广西居民消费倾向整体偏低。第一，居民收入水平偏低。收入水平是直接限制居民消费的最主要因素，2017 年，广西城镇居民可支配收入为 30 502 元，农村居民可支配收入为 11 325 元。2018 年，广西人均可支配收入有 21 485 元，同比增长 7.9%，而全国居民可支配收入为 28 228 元，比上一年名义增长 8.7%。2019 年，广西居民人均可支配收入为 23 328 元，比 2018 年名义增长 8.6%，扣除价格因素实际增长 4.7%。按常住地分，城镇居民人均可支配收入为 34 745 元，比 2018 年名义增长 7.1%，扣除价格因素实际增长 3.5%；农村居民人均可支配收入为 13 676 元，比 2018 年名义增长 10.0%，扣除价格因素实际增长 5.7%。城乡居民人均可支配收入比值为 2.54∶1，比 2018 年降低 0.07。全区居民人均可支配收入中位数为 19 080 元，比 2018 年名义增长 5.9%。由此可见，广西与全国平均水平仍有一定差距。第二，消费结构不合理。从支出法计算的居民消费支出比例来看，无论是农村居民还是城镇居民，广西居民消费支出仍集中于食品、衣着等保障基本生活的物质消费，用于旅游、文化娱乐、教育培训、健康养老等方面的消费占比仍相对较低。第三，个人消费信贷偏低。尽管近年来受房地产投资热潮的影响，个人贷款幅度有小幅上升。但总体来讲，个人消费信贷水平仍然偏低。居民对信用卡等新型消费信贷产品的接受度不高，居民消费信贷规模受到限制。

二、体制机制不够完善

改革开放以来，广西生活性服务业快速发展，但目前一些垄断性服务行业竞争不充分，存在服务质量差、价格高、服务单一、创新乏力等突出问题，制约了生活性服务业的进一步发展。目前，生活性服务业发展的体制障碍主要表现为不合理的市场准入限制、行政性垄断，长期存在福利化和非社会化倾向，城乡二元分割体制对消费的制约及配套服务体系和监管体制不到位等。此外，生活性服务业市场秩序混乱，竞争不规范，出售假冒伪劣产品、欺诈消费者的行为屡禁不止，在很大程度上制约和影响了服务业潜在需求转化为现实需求。广西服务业行业标准不健全、质量管理不规范等，也影响了生活性服务业市场秩序的形成和规范①。

三、缺乏服务性人才

2016 年广西的常住人口是 4 838 万人，排在全国第 11 位；到 2019 年，广西全区户籍总人口是 5 695 万人，比 2018 年增加 36 万人。全区常住人口 4 960 万人，比 2018 年增加 34 万人，其中，城镇人口 2 534. 3 万人，占常住人口的比重（常住人口城镇化率）为 51. 09%，比 2018 年提高 0. 87 个百分点。户籍人口城镇化率为 32. 49%，比 2018 年提高 0. 77 个百分点。虽然人口居多，但是服务

---

① 厦剑晖：《广西北部湾经济区服务业发展对策研究》，《特区经济》，2009 年第 8 期。

型人才较为缺乏。据第一次经济普查资料①，全区资产总计 500 万元以上、从业人员 50 人以上的服务业企业，仅占服务业企业总数的 4. 9%，全区生活性服务业发展规模较小，无法形成聚集效应，整体发展能力不强；资产总计 1 000 万元以上、从业人员 100 人以上的企业，仅占服务业企业总数的 2. 3%。从服务业企业吸纳的劳动力人数看，平均每个服务业企业的从业人员为 25 人，远低于农林牧渔业（103 人）、工业（70 人）和建筑业（205 人），低于广东、湖南、云南等相邻省份及全国的平均水平，服务业人才紧缺。广西从事信息传输、计算机服务与软件等行业人数占服务业从业人员的比重相当于全国的 55%，现代物流、金融保险、商务服务等高端人才严重短缺。十几年过去了，广西服务型人才自我培养力度不断加大，但由于经济相对比较落后，加上其他省区市一直加大力度吸引外来优秀人才落户当地发展，使得广西优秀服务型人才紧缺局面依旧不能打破。2019 年年末，广西常住人口数及构成见表 5-4。

表 5-4　2019 年年末广西常住人口数及其构成

指标	年末数（万人）	比重（%）
常住人口	4 960	
其中：城镇	2 534. 3	51. 09
乡村	2 425. 7	48. 91
其中：男性	2 570. 2	51. 82
女性	2 389. 8	48. 18
其中：0~14 岁	1 092. 7	22. 30
15~64 岁	3 371. 3	67. 97
65 岁及以上	496. 0	10. 00

四、周边区域服务业快速发展产生吸盘效应

目前，随着国家整体政策层面上对服务业的重视和扶持，全国各省市都已经意识到发展现代服务业的重要性，相继出台了各项政策，促进本地服务业的发展。广西的东面是全国经济比较发达的广

① 章远新、李芳源：《加快广西服务业发展问题研究》，《市场论坛》，2008 年第 2 期。

东省，广东作为国家开放发展的前沿，基本形成了以深圳、广州为点，以省内交通干线上的城市为线，以珠三角城市群辐射粤西、粤东、粤北所有地区的经济发展模式。随着广西与广东之间的交通不断发展，广东发达的生活性服务业在争夺优秀服务型人才方面比广西更具吸引力。广西东北面的湖南省将加快长株潭城市群的发展作为发展战略，其经济发展动力较强，在发展生活性服务业方面不断创新，在影视娱乐、教育、旅游等方面比广西更有优势，也在一定程度上对广西发展开放型的生活性服务业产生分流作用。周边的云南和贵州，生活性服务业相对于广东比较落后，但与广西水平相当，随着交通运输线路建设的完善，两个省份在旅游、养老等领域将与广西产生一定的竞争。与广西接壤的越南，虽然经济条件相对落后，但是也在平稳上升，对广西的旅游经济、劳动力吸纳等也有一定的影响。总而言之，随着广西周边国家和地区生活性服务业的快速发展，与生活性服务业相关的资金、技术及人员将在广西与这些省区市和国家之间进行资源的重新配置，特别是一些地区具有优势和特色的生活性服务业企业，在一定程度上会产生吸盘效应，从而会限制广西生活性服务业的发展。

五、对国内互联网巨头的依赖性越来越大

随着计算机和网络通信技术的进步，国内电子商务企业抓住机遇快速发展，以阿里巴巴、腾讯、百度和华为为代表的互联网企业提供的产品和服务已经深深影响着我国的网民生活。目前，中国网民所需要的服务、应用、社交、理财、购物，都有相对应的国内互联网企业为他们提供个性化的服务。但是在与生活性服务业相关的众多互联网企业中，广西没有一家在某一领域能够具有极大影响力的企业，广西企业和网民群体只能主要购买、使用国内大互联网企业提供的服务和应用，这使得广西生活服务业的发展只能依赖国内一些知名的互联网企业。广西目前只能扮演模仿学习的角色，这不利于广西把握自身经济发展的根本。

第六章　广西服务业发展面临的困境

第一节　广西服务业空间布局的差异困境

一、广西服务业空间布局的差异

2016 年，广西服务业实现增加值 7 214 亿元，比 2015 年增长 8.6%。其中，南宁、柳州、桂林三地的增加值分别为 1 880.9 亿元、934.99 亿元和 776.81 亿元，三地服务业增加值占全区服务业增加值的比重达 49.8%，将近一半（见表 6-1）。其余各地服务业的增加值除玉林略高之外，均低于 500 亿元，占比不超过 6%，形成了以南宁为核心，以桂北（柳州、桂林地区）为增长极，以桂东南（玉林、贵港地区）、桂东北（来宾、梧州、贺州地区）、桂南（钦州、防城港、北海、崇左地区）和桂西（百色、河池地区）为支撑的服务业发展空间布局，且桂南地区的支撑作用明显。

表 6-1　2016 年广西 4 市服务业发展情况比较

城市	GDP（亿元）	服务业增加值（亿元）	服务业增加值占 GDP 比重（%）	服务业增加值占全省服务业增加值比重（%）	服务业增加值占本地区生产总值比重（%）
南宁	3 703.39	1 880.9	50.79	26.07	50.64
柳州	2 476.94	934.99	37.75	12.96	37.75
桂林	2 075.89	776.81	37.42	10.77	37.59
梧州	1 175.6	364.99	31.05	5.06	30.86
北海	1 007.28	315.75	31.35	4.38	31.38

续表

城市	GDP（亿元）	服务业增加值（亿元）	服务业增加值占 GDP 比重（%）	服务业增加值占全省服务业增加值比重（%）	服务业增加值占本地区生产总值比重（%）
防城港	676.12	207.18	30.64	2.87	30.91
钦州	1 102.05	400.05	36.30	5.55	36.20
贵港	865.2	375.55	43.41	5.21	39.17
玉林	1 553.91	610.64	39.30	8.46	39.30
百色	1 114.31	337.32	30.27	4.68	30.26
贺州	518.22	195.2	37.67	2.71	37.61
河池	657.18	306.36	46.62	4.25	46.64
来宾	589.11	220.31	37.40	3.05	37.63
崇左	766.2	287.85	37.57	3.99	42.57
合计	18 281.4	7 213.9	39.46	—	—

数据来源：广西壮族自治区 2017 年统计年鉴整理计算得到。

为综合分析广西壮族自治区服务业空间的布局特征，本书采用区位熵法（Location Quotient，LQ）对地区专业化程度及空间发展差异进行实证研究。其计算公式为：

$$LQ = \frac{L_{ij}}{L_i} \Big/ \frac{L_j}{L} \qquad (6\text{-}1)$$

其中，L_{ij}表示 i 地区 j 产业的就业人数，L_i 表示 i 地区所有产业的就业人数，L_j 表示包含该地区的研究区域中 j 产业的就业人数，L 表示该区域所有的就业人数。LQ 研究一个给定区域中产业占有的份额与整个经济中该产业占有份额相比的值，通过它可以确定区域的主导产业和产业专业化程度①。两个比重相除，若 $LQ>1$，则认为 i 产业在 j 地区的集聚程度高，区位熵越大，表示专业化水平越高，

① Luxembourg. Innvaotive Hot Spots in Europe：polieies to promote trans-border clusters of creative activity ［J］. Trend Chart Poliey Workshop，Background Paper on Methods for Cluster Analysis，May 5-6，2003.

区位优势越明显；如果 $LQ<1$，则说明 i 产业在 j 地区的集聚程度低①。因此，本书在应用区位熵进行分析时，以广西 14 市为对象，研究服务业及 14 个细分行业的区位分布特征。

（一）广西各市服务业的发展差异

将 2016 年各市的从业人员数据代入式（6-1），得出 2016 年各市服务业区位熵（见表 6-2），由表 6-2 可知：$LQ \geqslant 1$ 的城市有桂林、梧州、贵港、百色、贺州、河池、来宾和崇左等市，说明该 8 市的服务业专业化水平较高，区位优势明显。在这 8 市中，区位熵值最高为贺州市，达到 1.37，贺州市 2016 年第三产业占 GDP 比重的 37.67%，对经济增长的贡献率为 38.87%。贺州市是中国优秀旅游城市，是全国唯一的“中国长寿之乡”的县域全覆盖城市，同时也是世界长寿市；东与广东肇庆市、清远市毗邻，北与湖南永州市相连，区位优势明显，目前拥有对外贸易、文化旅游等特色服务业。贺州市还获批“十三五”国家服务业综合改革试点市，未来贺州市的服务业发展对本地区的经济带动作用会更加明显。在 $LQ \geqslant 1$ 的城市中，梧州市排末位。梧州市是广西的东大门，地处“三圈一带”（珠三角经济圈、北部湾经济圈、大西南经济圈和西江经济带）的交汇节点，未来的服务业发展空间将会更大。桂林、贵港、百色、河池、来宾和崇左等市的区位熵值相差不大，在服务业发展增长极和支撑城市的序列中，对本地区的经济发展辐射带动作用明显。

表 6-2 2016 年广西 14 市服务业区位熵值

城市	南宁	柳州	桂林	梧州	北海	防城港	钦州	贵港	玉林	百色	贺州	河池	来宾	崇左
区位商值	0.96	0.74	1.01	1.00	0.98	0.97	0.92	1.25	0.98	1.21	1.37	1.27	1.11	1.14

$LQ<1$ 的城市有南宁、柳州、北海、防城港、钦州和玉林，该 6 市服务业在城市产业发展中优势不明显。玉林市服务业发展优势

① 魏骕：《对区位熵分析范式的探讨》，《承德民族师专学报》，2008 年第 2 期。

不明显，与其所拥有的服务业资源较少相关。相比之下，柳州市区位熵为0.74，排名最低，说明该地区服务业发展相对落后，区位优势不明显，对服务业的发展带动作用有限，这与柳州市的工业城市定位有关。值得注意的是，在北部湾经济区的城市中，$LQ \geqslant 1$ 的只有崇左市，这与崇左市是中国通往东盟最便捷的陆路大通道，是中越“两廊一圈”和南宁—新加坡经济走廊的重要节点城市、广西北部湾经济区城市之一的区位优势和发展战略密切相关。南宁、钦州、北海和防城港等市的服务业发展区位优势不明显，原因在于钦州、北海、防城港三市把发展重点转向了沿海工业。北部湾经济区是广西经济增长的主要动力，服务业又是经济增长的核心动力，未来北部湾经济区在发展服务业上将会大有作为。

（二）广西各市服务业细分行业的发展差异

本书对广西壮族自治区14市服务业细分行业的区位熵值进行了测算，见表6-3。由表6-3可知，金融业，教育，卫生和社会工作，公共管理、社会保障和社会组织四个行业的区位熵值相差不大，且数值较高，表明这四大行业分布在广西的大部分地区，地区间发展也较均衡。南宁市作为广西服务业增长值的核心，在14类服务业细分行业中区位熵最大值的占6席，表现出较强的核心驱动作用。其中，南宁市区位熵最大值产业为住宿和餐饮业；柳州市为租赁和商务服务业；桂林市为居民服务、修理和其他服务业；梧州市为卫生和社会工作；北海市为水利、环境和公共设施管理业，金融业；防城港和贵港市为交通运输、仓储和邮政业；钦州和玉林市为教育业；百色、贺州、河池、来宾和崇左等市均为公共管理、社会保障和社会组织业（见表6-4）。

表6-3　2016年广西14市服务业细分行业区位熵值

城市	南宁	柳州	桂林	梧州	北海	防城港	钦州	贵港	玉林	百色	贺州	河池	来宾	崇左
批发和零售业	1.41	0.95	1.04	0.70	0.80	0.51	0.78	0.86	0.84	1.06	0.57	0.86	0.65	0.85
交通运输、仓储和邮政业	1.36	0.83	0.71	0.80	0.86	2.05	0.78	1.09	0.78	1.19	0.60	1.17	0.60	0.62
住宿和餐饮业	1.69	0.59	1.65	0.44	1.65	0.90	0.49	0.50	0.47	0.66	0.59	0.63	0.27	0.85

续表

城市	南宁	柳州	桂林	梧州	北海	防城港	钦州	贵港	玉林	百色	贺州	河池	来宾	崇左
信息传输、软件和信息技术服务业	1.43	0.46	0.87	0.86	1.27	1.12	0.58	0.87	0.95	0.76	1.33	1.36	1.11	0.97
金融业	1.39	0.48	1.16	1.02	1.35	0.51	0.56	1.28	0.71	0.64	1.81	0.92	1.09	0.93
房地产业	1.51	1.14	1.13	0.80	1.04	1.08	0.72	0.47	0.66	0.52	0.40	0.54	0.76	0.65
租赁和商务服务业	1.11	1.65	1.59	0.35	0.52	0.65	0.38	0.38	0.67	0.92	0.80	0.51	0.86	1.04
科学研究、技术服务和地质勘查业	1.59	1.01	0.90	0.73	0.94	0.49	0.56	0.50	0.69	0.67	0.92	0.60	0.85	1.29
水利、环境和公共设施管理业	0.97	1.14	1.26	0.79	1.35	1.35	0.65	0.62	0.96	1.20	0.90	0.94	0.68	0.76
居民服务、修理和其他服务业	1.25	1.27	1.70	0.48	1.18	0.35	0.42	1.77	0.60	0.51	0.39	0.49	0.40	0.29
教育	0.73	0.61	0.92	1.18	0.95	0.78	1.19	1.78	1.34	1.20	1.61	1.38	1.17	1.16
卫生和社会工作	0.78	0.74	0.93	1.25	0.91	0.84	1.18	1.34	1.11	1.26	1.33	1.48	1.26	1.15
文化、体育和娱乐业	1.63	0.56	1.40	0.94	1.02	0.56	0.45	0.33	0.68	0.62	1.10	1.01	0.79	0.77
公共管理、社会保障和社会组织	0.64	0.59	0.98	1.05	0.98	1.33	0.95	1.35	0.85	1.81	1.94	1.73	1.52	1.59

从各地区来看，信息传输、软件和信息技术，金融业，租赁和商务服务业，科学研究、技术服务和地质勘查业，文化、体育和娱乐业服务业这五类高端服务业中，仅南宁的区位熵值都大于1，表明南宁市的高端服务业发展优势明显。南宁作为广西高校和人才集聚的地方，具有相对雄厚的知识型人力资源和资金，符合高端服务业的空间布局特征。另外，桂林、北海和贺州三市的五大高端服务业中，区位熵值大于 1 的占三大类，高端服务业区位优势较为明显；柳州、河池、来宾和崇左四市的五大高端服务业中，区位熵值大于 1 的占两大类，高端服务业区位优势一般；梧州、防城港和贵港三市的五大高端服务业中，区位熵值大于 1 的占一大类，高端服务业刚开始起步发展；钦州、玉林和百色三市的五大高端服务业

中，区位熵都小于 1，表明高端服务业发展区位优势不明显。

表 6-4　广西各市优势产业一览表

城市名称	优势行业（$LQ \geqslant 1$）	区位熵最大值行业
南宁	批发和零售业，交通运输、仓储和邮政业，住宿和餐饮业，信息传输、软件和信息技术服务，金融业，房地产业，租赁和商务服务，科学研究、技术服务和地质勘查业，居民服务、修理和其他服务业，文化、体育和娱乐	住宿和餐饮业
柳州	房地产业，租赁和商务服务，科学研究、技术服务和地质勘查业，水利、环境和公共设施管理业，居民服务、修理和其他服务业	租赁和商务服务
桂林	批发和零售业，住宿和餐饮业，金融业，房地产业，租赁和商务服务，水利、环境和公共设施管理业，居民服务、修理和其他服务业，文化、体育和娱乐	居民服务、修理和其他服务业
梧州	金融业，教育，卫生和社会工作，公共管理、社会保障和社会组织	卫生和社会工作
北海	住宿和餐饮业，信息传输、软件和信息技术服务，金融业，房地产业，水利、环境和公共设施管理业，居民服务、修理和其他服务业，文化、体育和娱乐业	水利、环境和公共设施管理业，金融业
防城港	交通运输、仓储和邮政业，信息传输、软件和信息技术服务，房地产业，水利、环境和公共设施管理业，公共管理、社会保障和社会组织	交通运输、仓储和邮政业
钦州	教育，卫生和社会工作	教育
贵港	交通运输、仓储和邮政业，居民服务、修理和其他服务业，教育，卫生和社会工作，公共管理、社会保障和社会组织	交通运输、仓储和邮政业
玉林	教育，卫生和社会工作	教育
百色	批发和零售业，交通运输、仓储和邮政业，水利、环境和公共设施管理业，教育，卫生和社会工作，公共管理、社会保障和社会组织	公共管理、社会保障和社会组织

续表

城市名称	优势行业（$LQ \geqslant 1$）	区位熵最大值行业
贺州	信息传输、软件和信息技术服务，金融业，教育，卫生和社会工作，文化、体育和娱乐，公共管理、社会保障和社会组织	公共管理、社会保障和社会组织
河池	交通运输、仓储和邮政业，信息传输、软件和信息技术服务，教育，卫生和社会工作，文化、体育和娱乐业，公共管理、社会保障和社会组织	公共管理、社会保障和社会组织
来宾	信息传输、软件和信息技术服务，金融业，教育，卫生和社会工作，公共管理、社会保障和社会组织	公共管理、社会保障和社会组织
崇左	租赁和商务服务，科学研究、技术服务和地质勘查业，教育，卫生和社会工作，公共管理、社会保障和社会组织	公共管理、社会保障和社会组织

（三）北部湾经济区沿海城市生产性服务业空间的布局分析

目前，学术界普遍使用区位熵值分析产业空间分布差异和专业化水平。本书利用区位熵值法分析北部湾沿海生产性服务业分行业空间分布及专业化水平特征。

1. 北部湾沿海各市生产性服务业分行业空间的分布差异

截至2016年年末，北海、防城港、钦州三市的生产性服务业从业人员分别为21 399人、14 626人和19 595人，将表6-5数据代入式（6-1），得出2016年北部湾沿海三市生产性服务业区位熵值（见表6-6），由表6-6可知，在北部湾沿海三市中，北海和防城港市两市的生产性服务业区位熵值均大于1，钦州市的生产性服务业区位熵值小于1，北海和防城港两市的生产性服务业专业化水平较钦州市高。表明北海、防城港两市的生产性服务业在本区域所有产业中专业程度较高，区位优势明显，钦州市的生产性服务业在本区域所有产业中专业程度较低。

表 6-5　2016 年北部湾沿海三市生产性服务业从业人员数据

人

城市	北海	防城港	钦州	合计
交通运输、仓储和邮政业	4 317	6 884	5 835	17 036
信息传输、软件和信息技术服务	1 974	1 164	1 361	4 499
金融业	7 103	1 798	4 424	13 325
房地产业	3 035	2 115	3 161	8 311
租赁和商务服务	1 903	1 590	2 075	5 568
科学研究和技术服务	3 067	1 075	2 739	6 881
合计	21 399	14 626	19 595	55 620
全市就业总人数	145 336	97 294	217 778	460 408

表 6-6　2016 年，北部湾经济区沿海三市生产性服务业区位熵值表

城市	北海市	防城港市	钦州市
区位熵值	1.219	1.244	0.745

北海和防城港两市的区位熵值均大于 1，且以防城港市更高，达到 1.244，北海和防城港市的区位熵值相差不大。三市的生产性服务业区位熵值均相差不大，原因是与近年北部湾经济区发展规划息息相关，自 2008 年国务院批准广西北部湾经济区规划实施后，北部湾经济区连续 5 年第三产业产值年均增长率超过 19%。其中，增长较快的行业有金融保险业、批发零售业、房地产业和交通运输业等。

整体而言，北部湾经济区沿海三市的生产性服务业空间布局呈现出以北海和防城港市的生产性服务业集聚程度和专业优势为核心，以钦州市的辐射作用较强为支撑的“核心—支撑”空间结构。目前，北部湾经济区作为广西经济增长的核心动力，带动区域经济增长作用明显，同时生产性服务业又是服务业经济增长的核心动力，未来北部湾经济区沿海三市必须重视生产性服务业发展，这将在未来的区域发展中大有作为。

2. 北部湾经济区沿海三市生产性服务业细分行业的发展差异

根据有关统计数据，利用区位熵法对北部湾经济区沿海三市的生产性服务业各行业的区位熵值进行了测算（见表6-7）。由表6-7可知，在北部湾沿海城市的生产性服务业的细分行业中，北海市的金融业集聚程度和专业化程度最高，其区位熵值达1.35；防城港和钦州市的交通运输、仓储和邮政业集聚程度和专业化程度较高，其区位熵值分别为2.05和0.78。

表6-7 北部湾经济区沿海城市生产性服务业区位熵值一览

城市	北海	防城港	钦州
交通运输、仓储和邮政业	0.86	2.05	0.78
信息传输、软件和信息技术服务业	1.27	1.12	0.58
金融业	1.35	0.51	0.56
房地产业	1.04	1.08	0.72
租赁和商务服务业	0.52	0.65	0.38
科学研究、技术服务和地质勘查业	0.94	0.49	0.56

从单个城市来看，北海市的金融业（$LQ=1.35$）集聚和专业化程度最高，租赁和商务服务业（$LQ=0.52$）的集聚和专业化程度最低；北海市集聚程度明显，专业化水平较高的生产性服务业行业还有信息传输、软件和信息技术服务业（$LQ=1.27$）及房地产业（$LQ=1.04$）。防城港市的交通运输、仓储和邮政业（$LQ=2.05$）集聚和专业化程度最高，科学研究、技术服务和地质勘查业（$LQ=0.49$）的集聚程度最低，集聚程度明显和专业化水平较高的生产性服务业行业还有信息传输、软件和信息技术服务业（$LQ=1.12$）、房地产业（$LQ=1.08$）。钦州市的六类生产性服务业的区位熵值均小于1，在行政区划内的集聚程度偏低，未出现规模的集聚现象。值得注意的是，钦州市除了租赁和商务服务业的区位熵值在本市的六类生产性服务业行业中较高外，其他5类产业的区位熵值均相差不大，表明该市的生产性服务业各行业间空间布局较均衡。

从单个产业来看，沿海三市中，交通运输、仓储和邮政业在防城港市集聚程度较高，原因是防城港市是港口城市，毗邻越南，是广西乃至我国与越南贸易的运输通道。信息传输、软件和信息技术服务业主要集聚在北海和防城港市，原因在于北海市和防城港市近年来注重发展电子信息产业，新建电子产业园并大量引进相关人才；北海市的金融业集聚程度和专业化水平较其余两市高，原因是北海市作为我国最早的14个开放沿海城市之一，金融业起步早，发展基础较其余两市好，房地产业集聚在北海和防城港市，但专业化程度仍偏低；租赁和商务服务业，科学研究、技术服务和地质勘查业在三市的区位熵值均小于1，未出现较明显的集聚现象，专业化水平不高，是未来三市应重视的产业。

（四）北部湾经济区沿海三市生产性服务业细分行业空间的分布特征及变化

目前，学术界通常用空间基尼系数来判断一个地区的产业集聚程度，一般来说，基尼系数越大，表示该地区的产业集聚程度越高。图6-1、图6-2分别是2011年和2016年沿海三市的空间基尼系数。

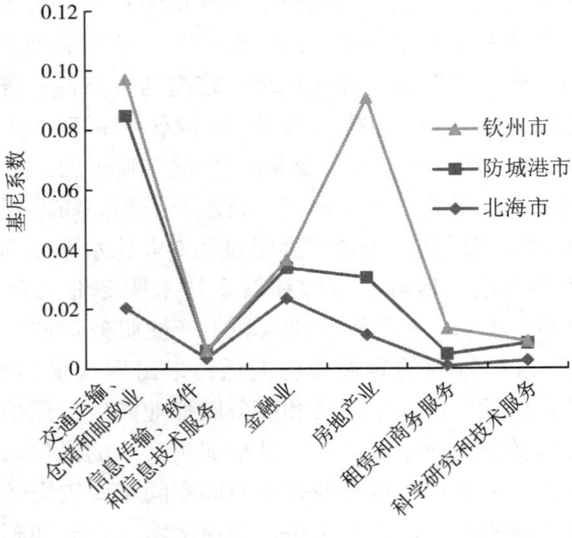

图6-1 2011年沿海三市生产性服务业细分行业空间基尼系数图

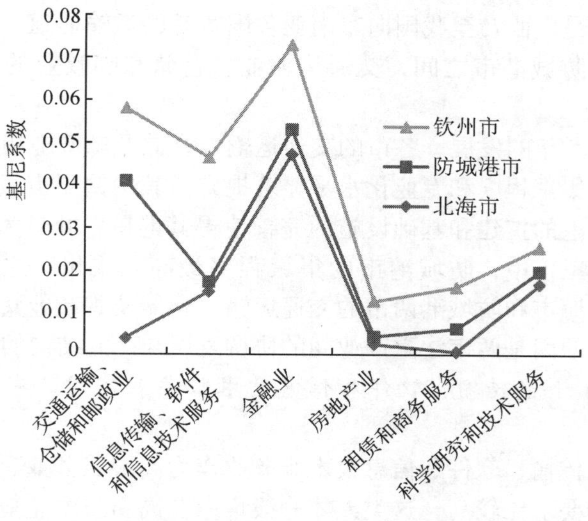

图 6-2 2016 年沿海三市生产性服务业细分行业空间的基尼系数图

(一) 交通运输、仓储和邮政业空间的布局特征及变化

人口因素对交通运输业、仓储和邮政业的布局影响不是很大，交通运输、仓储和邮政业可以为其他产业提供配送、转运、运输等功能，因此受区域内产业构成及分布的影响，所以呈现出与其他产业不同的空间布局。

2011 年，交通运输业、仓储和邮政业在防城港市布局较集中，专业优势突出，其空间基尼系数为 0. 064 33，为沿海三市中最高，北海市次之，钦州市排名最后。北海市 2011 年全年港口完成货物吞吐量 1 757. 4 万吨，同比增长 10. 47%。港口集装箱吞吐量 127. 09 万标准箱，增长 10. 7%。防城港市 2011 年全年交通运输、仓储及邮政业实现增加值 42. 86 亿元，增长 1. 6%。钦州市 2011 年全年交通运输、仓储及邮政业实现增加值 29. 23 亿元，同比增长 12. 1%。北海市东邻广东省，南与海南省隔海相望，西濒越南，是我区与广东省和海南省的运输通道。防城港市的交通运输业、仓储和邮政业布局集中、专业优势突出，主要在于其区位优越。防城港被誉为“西南门户、边陲明珠”，是一座滨海城市、边关城市、港口城市，是广西乃至我国向东南亚各国贸易的运输通道。钦州市位于北海及防城港市之间，交通运输业、仓储和邮政业的发展不及两市。

经过5年的发展，各市的交通运输、仓储及邮政业得到了长足的发展，集聚程度和专业化水平显著提升，其中钦州市最高，原因在于钦州港的扩建和基础设施的完善使得其港口吞吐量大增。2016年，沿海三市中，防城港市的集聚程度最高，钦州次之，北海最后。但北海市和防城港两市的交通运输、仓储及邮政业集聚程度显著下降，原因是两市注重产业间的协调发展与产业结构的调整。

（二）信息传输、软件和信息技术服务业空间的布局特征及变化

信息传输、软件和信息技术服务业作为高端服务业，对专业技术人才的要求比较高，这类人才一般集中在高新技术企业、科研院所、重点实验室或者是高校。信息传输、软件和信息技术服务业主要布局在钦州市，钦州市2016年的信息传输、软件和信息技术服务业集聚程度增速较2011年超出480倍；2011—2016年，北海市的信息传输、软件和信息技术服务业5年间集聚程度增速超过4倍；防城港市的信息传输、软件和信息技术服务业集聚水平有所下降。

（三）金融业空间布局的特征及变化

根据图6-2可知，北部湾沿海三市的金融业主要布局在北海市，并以钦州和防城港市为支撑发展。2011—2016年，北海和钦州市的金融业稳定发展，防城港市的金融业集聚水平下降明显。2011年，金融业主要集聚在北海和防城港市，钦州市的金融业专业优势不明显。到2016年，金融业主要布局在北海市和钦州市。2016年末，北海市金融机构人民币各项存款余额为815.63亿元，同比增加67.14亿元，增长9.0%；其中，金融机构人民币各项贷款余额535.15亿元，同比增加51.02亿元，增长10.5%。2016年末，钦州市金融机构本外币各项存款余额为912.54亿元，同比增长10.9%，其中，人民币各项存款余额为906.42亿元，同比增长

10.8%。2016年末，防城港市金融机构本外币各项存款余额为567.87亿元，同比增长8.5%，其中，人民币各项存款余额为562.31亿元，同比增长10.6%。

（四）房地产业空间布局的特征及变化

房地产业是指以土地和建筑物为经营对象，从事房地产开发、建设、经营、管理，以及维修、装饰和服务的集多种经济活动为一体的综合性产业。由于钦州市的地理位置在南宁、北海和防城港之间，到达三市的高铁时长均在一个小时之内，选择在钦州市居住，还可以避开南宁市高房价的难题，因此越来越多的人选择在钦州市居住。由图6-2可知，2016年，房地产业在钦州市布局较集中。2011年，房地产业空间基尼系数最高的是防城港市。随着钦州和北海的高速铁路开通，钦州市的房地产业得到了快速发展，经济区内的居民更多地选择在钦州市居住。2016年，钦州市的房地产业集聚水平较其他两城高。

（五）租赁和商务服务业空间布局的特征及变化

租赁和商务服务业包括机械设备租赁、文化和日用品出租、法律服务、企业管理服务、职业中介服务、咨询与调查、会议及展览等，对交通的通达性要求较高，这与房地产业的布局影响因素较为相似。这类行业在钦州市的集聚程度较其余两市高。2011—2016年，钦州和防城港市的租赁和商务服务业得到了不同程度的发展，北海市的空间基尼系数有所下降，表示该市的租赁和商务服务业集聚程度较2011年有所降低。

（六）科学研究和技术服务业空间布局的特征及变化

科学研究和技术服务业与信息传输、软件和信息技术服务业一样是高端服务业，对专业技术人才的要求比较高，这类人才一般集中在高新技术企业、科研院所、重点实验室或者高校。信息传输、软件和信息技术服务业的布局与其他生产性服务业的布局不同，该行业主要布局在高新技术企业、科研院所、重点实验室或者是高校集中的地方。科学研究和技术服务业主要布局在北海市。2011年，防城港市的科学研究和技术服务业空间的基尼系数在沿海三市中最高，钦州市次之，北海市最低。经过5年的发展，2016年，北海市的科学研究和技术服务业集聚水平快速发展，空间基尼系数为0.016 91，排名第一，较2011年的集聚程度超出6倍。目前，北海市拥有北京航天航空大学北海学院、桂林电子科技大学北海校区、北海艺术设计学院、北海职业学院和北海市卫生学校等五所高校，以及一个高新技术产业开发区。随着桂林电子科技大学北海校区和北海高新技术产业开发区的投入使用，北海市的信息传输、软件和信息技术服务业也得到了发展。钦州市的科学研究和技术服务业空间的基尼系数排名第二，这与钦州市重视引进人才和重视教育事业的发展离不开。目前，钦州市有一所高等职业学校和一所本科院校。2011年自治区人民政府同意在钦州学院的基础上筹建北部湾大学，钦州市政府和钦州学院以此为契机，大力引进高端人才，使得钦州市的科学研究和技术服务业得到了快速发展；防城港市的科学研究和技术服务业集聚程度5年内有所下降，原因是防城港市内仅有一所高等职业学校，高新技术产业园发展不足，难以吸引高端人才到该市工作。

二、广西服务业空间布局存在的问题

广西服务业空间布局存在一定的问题。从经济贡献角度来看，服务业增长驱动力不足；从空间发展差异来看，主要表现为区域发展不均衡；从服务业细分行业集聚程度来看，主要表现为细分行业的集聚水平低。

（一）从经济贡献角度来看，对经济增长驱动力不足

服务业是经济增长和创新的重要驱动力，2016年，广西第三产业的增加值对经济增长的贡献率为45.8%，而在西方发达国家服务业的增加值对经济增长的贡献率为60%～80%，在许多发展中国家为50%以上。从经济贡献角度来看，各市服务业对本市和全区的经济增长驱动力不足。广西14个市中，只有南宁市的第三产业增加值占全市GDP略超过50%，其余各市的占比均在30%～50%，整体上看，广西各市的服务业不管是对全区的经济增长或对本市的经济增长的驱动力都较为有限。从总体发展来看，与全国相比，广

西还相对滞后。2016 年，全国服务业占 GDP 比重已上升为 51.6%，比 2015 年提高 1.4 个百分点。而 2016 年，广西服务业占本地区 GDP 的比重仅为 39.60%，比 2015 年仅提高 0.7 个百分点。两者服务业占 GDP 的比重差距由 2015 年的 11.30% 扩大至 2016 年的 12%。从以上数据可以看出，尽管广西服务业的发展取得了一定的成绩，但其发展水平与全国相比，还是相对滞后，仍是制约广西经济发展的一块明显的“短板”。

服务业连着民生，受国内需求波动的影响比较小，增长动力受外部国际市场波动的影响相对较小，具有熨平整体经济波动的重要作用。稳定服务业增速对于当前广西稳增长意义重大，一是进一步加大广西服务业开放力度，大力发展服务贸易，在优化服务业结构、提高服务业质量的前提下扩大服务业利用外资规模。二是充分发挥服务业作为经济黏合剂的作用，以产业转型升级需求为导向，加快发展生产性服务业，大力发展现代物流、金融等现代服务业。三是加大服务业投资力度，优化服务业投资的行业结构、产业结构、项目结构和地区结构，吸引鼓励民间投资和外来投资，为服务业的加快发展奠定坚实的基础。

（二）从空间发展差异来看，服务业区域发展不均衡

在对 2016 年广西 14 市的服务业发展情况进行比较后，可以发现，南宁市的服务业增加值占全区服务业增加值的比重为 26.07%，柳州、桂林两市的占比分别为 12.96%和 10.77%，其余各市均小于 10%，贺州市的服务业增加值占全省服务业增加值的比重仅占 2.71%，与南宁市的占比相差 23%个百分点，服务业区域发展明显不均衡。另外，南宁、柳州、桂林三地的服务业增加值占区服务业增加值的比重达 49.8%，将近一半。从空间发展差异来看，广西服务业区域发展不均衡。从各市服务业发展差异来看，$LQ \geqslant 1$ 的城市有桂林、梧州、贵港、百色、贺州、河池、来宾和崇左等 8 市，区位优势相对明显；$LQ<1$ 的城市有南宁、柳州、北海、防城港、钦州和玉林等 6 市，区位优势不明显。南宁、柳州和桂林三地辐射带动作用有限，未形成全面发展的格局。

（三）从行业集聚程度来看，细分行业集聚水平偏低

从 2016 年广西 14 市服务业细分行业区位熵值来看，金融业，教育，卫生和社会工作，公共管理、社会保障和社会组织四个行业的区位熵值相差不大，且数值较高，表明这四大行业分布在广西的大部分地区，地区发展间也较均衡，各地区存在定位趋同和重复建设问题。住宿和餐饮业，房地产业，租赁和商务服务业，科学研究、技术服务和地质勘查业，水利、环境和公共设施管理业，文化、体育和娱乐业等行业，仅在广西的少数几个城市表现出区位优势，其余各市的区位优势不明显。

从广西 2011 年、2016 年服务业的 14 个细分行业空间基尼系数来看，广西的服务业得到了快速的发展，各行业间的布局也较为均衡，但细分行业集聚水平偏低。2016 年的空间基尼系数最大值为 0.043 84，14 个细分行业的基尼系数均小于 0.1，细分行业的集聚水平偏低，广西还未形成优势显著、特色鲜明的服务行业。值得注意的是，生产性服务业成为拉动地区经济增长的主要动力和创新源泉，生产性服务业的空间集聚对城市经济发展、城市空间构建和城市的崛起起着积极的作用①。广西的交通运输、仓储和邮政业，信息传输、软件和信息技术服务业，金融业，租赁和商务服务业，科学研究、技术服务和地质勘查业这五类生产性服务业的空间基尼系数均在 0.01～0.03，总体上发展较均衡，但集聚水平很低，以致服务业对地区经济增长驱动力不足，且服务业比重始终不占主导地位。从时间纵向看，服务业对广西经济发展的贡献率比重始终低于第二产业。在 2009 年之前，对经济增长贡献率在 32%～38%，2009—2016 年，广西服务业对 GDP 增长的贡献率波动较大。2009 年，广西服务业对全区经济发展的贡献率不高，仅为 37.9%，比第二产业低 17.5 个百分点；2010—2012 年，贡献率差距为 31～35 个百分点；2013 年，贡献率差距收窄至 24.6 个百分点；2014 年，贡

① 邱灵，方创琳：《生产性服务业空间集聚与城市发展研究》，《经济地理》，2012 年第 11 期。

献率差距为27.8个百分点；2015年，服务业贡献率为41.9%，比第二产业低9.5个百分点；2016年，服务业贡献率为45.8%，比第二产业低1.2个百分点。

第二节 广西服务业发展滞后及其与经济发展相关性问题

一、2019年广西服务业增速放缓

2019年，广西服务业增加值增速趋缓，是2015年以来首次下滑到7%以下，多项指标增速低于去年同期，各市增速乏力。

（一）增长速度明显放缓

2019年，广西服务业增加值增速为6.2%，比2018年同期回落3.2个百分点，比2017年回落3.0个百分点，是2015年以来最低的增速，首次跌破7%。2019年前三个季度增速分别是6.9%，7.0%，6.8%，比2018年同期相比下降2.8，3.2，2.8个百分点。自2015年开始，服务业增速一般是“高开高走”或“低开高走”，然而到2019年，这种回升态势被打破，全年在低位运行，最终“低开低走”。

（二）指标“二快二平多降”

服务业增加值的构成主要由铁路、公路、水路客货周转量、航空客运量、货邮量、邮政及电信业务总量、人民币存贷款余额、保费收入、证券交易额、规模以上其他营利性服务业营业收入等18项服务业增加值基础核算指标构成。18项指标中仅有4项略高于上年同期，其余14项严重下滑。“二快”，是指证券交易额和其他营利性服务业收入快速增长。证券交易额增速达到20.0%，同比提高19.6个百分点，高于服务业增加值增速13.8个百分点。其他营利性服务业收入增速达到19.9%，同比提高3.9个百分点，高于服务业增加值增速13.7个百分点。“二平”，是指铁路客货周转量、餐饮业营业额稳中有升。铁路客货周转量一季度、二季度、三季度和四季度分别比同期增长0.4，1.7，0.1，0.1个百分点，全年增速为5.3%。餐饮业营业额与去年同期基本持平，全年增速达14.0%。

“多降”，是指公路客货周转量、水路客货周转量、航空旅客吞吐量、航空货邮吞吐量、邮政业务总量、电信业务总量、批发业商品销售额、零售业商品销售额、住宿业营业额、商品房销售面积等14项指标增速下滑明显，其中，邮政业务总量、电信业务总量、商品房销售面积等指标严重下滑。

（三）各市完成情况

桂林、梧州、北海、钦州、贺州等9个市的服务业增加值增速高于全区服务业增加值增速，其余的南宁、柳州、防城港等5个市服务业增加值增速低于6.2%。贺州、钦州、北海服务业增加值增速排全区前三名，分别达到9.5%，9.3%，8.6%，后三名是来宾、防城港、河池市，增速分别是4.0%，4.8%，4.9%，增速下滑最严重是柳州、来宾、崇左、贵港，分别下滑6.1，5.9，4.9，3.9个百分点。

二、2019年广西服务业增速放缓的原因

2019年，服务业的增速冲高回落，表明广西经济下行压力依然较大，也反映出广西服务业保持快速增长的基础不牢、总量较小、结构不优、动能不足等问题。

（一）相关指标增速回落

测算服务业增加值增长的18项指标中，有14项指标低于2018年同期，其中，有3个指标下滑比较严重。首先是电信业务总量下滑最多，由于固话用户持续下降和移动互联网接入流量增速大幅回落，导致一季度、二季度、三季度和全年增速分别下滑71.2，108.8，122.4，113.5个百分点，严重影响全区服务业的快速增长；其次是邮政业务总量下滑严重，由于包裹、报纸、杂志等主要业务均持续下降，直接影响邮政业务总量规模，导致一季度、二季度、三季度和全年增速分别下滑1.8，24.1，23.8，18.2个百分点；最后是零售业、交通运输业、住宿业、餐饮业、房地产业相关指标增速有较大幅度下滑，其中，商品房销售面积下滑了13.5个百分点。各项指标增速不同程度的回落，对服务经济稳增长失去了支撑力，最终致使全区服务业发展速度下降。

（二）实体经济发展滞后

受经济发展水平、自然环境及产业结构的影响，以及企业在资金、人才、土地等资源要素方面的制约，广西服务业企业普遍呈现出小、弱、散的状态，服务业的发展缺乏坚实的基础。究其原因：一是行业缺乏龙头骨干企业支撑。近年来，物流、金融、信息传输、商务服务等服务业企业发展较快，但总量偏小、发育不足、比重不高，规模以上和规模以下企业比例仅为3∶7，而全国为5∶5，贵州、重庆则达到6∶4。截至2019年，5A级物流企业仅有5家，规模以上其他营利性服务业收入仅占广西生产总值的2.3%。二是新兴服务业企业明显弱小，随着大众创业、万众创新的深入推进，新兴产业、新兴模式、新兴业态蓬勃发展，而广西不仅没有跟上步伐，甚至与先进地区的差距越拉越大，反之，传统服务业企业规模越来越大，批零住餐、交通运输两类传统服务业占服务业的比重达40%，比全国高5个百分点。三是消费外流问题严重。近年来，以分享经济、平台经济为代表的新兴服务业方兴未艾，不断推进服务行业成长，而广西规模以上企业开展电子商务的比重仅有5.3%，而发达地区已达40%以上，导致区内消费和生产要素外流“虹吸”现象不断加剧。

（三）项目投入减少

2015—2018年，自治区安排服务业发展引导专项资金约10亿元，围绕“两库一区”和现代物流、电子商务、科技服务业、旅游休闲、健康养老等重点领域和产业，支持约300个项目建设，拉动社会投资由8 400亿元扩大到12 000亿元。受其他因素影响，2019年，自治区服务业专项资金投资规模缩小，同比减少约20%，支持项目建设范围仅是8个示范性服务业集聚区，而减少支持建设物流、金融、旅游、健康等类型项目，导致服务业投资总量缩小，拉动效应不明显，极大地影响了服务业的稳步发展。

（四）各市发展乏力

2019年，14个设区市中没有1个市服务业增加值增速超过10.0%，仅有2个市的服务业增加值增速超过9.0%，分别是贺州

9.5%、钦州9.3%，与2018年同期相比相差甚远。2018年，服务业增加值增速达到10%以上的有7个市，增速6.2%以上的有13个市。各市服务业发展乏力的原因在于：一是受国家房地产调控影响，导致各市房地产销售市场逐步降温。二是受汽车、家电、石油及制品等重点产品零售额增速大幅回落，以及龙头百货企业零售额增长乏力的影响，各市的零售业持续低迷。三是受经济下行压力影响，规模以上其他营利性服务业企业后劲不足，回升无力。各市的主要指标增速严重下滑，导致全区服务业增加值增速直线下降。

（五）工业增速低缓

工业发展对服务业增长有着关键支撑作用。2019年，第二产业增加值为7 077亿元，增长5.7%，与周边省份相比差距明显。贵州第二产业增加值增长9.8%，比广西高4.1个百分点，云南第二产业增加值增长8.1%，比广西高2.4个百分点。广西工业低速徘徊直接影响到第二产业和第三产业进一步融合发展，对服务业发展的拉动力明显降低。

（六）服务消费水平较低

随着人们收入的增加，用于服务消费的比例越来越大。因为服务产品的需求弹性高于农产品和工业产品，一些现代生活性服务产品（如高等教育、理财、休闲、健身等），在较高收入水平时才能大规模消费。因此，从长远来看，消费是拉动现代服务业发展的重要力量，人均可支配收入水平对居民的消费能力和消费水平起到决定性作用。但广西居民人均可支配收入和居民整体收入相对较低，可支配资金相对少，影响了服务业产品的消费。

三、广西服务业对经济发展的作用

（一）服务业成为广西经济增长的第一动力

2018年上半年，全区服务业增加值达到3 752亿元，同比增长10.2%，高于全国平均水平2.6个百分点，增速居全国第5位，创2009年以来同期新高。增速全国第五的成绩并非偶然。2015年，自治区党委、政府召开全区服务业发展大会，对推动服务业加快发展进行全面部署。几年来，各地政府大力实施创新驱动发展战略，积极推进现代服务业发展，在经济持续下行、工业增长乏力的背景下，服务业逆势而上、勇挑大梁。近年来，服务业结构不断优化，地位不断提升，发展势头迅猛。自治区党委、政府高度关注服务业的发展，全区各级各部门齐抓共管，形成强大合力，服务业发展马力十足。在 2018 年，服务业增加值占全区生产总值的比重达 42.8%，对经济增长的贡献率超过“半壁江山”，达到 66.0%，成为名副其实的经济增长第一动力。

1. 抓集聚、搭平台

现代服务业集聚区是服务业发展的新型业态，是现代服务业发展的重要载体。自治区党委、政府明确提出把服务业集聚区作为服务业发展的重点任务。2017 年，自治区政府印发服务业集聚区认定管理办法，开展了首批自治区服务业集聚区认定工作，南宁研祥智谷、中盟科技园、五象金融总部基地、中关村创新示范基地、桂林创意产业园、中电北海信息产业园等 38 个现代服务业集聚区获得认定，有力带动了集聚区的建设。据统计，首批认定的 38 家服务业集聚区累计完成投资 2 251 亿元，入驻企业 7 000 多家，从业人员 20 多万人，营业收入总额 1 325 亿元，上缴税收 33 亿元，已成为各地服务业发展的重要引擎。

2018 年上半年，广西不断加强现代服务业集聚区建设，出台了《2018 年现代服务业集聚区建设工作方案》。成功举办首次现代服务业集聚区和重大项目银企对接会，46 家金融机构和 348 家服务业企业进行项目对接，达成合作意向项目 92 个，支持金额达 218 亿元。随后，又在上海、深圳两市召开了 2 次集聚区招商引资会，预计引入区外资金达 300 亿元。2018—2020 年，自治区每年安排 1 亿元左右服务业发展专项资金，用于支持现代服务业集聚区的基础设施、公共平台、人才引进、招商引资、统计工作等；引进了一批世界 500 强、全国 500 强服务业企业及在该领域有一定实力和影响力的龙头企业、品牌企业。

2. 抓质量、补短板

推动全区服务业高质量发展，是今后一个时期做好服务业工作的重大任务。要不断提升服务业市场化、社会化、国际化水平，构建与新型工业化相融合、与新型城镇化相协调、与城乡居民需求相适应的现代服务业体系，完成服务业增加值增速保持9%以上的目标任务，促进服务业发展提速、结构优化、贡献增大、集聚度提升、竞争力增强。

据了解，2018年上半年，广西的批发、零售、住宿、餐饮业增长相对迟缓。1—6月，全区批发业商品销售额、零售业商品销售额、住宿业营业额、餐饮业营业额分别增长10.3%，12.2%，10.8%，14.6%，同比下滑6.1，1.6，2.6和1.4个百分点。要加快批零住餐业的转型升级，推动现代物流、电子商务、旅游休闲等现代服务业发展，同时，促进消费扩大升级，开展招商引资活动，加强消费网络建设，推动全区服务全面提档升级。

2018年上半年，广西全区三产固定资产投资增速下滑，低于全社会固定资产投资增速，主要是基础设施投资增速下滑，反映出服务业产业项目储备不足的问题。因此，2018年下半年，广西全区将狠抓投资项目建设，按照“扶大、扶强、扶重”的工作思路，及早谋划提出2019年服务业投资项目计划，挖掘各行业的标志性大项目，以及集聚区、龙头企业的项目。

（二）广西生产性服务业促进广西经济增长

1. 生产性服务业通过提高生产效率和经济运行效率促进经济增长

生产性服务业是为制造业及其他产业的生产部门提供中间服务的部门，它是从制造业部门分离出来的，这样可以使生产性服务业集中投入人力和资金来发展高水平和专业化的服务，促进了社会分工，提高了各个产业部门的生产率。第一，通过专业化分工，制造业的生产部门可以把自身不具备优势的业务外包给生产性服务业的相关部门去做，而自身可以集中精力生产有比较优势的产品，生产性服务业通过为制造业及其他产业的生产部门提供专业化的高水平的服务，提升生产部门的专业化水准，有利于增强其他产业部门的生产活力，提高整个产业的生产效率。第二，生产性服务业通过人力资源的积累和科学技术的创新，为制造业和其他产业的生产部门提供高质量、低成本的服务，可以降低企业的生产成本和管理费用，减少生产过程中的中间环节，同时，还可以减少资金占压，提高企业的经济运行效率。第三，随着经济的高速发展，制造业和其他产业的生产部门对服务的质量要求越来越高，对服务的种类需求也越来越复杂，加剧了生产性服务业的各个企业之间的竞争，迫使生产性服务业的各个企业通过学习国内外的先进经验来提高自身的服务质量，以满足其他产业的生产部门日益增长的需求，反过来倒逼生产性服务企业不断创新服务，提高服务质量和效率，从而提升了整个产业的竞争优势，促进了整个国家的经济增长。

2. 生产性服务业通过科学进步和技术创新促进经济增长

生产性服务业与传统的服务业不同的是，生产性服务业是高科技含量、高附加值的知识密集和技术密集型产业。在全球经济竞争日益激烈的现代社会，科技的进步是提高企业竞争力的关键因素，而生产性服务业的服务本身具有专业化和技术性。首先，生产性服务业可以通过与各个产业的生产部门的客户的频繁接触和交流，把知识和技术传播扩散到各个行业，通过知识扩散效应把新技术、高科技传送到其他行业，同时通过客户有效的信息反馈，促使生产性服务业进行技术改革和创新。其次，生产性服务业为其他产业的生产部门提供专业化服务业的过程，实质上就是把专业化的知识和新技术融合到生产部门的过程，新技术和新成果的融入促进了企业生产部门核心技术的研发和产品生产，可以减少其他生产要素的投入，推动了其他产业的生产率提高。由此可见，生产性服务业是推动科技创新和进步的催化剂，进而推动经济增长，实现人民安居乐业。

3. 生产性服务业通过优化产业升级促进经济增长

在经济发展的过程中，面临的最大的问题就是我国的产业结构不合理，第三产业的发展相对落后，其发展速度与第二产业相比较为缓慢。特别是进入服务经济时代以来，我国始终在强调和要求改革与调整产业机构，实现产业间的融合和结构调整以促进产业升级。产业升级通常是指产业由低层次向高层次的演进过程，生产性服务业可以促进产业结构升级表现在以下几个方面。首先，生产性服务业在理论范畴上划分在第三产业之内，鼓励在全国范围内发展生产性服务业不仅可以增加我国服务业在国民经济中的比重，实现产业结构升级，使得发展重心由工业向服务业转移，同时，由于生产性服务业属于知识和技术密集型的行业，还可以促使产业结构脱离原来的传统服务业，迈进高科技、高水平的生产性服务业行列。其次，生产性服务业凭借其中间性的特点，成为一个产业融合度高的行业，通过为农业及制造业提供技术和知识服务，改造了传统的制造业及农业，通过为其他产业的生产部门提供知识和人力，不仅能够提升全国各个行业的国际竞争力，还能够加快推进经济增长方式的转型，从而促进整个国家的经济增长。

4. 生产性服务业通过实现产业集聚和规模经济促进经济增长

生产性服务业由于其本身是产业间的融合及产业链上各种产业互相结合的产业，所以必然会吸引众多的产业在同一区域进行集聚，而集聚本身所带来的是一种规模效应，根据规模效应理论，当产业发展到一定的规模时候，无论是生产成本、物流成本、企业间的沟通交流成本还是信用成本都会大幅度下降。同时，在竞争和集聚过程中，市场竞争机制淘汰了效率低的企业，效率更高的企业才能生存，从而真正实现经济的可持续性发展。当生产性服务业发展规模和层次不足时，往往会造成经济发展的落后及竞争力的不足，而由此进一步倒逼企业转向生产效率更高、经营成本及运输成本更低的地区，从而进一步加剧了经济发展的滞后性。同样，当经济发展规模达到一定程度之后，其能够利用良好的集聚效应，不断将外部资本及企业吸引过来，从而促进经济的发展，实现经济可持续发展。

5. 生产性服务业通过人力资本积累促进经济增长

21 世纪，企业的竞争是科技和人才的竞争，高水平、专业化的人力资本是一个企业最强大的核心竞争力。专业化的人才可以通过提高自身的知识素养、学习国内外先进的科学技术和管理经验来提高生产效率，同时能够促进发明新技术及技术创新。生产性服务业就是为其他产业的生产部门提供专业化服务的传输器，通过引进先进技术和人才，推进技术和知识的传播，提高了生产部门的生产效率，并使其产品高端化、专业化以促进经济增长。大力发展生产性服务业还可以吸纳较多的劳动力，为社会提供更多的就业岗位。由于生产性服务业能够有效地带动其他产业特别是制造业的联动发展，在生产性服务业得到迅猛发展的同时，其他关联产业也实现了快速发展，进而扩大生产规模，对就业有一定的促进作用。由此看来，生产性服务业可以通过培养专业化人才和促进就业来实现整个国家经济的快速发展。

第三节 广西服务业政策落实过程中存在的问题

一、广西服务业发展政策落实过程中存在的制约因素

近年来，为了加快服务业发展，国家、自治区层面出台了一系列优惠政策，地方政府也出台了许多配套政策文件，然而，在研究中发现，服务业发展政策落实情况并不理想。

（一）政策可操作性不强，难以落实到位

一是部分政策缺乏明晰性，可操作性不强。主要表现在政策表述比较含糊，政策措施缺乏实施细则，一些政策落实的主体部门及责任范围不明确，缺乏综合协调部门，政策落实难度大。如国务院出台了允许银行“借新还旧”、减少过桥贷款等支持实体经济发展的政策，但缺乏具体的操作细则，落地过程艰难，企业融资难的矛盾仍然突出。二是有些政策缺乏合理性，针对性不强。一些政策内容未能反映操作中的实际情况，政策执行受现实条件和政策资源的制约较大。如优先保障服务业用地政策中指出“要实行有利于服务业发展的土地政策”，但受《土地管理法》等的制约，土地成为创办乡村旅游及发展农家乐的瓶颈。财政资金扶持中的“一刀切”“撒胡椒面”现象严重，扶持效果不佳。三是有些政策缺乏连续性，不够完善。“营改增”政策自试点以来取得了一定成效，但由于现

行政策设置多档税率的原因，出现了进销项税抵扣倒挂、高征低抵、税率混乱等问题，而目前，自治区尚未出台“营改增”过渡期财政补贴政策，与周边省份相比形成“政策洼地”，造成税源流失。四是现有统计制度不完善，一些新兴服务行业统计的空缺及一些部门统计指标设置不规范等，影响整个服务业核算数据质量，难以如实反映服务业发展的现状。

（二）管理体制机制不健全，多头管理无序

服务业涉及范围广，所跨行业较多，且行业分类不清晰，又缺乏统筹服务业发展的协调组织机构，各级政府对服务业管理的权责不清，导致行业发展中一些问题无人管或多头管理，工作难度大。以家庭服务业发展为例，一些地市成立了发展家庭服务业促进就业局际联席会议，会议由人力资源和保障部门负责牵头，但家庭服务业行业协会却是由商务部门负责管理，相关的扶持资金也划拨在商务部门，而人力资源和保障部门其实只是负责家庭服务业发展过程中人员培训环节的工作，对整个家庭服务行业进行协调管理显得“心有余而力不足”，导致家庭服务业发展中出现的一些问题难以协调解决。

（三）政策环境亟须优化，审批效率有待提高

一是服务业收费标准随意性大。目前，全区各地市收费项目有所不同。如物价调节基金费，在南宁、桂林和北海需要收取，而其他设区市则不收取。同时，收费的标准也不一样，有些相同的项目其收费次数也有差异。二是行政审批效率较低。行政审批制度改革已取得一定成效，但大部分企业反映行政审批程序繁杂，审批权限下放不够，前置审批的突破不足。

（四）政策执行者素质偏低，政策理解执行不力

在政策执行过程中，由于政策执行者认知的偏差，存在同一政策在不同的地区执行标准不一样等问题。同时，有些政策执行者受到利益驱使导致公私角色错位，使得政策执行出现偏差；有些因为执行的方式方法简单欠妥，执行政策时无视差异，违背了政策制定的初衷。

（五）缺乏政策落实的反馈渠道，政策监督不到位

一些地方政府高度重视相关文件的出台，但忽视对落实情况的检查及完成效果的验收，缺乏对政策效果的评估。同时，信息沟通机制不健全，缺乏政策落实反馈渠道，政策落实中发现的问题无处咨询解决。如一些地方重视财政资金扶持的项目，却常常忽视这些项目的推进情况，缺乏对项目进度的跟踪落实监督，导致一些进度缓慢、未能在规定时间内完工项目的扶持资金被收回。

二、广西服务业发展发改工作层面的几个短板

（一）机构建设尚未健全

在国家层面上，服务业由产业司负责统筹推进，尚未成立专门的司局针对服务业开展工作，对于涉及面广、门类众多、形势复杂的服务业管理推进力量不足。在自治区层面上，部分地市发改系统内的服务业机构不健全，全区只有南宁、柳州、桂林设有专门的服务业科室，北海市刚成立服务业科，其余 10 个地市的服务业设在社会科或经贸科管理，机构搭建不全，直接导致服务业管理能力不足，在项目进展、协调和执行力上较弱。服务业推进机构建设薄弱，也是导致区域发展不平衡的原因之一。

（二）计划实施有待加快

自 2014 年实施“服务业百项重点工程计划”以来，各市积极组织申报项目，但部分地市计划实施效果有待加强。主要原因有：一是各市财政资金拨付标准不统一，造成部分地市资金拨付进度较慢。另外，中央预算内投资财政资金整体拨付进度缓慢，2015 年的中央预算内投资项目实际拨付率不到 10%，原因是财政厅原商粮贸处撤销，职能变更到经建处管理，需要时间熟悉业务。二是早期实施计划项目调整幅度较大。一方面服务业领域市场化程度高，行业门槛低，企业经营自主强，经营内容变换快，造成服务业项目建设受市场波动影响较大。另一方面是早期实施的项目计划缺乏经验，申报时间短，项目安排要求尚未完全统一，管理尚不规范，部分项目手续尚不完善。

（三）服务业的融合发展研究不足

广西正处于工业发展的中期阶段，但工业、农业核心竞争力不足，工业在产业链中处于制造加工的低端环节，缺乏研发、设计、检测、金融、物流等生产性服务业环节的支撑，无法形成产业集群效应。原因是服务业融合发展观念不强，工业、农业发展已经达到一定规模，但生产性服务业的发展还比较原始、落后、分散，与工业、农业发展的形势和要求还不相适应，一定程度上制约了工业变强变大。服务业与工业、农业融合发展是现代经济发展的大趋势，要顺应发展的新趋势、新特点，树立融合发展的新观念，不断促进服务业与工业、农业融合发展，催生出新业态、新模式、新技术，带动结构转型升级，实现制造业与服务业“双轮驱动”的产业发展新方式。

（四）联席办统筹作用有待提高

全区服务业发展大会后，自治区政府批准成立服务业发展部门联席会议制度，办公室设在自治区发展改革委，牵头负责服务业发展的日常工作。联席会议制度成立以来，尚未形成互通信息、相互配合、相互支持、形成合力良好局面，不能充分发挥联席会议的统筹协调作用。

（五）服务业的指标信息反馈滞后

在集聚区和项目的月报数据上，部分地市进展信息报送不及时，统计部门的服务业指标信息统计推迟 1 个月以上，部分服务业的关键指标，如生产性服务业增加值、集聚区发展指标都未纳入统计。原因在于，与农业、工业比较，服务业涉及面广、量大，市场成分更繁杂，经营活动变化更快，进“笼子”的企业不全、企业财务制度不健全、不配合统计工作等问题仍然长期存在，造成现有统计制度无法做到应统尽统，导致服务业龙头企业底数不清、家底不明，对各地市、各县区的服务业特点了解不充分，无法准确了解服务业尤其是新产业、新业态的发展现状，影响了发展趋势的研判和对发展政策的研究。

第七章　广西服务业转型升级的现实基础

第一节　政治基础

一、广西服务业现行政策分析

（一）自治区级服务业现行政策分析

笔者通过文献调研的方式，搜集了广西现代服务业有关的主要政策文件，含国家、自治区层面及南宁、柳州、梧州、防城港、北海等地市层面。《中共广西壮族自治区委员会　广西壮族自治区人民政府关于加快服务业发展的若干意见》（桂发〔2015〕4 号）是指导全区服务业发展的纲领性文件，提出着力打造服务“一带一路”、面向东盟、辐射西南中南的国际航运中心、商贸物流中心、金融服务中心、信息交流中心和国际旅游目的地、国家养老服务业综合改革试验区，加快形成具有广西特色和持续竞争力、支撑力、带动力的现代服务业产业体系，力争到 2020 年，全区服务业增加值达到 1.2 万亿元。《广西现代服务业集聚区发展规划（2015—2020 年）》提出，未来五年广西将形成“一圈两带七轴”的集聚区布局体系，至 2020 年，广西将重点建设 10 大类共 122 个集聚区。《广西服务业发展重点项目实施方案（2015—2020 年）》计划在未来五年推进 829 个服务业领域重点建设项目，项目总投资超过 1 万亿元，通过这批项目的实施，努力形成服务业重大项目“开工一批、在建一批、投产一批、储备一批”的良好态势。《广西现代服务业发展“十三五”规划》（桂政办发〔2016〕154 号）提出，“十三五”期间全区服务业增加值年均增速要高于地区生产总值增速，力争达到10%左右；到2020年，服务业增加值达到1.2万亿元，占地区生产总值比重提高到43%左右。

(二) 广西部分地市服务业现行政策分析

南宁市制定并执行的广西现代服务业发展配套政策，主要有《中共南宁市委办公厅　南宁市人民政府办公厅关于印发〈南宁市加快服务业发展实施方案〉的通知》(南办发〔2015〕77号)、《南宁经济技术开发区加快服务业发展实施方案》(南经管发〔2016〕243号)、《南宁市邕宁区加快服务业发展实施方案》(邕办发〔2016〕41号)、《南宁市现代服务业集聚区发展规划(2016—2020)》、《南宁市现代服务业集聚区认定和扶持暂行管理办法》、《2017年南宁市服务业重点项目实施方案》(南府办函〔2017〕198号)、《2018年南宁市开展服务业“双五十”服务实施方案》(南宁市人民政府办公厅)。柳州市出台了《关于新常态下柳州市加快服务业发展的若干意见》(柳发〔2015〕9号)、《柳州市推进现代服务业千亿产业崛起工程实施方案》(柳政办〔2015〕133号)、《关于加快发展现代服务业的若干政策》、《柳州市服务业发展十大工程重点项目实施方案》、《柳州市服务业发展引导资金使用管理暂行办法》等系列政策措施，计划推进433项总投资4 029亿元的服务业重大项目建设，快速做大服务业经济总量。防城港市出台了《防城港市实施广西现代服务业集聚区发展规划工作方案(2015—2020年)》(防政办发〔2015〕77号)，明确以现代服务业集聚区为载体，充分发挥北部湾经济区、东兴国家重点开发开放试验区以及沿海沿边的优势，努力把防城港市打造为服务“一带一路”、面向东盟、辐射西南中南的区域性国际航运中心、商贸物流中心、电子商务和快递配送中心、金融服务中心、信息交流中心、国际旅游目的地和国际滨海休闲养生基地。具体文件见表7-1。

表 7-1　广西部分地市服务业的现行政策

序号	政策文本	文件号/时间	政策主体
1	《服务业发展“十二五”规划》	国发〔2012〕62 号	国务院
2	《中共广西壮族自治区委员会广西壮族自治区人民政府关于加快服务业发展的若干意见》	桂发〔2015〕4 号	广西人民政府
3	《广西现代服务业聚集区发展规划》	桂政发〔2015〕37 号	广西人民政府
4	《广西现代服务业发展“十三五”规划》	桂政办发〔2016〕154 号	广西人民政府办公厅
5	《南宁市加快服务业发展实施方案》	南政办〔2015〕77 号	南宁市人民政府办公厅
6	《南宁市现代服务业聚集区发展规划（2016—2020）》	南府发〔2017〕4 号	南宁市人民政府
7	《关于新常态下柳州市加快服务业发展的若干意见》	柳发〔2015〕9 号	柳州市发改委
8	《桂林市现代服务业聚集区发展“十三五”规划》	市发改规划字〔2017〕4 号	桂林市发展和改革委员会
9	《防城港市实施广西现代服务业聚集区发展规划工作方案（2015—2020 年）》	防政办发〔2015〕77 号	防城港市人民政府办公室
10	《贯彻落实〈关于新常态下加快服务业发展的实施意见〉目标任务责任分解方案》	玉发〔2015〕6 号	玉林市人民政府办公室
11	《崇左市服务业发展试点示范工作方案》	崇政办发〔2016〕1 号	崇左市人民政府办公室
12	《2017 年全市服务业发展主要目标和工作要点分工方案》	河政办发〔2017〕80 号	河池市人民政府办公室
13	《2017 年百色市服务业发展主要目标和工作要点分工方案》	百政办发〔2017〕50 号	百色市人民政府办公室
14	《2018 年南宁市开展服务业“双五十”服务实施方案》	—	南宁市人民政府办公厅

二、广西坚持和完善的六项制度

“六项制度”是近年来广西全区在推动服务业发展的实践中逐步探索、积累而成的，在今后的工作中应当坚持和完善，进一步提高推进服务业发展工作的制度化、规范化水平。

（一）部门联席会议制度

2015年，自治区建立了由43个区直部门组成的服务业发展部门联席会议制度，明确由自治区发展改革委发挥牵头作用，其他部门发挥职能作用，形成齐抓共管、合力促发展的良好局面。目前，已形成了自治区政府分管领导每半年召开一次服务业工作会议、自治区发展改革委主要负责人每季度召开一次服务业联席会议、自治区发展改革委分管领导每个月召开一次部门联络员会议的高效顺畅的工作机制。

（二）运行分析监测制度

建立健全全区服务业运行月度、季度、半年、年度监测分析，跟踪分析服务业运行情况和发展趋势，及时发现苗头性和趋势性问题，提出有针对性的措施建议，上报自治区党委、政府，确保了服务业平稳健康运行。在此基础上，针对服务业运行中指标出现的异常情况，召开专题会议研究提出解决办法。

（三）“两库一区一园”制度

“两库一区一园”是推动我区服务业发展的重要抓手，“两库”是指服务业重点项目库和服务业龙头企业库，“一区一园”是指现代服务业集聚区和示范物流园。这两年，广西研究制定了现代服务业集聚区、示范物流园、服务业龙头企业认定办法，认定了首批38家自治区现代服务业集聚区、14家自治区示范物流园，建立了含1 500多个项目、投资规模超过1万亿元的服务业重点项目库，服务业龙头企业正在加快认定。瞄准“两库一区一园”，制定实施支持服务业发展的政策措施，实行精准施策。

（四）协调解决问题制度

充分发挥自治区服务业办公室协调作用，建立健全为现代服务业集聚区、服务业企业、服务业项目业主和各市协调解决问题的工作机制，提供“保姆式”服务。

（五）试点示范工作制度

“十三五”期间，重点推进贺州市国家服务业综合改革试点，紧紧围绕“服务业+制造业”“服务业+农业”“服务业+服务业”三条主线、促进三次产业融合发展开展试点。一年多来，贺州市以服务业为主导推动碳酸钙产业、现代有机农业、大健康产业转型升级，探索“服务业+”发展模式，取得了明显成效。自治区启动开展以县域为单元的自治区本级服务业综合改革试点。

（六）服务业统计工作制度

建立了服务业部门联席会议成员单位固定分管领导、固定业务处室、固定统计专员的“三个固定”制度，服务业企业上限上规入统奖励机制，服务业统计人员业务培训制度等，有效地加强了服务业发展的各项基础工作，提高了服务业统计数据的质量。

三、广西养老服务业试验区政策体系

（一）广西出台养老服务业试验区相关政策

为促进养老服务业综合改革试验区的发展，广西相继出台了系列相关政策。如 2015 年 7 月 3 日，印发了《关于建设养老服务业综合改革试验区的意见》，随后又印发了《广西养老服务业综合改革试验区规划（2016—2020 年）》《2016 年广西养老服务业综合改革试验区建设工作要点》《关于推进医疗卫生与养老服务相结合的实施意见》《关于全面放开养老服务市场提升养老服务质量的实施意见》等文件，见表 7-2。

表 7-2　广西养老服务业政策

序号	政策文件	政策主体
1	《关于促进养老服务业加快发展的实施意见》	桂政发〔2014〕58 号
2	《关于建设养老服务业综合改革试验区的意见》	桂政发〔2015〕33 号
3	《广西养老服务业综合改革试验区规划（2016—2020 年）》	桂政办发〔2016〕14 号
4	《关于推进医疗卫生与养老服务相结合的实施意见》	桂政办发〔2016〕82 号

续表

序号	政策文件	政策主体
5	《关于全面放开养老服务市场提升养老服务质量的实施意见》	桂政办发〔2017〕129号
6	《广西养老设施公建民营实施办法（试行）》	—
7	《广西养老服务业发展“十三五”规划》	桂发改规划〔2016〕1272号
8	《广西壮族自治区民办养老机构补贴暂行办法》	桂民发〔2016〕63号
9	《广西壮族自治区人民政府关于促进养老服务业加快发展的实施意见》	桂政发〔2014〕58号
10	《广西健康养老产业发展专项行动计划（2019—2021年）》	桂民发〔2019〕33号

（二）制定养老服务业的配套措施

广西各部门积极参与养老服务业综合改革过程中，各部门根据各自职责相继制定了系列综合改革配套措施。如广西财政厅联合民政厅等印发了《关于建立健全经济困难的高龄失能等老年人补贴制度的通知》、广西商务厅印发了《广西市场化方式推动养老服务产业发展规划》、广西物价局印发了《关于进一步明确养老机构用电价格的通知》。

（三）各县市因地制宜制定细则

自广西发布养老服务业综合改革试验区规划以来，各县市积极开展相关工作。如桂林市积极围绕休闲旅游养生养老产业示范区这一定位，积极打造桂林国际智慧健康产业园、中国—东盟友好疗养基地等项目；巴马县充分发挥自身优势和特色，制订了养生养老小镇具体创建方案；都安县积极发展“医养结合”养老服务业，着力打造“都安品牌”，“医养结合”试点一期工程已投入使用，床位数达1 500张，医护人员达218人。

第二节 经济基础

2018 年，全区经济运行总体平稳，结构不断优化，新动能加快成长，呈现稳中提质的发展态势。初步核算，2018 年，全区生产总值（GDP）为 20 352. 51 亿元，按可比价格计算，比 2017 年增长 6. 8%。分产业看，第一产业增加值增长 5. 6%，第二产业增加值增长 4. 3%，第三产业增加值增长 9. 4%。三次产业增加值占全区生产总值的比重分别为 14. 8%，39. 7%和 45. 5%，三次产业对经济增长的贡献率分别为 13. 1%，25. 4%，61. 5%（见图 7-1）。

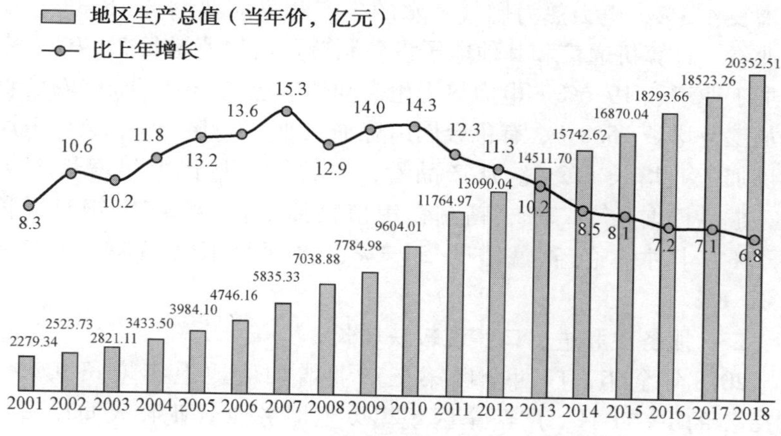

图 7-1 2001—2018 年广西地区生产总值及增速

一、粮食产量和工业生产保持增长

2018 年，广西全区林牧渔业增加值，同比增长 5. 6%，增速比上一年增加 1. 3 个百分点。其中，种植业增加值比上一年增长 6. 4%，林业增长 6. 5%，牧业增长 2. 7%，渔业增长 5. 1%。全年粮食总产量为 1 373 万吨，比上一年增长 0. 2%。其中，春收粮食产量 21 万吨，早稻产量 471 万吨，秋收粮食产量 881 万吨，晚稻总产量 451. 4 万吨。甘蔗产量 7 391. 96 万吨，增长 3. 6%；蔬菜产量

3 400 万吨，增长 5.4%；园林水果产量为 1 927.75 万吨，增长 13.2%。全年完成植树造林 111.2 千公顷，木材采伐运输量 3 880 万立方米，比上一年增长 2.1%。全年猪牛羊禽肉产量 418.4 万吨，比上一年增长 1.6%。其中，猪肉产量为 263.9 万吨，增长 3.5%。生猪出栏 3 465.8 万头，比上一年增长 3.3%；12 月末，生猪存栏 2 298.3 万头，增长 0.2%。水产品产量 400 万吨，增长 5.3%；其中海水产品增长 4.9%，淡水产品增长 5.8%。

2018 年全年，广西全区规模以上工业增加值比上年增长 4.7%。从轻重工业看，轻工业增加值比上年增长 5.6%，重工业增长 4.4%。从三大门类看，采矿业增加值比上年下降 14.0%，制造业增长 4.3%，电力热力燃气及水的生产和供应业增长 16.3%。从行业看，计算机通信和其他电子设备制造业增加值增长 21.7%、木材加工业增长 19.6%、电力热力生产和供应业增长 16.9%、农副食品加工业增长 15.8%、有色金属冶炼加工业增长 14.6%、黑色金属冶炼加工业增长 5.2%。从产品看，电解铝产量比上年增长 1.03 倍，成品糖增长 12.7%，精制食用植物油增长 14.5%，钢材增长 13.2%，十种有色金属增长 54.1%，水泥增长 6.3%，汽车下降 12.8%。

二、服务业和进出口实现较快增长

2018 年全年，广西全区第三产业增加值比上年增长 9.4%。2018 年的 1—11 月，广西全区规模以上服务业营业收入同比增长 12.6%，其中，规模以上其他营利性服务业营业收入增长 19.3%。新兴服务业保持较快增长，软件和信息技术服务业营业收入增长 14.0%。现代服务业加快发展，租赁业营业收入同比增长 53.7%，商务服务业增长 21.7%，娱乐业增长 83.5%。民生行业增长较快，居民服务、修理和其他服务业营业收入同比增长 20.5%。其中，居民服务业增长 11.3%，机动车、电子产品和日用产品修理业增长 31.9%。金融信贷平稳，年末全区金融机构人民币各项存款余额为 29 620.03 亿元，比上一年末增长 6.9%；人民币各项贷款余额为 26 143.38 亿元，增长 14.8%。全年新增人民币贷款为 3 355.04 亿元，比上一年多增749.01亿元。

2018年全年，广西全区外贸进出口总额为4 106.71亿元，比上一年增长5.0%。其中，出口2 176.14亿元，增长14.6%；进口1 930.57亿元，下降4.1%。从贸易方式看，边境小额贸易（边民互市贸易除外）进出口为1 076.23亿元，比上一年增长22.2%；加工贸易进出口为915.59亿元，增长13.8%；一般贸易进出口为1 380.77亿元，下降3.1%。从贸易伙伴看，与东盟双边贸易额为2 061.49亿元，比上一年增长6.3%；与欧盟双边贸易额为149.32亿元，增长4.4%；与美国双边贸易额为248.14亿元，下降13.2%。从出口商品看，高新技术产品出口为425.51亿元，增长35.4%，机电产品出口为964.95亿元，增长22.0%；农产品出口为139.63亿元，增长3.1%。全年规模以上工业企业实现出口交货值为1 175.03亿元，比上一年增长25.9%。

三、市场销售和固定资产投资平稳增长

2018年全年，广西全区社会消费品零售总额比上一年增长9.3%。按经营单位所在地分，城镇消费品零售额比上一年增长9.1%，乡村消费品零售额增长10.6%。按消费类型分，餐饮收入比上年增长10.0%，商品零售增长9.2%。升级类消费品保持较快增长，在限额以上单位商品零售额中，石油及制品类商品零售额比上一年增长11.7%，家用电器和音像器材类增长11.1%，中西药品类增长7.9%，体育娱乐用品类增长7.7%，粮油、食品类增长7.4%。

2018年全年，广西全区固定资产投资（不含农户）比上一年增长10.8%。其中，国有控股投资增长9.2%，民间投资增长12.2%。分产业看，第一产业投资比上一年增长18.6%；第二产业投资增长13.0%，其中，制造业投资增长22.5%；第三产业投资增长9.9%，其中，基础设施建设投资增长9.8%。高技术制造业、装备制造业投资分别增长23.5%和17.1%。全年全区房地产开发投资比上一年增长11.9%。全区商品房销售面积比上一年增长20.1%。全区商品房销售额比上一年增长26.8%。

四、居民消费价格和居民收入消费稳定增长

2018 年全年，广西全区居民消费价格比上一年上涨 2.3%，处于温和上涨区间。其中，城市上涨 2.4%，农村上涨 2.2%。分类别看，食品烟酒价格上涨 1.0%，衣着上涨 1.5%，居住上涨 4.3%，生活用品及服务上涨 1.9%，交通和通信上涨 1.6%，教育文化和娱乐上涨 2.5%，医疗保健上涨 4.5%，其他用品和服务上涨 1.3%。在食品烟酒价格中，粮食价格上涨 0.9%，猪肉价格下降 9.9%，鲜菜价格上涨 3.3%。扣除食品和能源价格的核心，CPI 上涨 2.5%，涨幅比上年提高 0.3 个百分点。12 月份，居民消费价格同比上涨 2.3%，环比与上月持平。全年全区工业生产者出厂价格比上一年上涨 3.2%，涨幅比上一年回落 4.4 个百分点；12 月份同比下降 0.5%，环比下降 1.5%。全年工业生产者购进价格比上一年上涨 3.4%，12 月份同比上涨 1.6%，环比下降 0.4%。

2018 年全年，广西全区居民人均可支配收入为 21 485 元，比上一年名义增长 7.9%，扣除价格因素实际增长 5.5%。按常住地分，城镇居民人均可支配收入为 32 436 元，比上一年名义增长 6.3%，扣除价格因素实际增长 3.8%；农村居民人均可支配收入为 12 435 元，比上一年名义增长 9.8%，扣除价格因素实际增长 7.4%。城乡居民人均收入倍差 2.61，比上一年缩小 0.08。全区居民人均可支配收入中位数为 18 017 元，比上一年名义增长 7.8%。全年全区居民人均消费支出为 14 935 元，比上一年名义增长 11.3%，增速比上一年高出 2.1 个百分点；扣除价格因素实际增长 8.8%，比上一年增加 1.3 个百分点。其中，城镇居民人均消费支出为 20 159 元，名义增长 9.9%，比上一年增加 3.6 个百分点；农村居民人均消费支出为 10 617 元，名义增长 12.5%，比上一年少 0.5 个百分点。

五、就业形势保持稳定和人口总量平稳增长

2018 年全年，广西全区城镇新增就业人数为 42.1 万人，失业人员再就业人数为 10.14 万人，就业困难人员实现就业人数为 3.99 万人，城镇登记失业率 2.34%，均超额完成全年目标。全年全区农

民工总量为 1 273. 6 万人，比上一年减少 2. 6 万人，减幅为 0. 2%。其中，本地农民工 361. 2 万人，比上一年增加 7. 1 万人，增长 2. 0%；外出农民工 912. 4 万人，比上一年减少 9. 7 万人，下降 1. 1%。广西农民工月均收入水平为 3 375 元，比上一年增加 138 元，增长 4. 2%。

2018 年末，广西全区常住人口为 4 926 万人，比上一年末增加 41 万人。人口出生率为 14. 12‰，人口死亡率为 5. 96‰，人口自然增长率为 8. 16‰。从年龄结构看，16～59 周岁的劳动年龄人口 3 043. 77 万人，占常住人口的比重为 61. 79%；60 周岁及以上人口 730. 05 万人，占常住人口的 14. 82%，其中，65 周岁及以上人口 490. 63 万人，占常住人口的 9. 96%。从城乡结构看，城镇常住人口为 2 474 万人，比上一年末增加 70 万人；乡村常住人口为 2 452 万人，减少 29 万人；城镇人口占常住人口比重（城镇化率）为 50. 22%，比上一年末提高 1. 01 个百分点。

六、经济运行，稳中提质

质量效益稳步提升，财税质量提升。2018 年全年，广西全区财政收入为 2 790. 35 亿元，比上一年增长 7. 1%，增速比上一年提高 1. 0 个百分点。其中，一般公共预算收入为 1 681. 48 亿元，增长 4. 1%。一般公共预算收入中，税收收入为 1 122. 03 亿元，增长 6. 1%，占比为 66. 7%，比上一年提高 1. 2 个百分点；非税收入 559. 45 亿元，增长 0. 4%。全区一般公共预算支出为 5 310. 89 亿元，比上一年增长 8. 2%。民生重点领域的支出为 4 274. 30 亿元，占一般公共预算支出的比重达到 80. 5%。其中，交通运输支出增长 15. 9%、城乡社区支出增长 22. 3%、社会保障和就业支出增长 13. 3%。企业效益保持增长。2018 年的 1—11 月，全区规模以上工业企业利润总额同比增长 9. 0%；主营收入利润率为 5. 59%，同比提高 0. 11 个百分点。

结构调整稳步推进，产业结构进一步优化。2018 年，第三产业增加值占 GDP 的比重为 45. 5%，比上年提高 1. 2 个百分点。财政收入结构趋优。一般公共预算收入中，税收收入占比为 66. 7%，比上一年提高 1.2 个百分点。高技术产业比重提高。高技术产业增加值占规模以上工业比重的 6.2%，比上一年提高 0.3 个百分点。投资结构继续优化。高耗能行业投资比重从上一年的 11.5%下降到 8.2%。

新动能培育进展良好，企业培育力度加大。2018 年，广西全区新开业（投产）的“四上”法人单位 1 222 家，比上一年多增 111 家，增长 10.0%。其中，新开业（投产）工业企业 347 家，比上一年多增 101 家，增长 41.1%，新兴产业较快发展。高技术产业增加值增长 11.6%，快于规模以上工业 6.9 个百分点。新产品产量迅猛增长。新能源汽车增长 1.08 倍，电子元件增长 47.9%，锂离子电池增长 16.9%，光电子器件增长 53.5%。

第三节 社会基础

一、人民生活

（一）城乡居民家庭人均收入及恩格尔系数

由表 7-3 可知，2013—2018 年全区居民人均可支配收入的绝对数呈现递增趋势，并且在 2014 年增速最快，虽然这几年间增速有所减慢，但是在总量上仍是递增趋势。城镇居民和农村居民人均可支配收入的绝对数在 2011—2018 年间均呈现上升趋势，城镇居民和农村居民人均可支配收入增速分别在 2012 年、2011 年达到最大，且农村居民人均可支配收入增速总是比城镇居民人均可支配收入快。恩格尔系数是食品支出总额占个人消费支出总额的比重，它是衡量一个家庭或一个国家富裕程度的主要标准之一。一般来说，在其他条件相同的情况下，恩格尔系数较高，作为家庭来说则表明收入较低，作为国家来说则表明该国较穷。反之，恩格尔系数较低，作为家庭来说则表明收入较高，作为国家来说则表明该国较富裕。由表 7-3 可见，无论是广西城镇居民家庭还是广西农村居民家庭的恩格尔系数，在 2011—2018 年均呈现下降趋势，城镇居民家庭的恩格尔系数由 2011 年的 39.5 下降到 30.7，下降了 8.8；农村居民家庭的恩格尔系数由 2011 年的 43.8 下降到 30.1，下降了 13.7；在下降量上，城镇居民家庭的恩格尔系数比农村居民家庭的少 4.9。因此可以得出结论：广西在近几年越来越富裕，且农村居民家庭富裕的速度比城镇居民家庭的速度略快。

表 7-3 2011—2018 年广西城乡居民家庭人均收入及恩格尔系数

年份	全区居民人均可支配收入		城镇居民人均可支配收入		农村居民人均可支配收入		城镇居民家庭恩格尔系数（%）	农村居民家庭恩格尔系数（%）
	绝对数（元）	比上年（%）	绝对数（元）	比上年（%）	绝对数（元）	比上年（%）		
2011	–	–	18 854	10.5	5 231	15.1	39.5	43.8
2012	–	–	21 243	12.7	6 008	14.8	39.0	42.8
2013	14 028	–	23 305	9.7	6 791	13.0	37.9	40.0
2014	15 557	10.5	24 669	8.7	8 683	11.4	35.2	36.9
2015	16 873	8.5	26 416	7.1	9 467	9.0	34.4	35.4
2016	18 305	8.5	28 324	7.2	10 359	9.4	34.4	34.5
2017	19 905	7.8	30 502	7.7	11 325	9.3	33.2	32.2
2018	21 485	7.9	32 436	6.3	12 435	9.8	30.7	30.1

数据来源：广西统计局 2019 年统计年鉴。

（二）城镇居民人均可支配收入及构成

由表 7-4 可知，城镇居民人均可支配收入由构成工资性收入、经营净收入、财产净收入及转移净收入构成，其中，工资性收入又分为工资、实物福利和其他收入，经营净收入分为第一产业经营净收入、第二产业经营净收入和第三产业经营净收入，转移净收入项目下有转移性收入和转移性支出。2013—2018 年，城镇居民人均可支配收入逐年递增，且在 2018 年达到峰值 32 436 元。

表 7-4 2013—2018 年广西城镇居民人均可支配收入及构成

元

项目	2013 年	2014 年	2015 年	2016 年	2017 年	2018 年
可支配收入	23 305	24 669	26 416	28 324	30 502	32 436
一、工资性收入	13 346	13 893	15 163	16 493	17 943	18 084

续表

项目	2013 年	2014 年	2015 年	2016 年	2017 年	2018 年
（一）工资	12 090	12 370	14 051	15 375	16 625	16 980
（二）实物福利	60	54	63	56	74	110
（三）其他	1 196	1 109	1 050	1 079	1 244	994
二、经营净收入	2 504	3 431	3 665	4 805	4 904	5 595
（一）第一产业经营净收入	502	551	563	856	908	960
（二）第二产业经营净收入	329	461	371	422	425	761
（三）第三产业经营净收入	1 674	2 491	2 731	3 527	3 572	3 874
三、财产净收入	1 973	2 235	2 308	2 229	2 390	2 889
四、转移净收入	4 866	5 110	5 280	4 798	5 265	5 868
（一）转移性收入	5 759	6 132	6 630	6 432	6 980	7 767
养老金或离退休金	5 017	5 185	5 490	5 282	5 716	5 945
（二）转移性支出	893	1 022	1 351	1 635	1 715	1 899
社会保障支出	627	732	1 006	1 245	1 324	1 466

数据来源：广西统计局2019年统计年鉴。

1. 工资性收入

由表7-4可知，工资性收入在2013—2018年呈现递增趋势，在2018年达到峰值18 084元，其中，2017年增长值最多，高达1 450元。工资在2013—2018年也呈现递增趋势，在2018年达到峰值16 980元，但其增长值没有工资性收入增长值高；实物福利呈现波动上升趋势，在2014年、2018年分别达到最低值54元和最高值110元；其他收入却呈现出波动下降趋势，在2017年和2018年分别达到最高值1 244元和最低值994元，其中，2018年下降速度最快，降低了250元，2014年下降了87元。

2. 经营净收入

由表7-4可知，2013—2018年，经营净收入整体上呈现上升趋势，其中，2015年增加值最大，为1 140元。第一产业、第二产业、第三产业的经营净收入均呈现递增趋势；从数值上来看，第三产业的经营净收入在这几年间均比第一产业、第二产业的高；第一产业、第二产业、第三产业的经营净收入均在2018年达到峰值，分别为960元、761元、3 874元；其中，第一产业、第二产业、第三产业的经营净收入分别在在2016年、2018年、2014年增加值最大。

3. 财产净收入和转移净收入

由表7-4可知，财产净收入在2016年比上一年下降了79元，但总体上在2013—2018年呈现波动上升趋势，并在2018年增长至2 889元。转移净收入总体上在2013—2018年呈现波动上升趋势；转移性收入由2013年的5 759元增长到2018年的5 868元，其中，养老金或离退休金由2013年的5 017元增长到2018年的5 945元，增加了928元；转移性支出在2013—2018年增长了1 006元，其中，社会保障支出由2013年的627元增长到2018年的1 466元，增加了839元。

二、人口因素

（一）人口自然变动情况

由表7-5可知，广西出生人口、死亡人口在2012—2018年波动幅度并不大，分别在71万～82万人、29万～33万人；出生率和死亡率在此期间波动幅度也不大，分别在13.82‰～15.14‰，5.95‰～6.35‰，总体上来说，出生率在此期间均比死亡率高，高7.84‰～8.92‰；自然增长率在2012—2018年呈现波动上升趋势，在2017年达到峰值8.92‰。

表7-5 2012—2018年广西人口自然变动情况

年份	出生人口（万人）	出生率（‰）	死亡人口（万人）	死亡率（‰）	自然增长率（‰）
2012	74	14.20	33	6.31	7.89
2013	75	14.28	33	6.35	7.93
2014	72	14.05	30	6.21	7.86
2015	72	14.02	30	6.15	7.90

续表

年份	出生人口（万人）	出生率（%）	死亡人口（万人）	死亡率（%）	自然增长率（%）
2016	77	13.82	29	5.95	7.87
2017	82	15.14	32	6.22	8.92
2018	71	14.12	30	5.96	8.16

数据来源：广西统计局2019年统计年鉴。

（二）人口年龄构成

由表7-6可知，2012—2018年，0～14岁、15～64岁、65岁及以上占总人口的比重在此期间波动幅度均不是很大，分别在21.57%～22.11%，67.94%～68.77%，9.67%～9.97%。

表7-6　2012—2018年广西人口年龄构成

%

年份	0~14岁占总人口的比重	15~64岁占总人口的比重	65岁及以上占总人口的比重
2012	21.96	68.30	9.74
2013	21.57	68.77	9.66
2014	21.58	68.75	9.67
2015	22.09	67.94	9.97
2016	22.08	67.97	9.95
2017	22.11	67.94	9.95
2018	22.06	67.98	9.96

数据来源：广西统计局2019年统计年鉴。

（三）婚姻情况

由表7-7可知，广西民政部门批准的婚姻由2014年的6.10万对增长到2018年的10.78万对，增长了4.68万对；离婚人数在此期间逐年递增，在2018年达到峰值10.78万对；初婚人数由2014年的84.54万人下降到2018年的59.94万人，再婚人数由2014年的 9. 91 万人波动增长到 2018 年的 12. 43 万人，从量上看初婚与再婚人数之间相差巨大；涉外婚姻在几年间缓慢增加，而内地居民登记结婚却一直在下降，由 2014 年的 47. 22 万对下降到 2018 年的 36. 91 万对。

表 7-7　2014—2018 年广西人口的婚姻情况

项目	2014 年	2015 年	2016 年	2017 年	2018 年
内地居民登记结婚（万对）	47. 22	41. 97	39. 18	37. 66	36. 91
涉外婚姻（对）	1 653	1 623	2 366	3 064	4 838
初婚（万人）	84. 54	73. 90	71. 53	63. 97	59. 94
再婚（万人）	9. 91	10. 26	6. 82	12. 02	12. 43
离婚人数（万对）	8. 08	8. 33	9. 27	9. 93	10. 78
民政部门批准（万对）	6. 10	8. 35	9. 27	9. 93	10. 78

数据来源：广西统计局 2019 年统计年鉴。

三、全社会从业人员

（一）全社会从业人员数量和构成

由表 7-8 可知，广西全社会从业人员数量在 2008—2018 年这十年间波动上升，且波动幅度不大，并在 2011 年全社会从业人员数达到峰值 2 936 万人，其中，2012 年的从业人员数量最少。由表 7-9 可知，2010—2018 年，第一产业、第二产业占从业人员总数的比率波动下降，而第三产业从业人员逐年增加，由 2010 年的 27. 1%上升到 2018 年的 33. 4%，上升了 6. 3%；第一产业、第二产业在此期间分别下降了 4. 8%，1. 4%。

表 7-8　2014—2018 年广西全社会从业人员数量

万人

年份	2008	2009	2010	2011	2012	2013	2014	2015	2016	2017	2018
数量	2 799	2 849	2 903	2 936	2 768	2 782	2 795	2 820	2 841	2 842	2 848

数据来源：广西统计局 2019 年统计年鉴。

表 7-9 2012—2018 年广西全社会从业人员构成

（%）

年份	第一产业	第二产业	第三产业
2010	54.1	18.7	27.1
2011	53.3	19.1	27.6
2012	53.5	18.8	27.7
2013	53.1	19.0	27.9
2014	51.9	19.3	28.8
2015	50.6	18.2	31.2
2016	50.1	17.6	32.3
2017	49.8	17.5	32.7
2018	49.3	17.3	33.4

数据来源：广西统计局 2017—2019 年统计年鉴。

（二）就业和劳动报酬情况

由表 7-10 可知，就业和劳动报酬基本情况的指标一共有六个，分别是劳动力资源总数（万人）、从业人员合计（万人）、城镇单位从业人员劳动报酬、城镇私营单位从业人员平均劳动报酬（元）、城镇登记失业人数（万人）及城镇登记失业率（%）。其中，劳动力资源总数分为占人口总数比重（%）和劳动力资源利用率（%）；从业人员合计分为第一产业、第二产业和第三产业；城镇单位从业人员劳动报酬分为非私营单位从业人员平均劳动报酬（元）、国有单位和城镇集体单位从业人员平均劳动报酬。

表 7-10 2013—2018 年广西就业和劳动报酬基本情况

指标	2013 年	2014 年	2015 年	2016 年	2017 年	2018 年
劳动力资源总数（万人）	3 373	3 399	3 438	3 465	3 498	3 528
占人口总数比重（%）	71.5	71.5	71.7	71.6	71.6	71.6
劳动力资源利用率（%）	82.5	82.3	82.0	82.0	81.3	80.7

续表

指标	2013 年	2014 年	2015 年	2016 年	2017 年	2018 年
从业人员合计（万人）	2 782	2 795	2 820	2 841	2 842	2 848
第一产业	1 478	1 450	1 427	1 423	1 415	1 404
第二产业	529	540	513	500	498	494
第三产业	775	805	880	918	929	950
城镇单位从业人员劳动报酬						
非私营单位从业人员平均劳动报酬（元）	41 391	45 424	52 982	57 878	63 821	70 606
国有单位	42 552	46 065	57 247	63 571	70 407	76 094
城镇集体单位	32 197	36 874	40 510	43 064	46 457	51 855
城镇私营单位从业人员平均劳动报酬（元）	–	–	–	36 089	38 227	39 948
城镇登记失业人数（万人）	18. 09	18. 66	18. 13	18. 13	14. 72	16. 71
城镇登记失业率（%）	3. 3	3. 2	2. 9	2. 9	2. 2	2. 3

数据来源：广西统计局 2017—2019 年统计年鉴。

1. 劳动力资源总数和从业人员合计

由表 7-10 可知，劳动力资源总数由 2013 年的 3 373 万人增加到 2018 年的 3 528 万人，增加了 155 万人；所占人口总数比重波动幅度较小，在 71. 5%到 71. 7%之间徘徊；劳动力资源利用率在此期间一直下降，由 2013 年的 82. 5%下降到 2018 年的 80. 7%，下降了 1. 8%。在总量上，从业人员合计连年递增，递增幅度较小；从总量上看，第一产业从业人员数最多，其次是第二产业，最后是第三产业；从从业人员增长速度来看，第一产业和第二产业在此期间均呈现下降趋势，第三产业呈现上升趋势，由 2013 年的 775 万人增加到 2018 年的 950 万人。

2. 城镇单位从业人员劳动报酬和从业人员平均劳动报酬

由表 7-10 可知，城镇单位从业人员劳动报酬项目下的非私营单位从业人员平均劳动报酬、国有单位及城镇集体单位从业人员平均劳动报酬在2013年至2018年均呈现上升趋势，非私营单位从业人员平均劳动报酬由2013年的41 391元增加到2018年的70 606元，增加了29 215元；国有单位从业人员平均劳动报酬由2013年的42 552元增加到2018年的76 094元，增加了33 542元；城镇集体单位从业人员平均劳动报酬，由2013年的32 197元增加到2018年的51 855元，增加了19 656元。从报酬数值看，国有单位从业人员平均劳动报酬最高，其次是非私营单位从业人员平均劳动报酬，城镇集体单位从业人员平均劳动报酬最低；从增加值看，国有单位从业人员平均劳动报酬仍是最高，其次是非私营单位从业人员平均劳动报酬、城镇集体单位从业人员平均劳动报酬。2016—2018年，城镇私营单位从业人员平均劳动报酬增加了3 859元，增长幅度较小。

3. 城镇登记失业人数和失业率

由表7-10可知，城镇登记失业人数由2013年的18.09万人波动下降到2018年的16.71万人，下降了1.92万人，其中，2014年失业人数最多，2017年失业人数最少。城镇登记失业率在此期间波动下降，由3.3%下降到2.3%，其中，2017年下降速度最快，比上一年下降了0.7%。

第四节　技术基础

一、广西促进创新发展的相关政策和文件

（一）《“互联网+社会服务”发展实施方案》

1. 总体目标

到2022年，基于互联网的社会服务基本普及，全区数字基础设施支撑能力显著增强，城市和农村固定宽带接入能力大幅提升，5G（第五代移动通信技术）移动网络、物联网深度覆盖，实现社会服务数据资源开放共享，培育壮大一批“互联网+社会服务”龙头企业，形成一批“互联网+社会服务”试点和示范平台。到2025年，基于互联网的社会服务全面普及，实现互联网与社会服务深度

融合，初步形成基于云计算和大数据的数字化、网络化、智能化、多元化、协同化的社会服务体系。

2. 主要任务

（1）以数字化转型扩大社会服务资源供给

首先，推进社会服务资源数字化，激发“互联网+”对优质服务生产要素的倍增效应。加强社会服务领域数字资源的载体建设，健全社会服务领域数字资源服务体系。借助互联网等技术手段，推动社会服务领域从业者、设施、设备等生产要素数字化，培育以专业设备、专用工具、智能产品研发制造为支撑的社会服务产业集群。支持社会服务机构、互联网企业和其他市场主体，在确保数据安全的基础上，精准对接市场服务需求开发教育、医疗健康、文化和旅游、体育健身等数字资源，提供网络化服务。鼓励发展互联网医院、数字图书馆、数字文化馆、虚拟博物馆、虚拟体育场馆、慕课等，推动社会服务领域优质资源放大利用和共享。到 2022 年，基本建立社会服务领域数字资源服务体系，优质社会服务资源覆盖范围进一步扩大。到 2025 年，全面建成社会服务领域数字资源服务体系，优质社会服务资源覆盖范围进一步扩大。

其次，加大社会服务领域数据共享开放力度，提升数据资源利用效率。建设和完善数据共享交换平台，完成国家、自治区、设区市政务数据共享交换平台的互联互通工作，实现多源异构数据共享交换。建设全区统一规范、互联互通、安全可控的自治区公共数据开放平台，依托自治区数据共享交换平台，完善全区社会服务领域公共数据开放目录和开放清单，优先推进文化、旅游、体育、医疗等领域公共数据向社会开放，明确通过公共数据开放平台向社会开放的原始数据集、数据类型和时间表，提供一体化、多样化的数据服务。支持社会服务各领域间、各类主体间的数据交易流通。充分发挥自治区数据共享交换平台的基础支撑和交换通道作用，在保障隐私和安全的前提下，提供社会服务所需的数据资源和核验服务。到 2022 年，以“爱广西 App”为全区统一公共服务载体建设平台，并按照人人机会均等的原则，推动公共服务产业地图、公共服务项目供给等应用。到2025年，构建面向公众的一体化在线公共服务体系，提供普惠可及的线上线下公共服务。

最后，推进社会服务主体数字化转型，有效提升资源匹配效率。加快推进学校、医院、养老机构、公共文化体育场馆、家政公司、社区等社会服务主体的信息化建设，利用5G、人工智能、物联网等信息技术拓展管理与服务的智慧化应用，为服务对象提供全程的智慧化服务，提高服务效率。支持社会服务主体建立必要的互联网服务平台，提供在线咨询、网络教学等服务，加强优质资源辐射。鼓励服务主体充分利用互联网、大数据、人工智能等多种技术和模式，支撑教育、医疗健康、养老、旅游等态势研判，精准施策。推动教育、医疗健康、养老、托育、体育、家政等服务领域供需信息对接，更好地促进以市场化手段优化资源配置。到2022年，社会服务主体的信息化建设步伐加快，资源配置效率进一步提升；到2025年，有效解决社会服务资源相对短缺、优质服务资源供给不足的问题。

（2）以网络化融合实现社会服务均衡普惠

首先，加快各类社会服务主体联网接入，促进社会服务向农村延伸。深入开展电信普遍服务试点，加快推动农村及偏远地区、边境地区4G网络覆盖。构建数字广西“广电云”服务体系，实施广播电视网络覆盖工程，实现农村全光纤覆盖格局，增强农村广播电视公共服务产品和服务供给。实施教育基础网络提升行动，推进广西教育网建设，实现所有中小学校接入快速稳定的互联网。面向深度贫困地区建设数字教材资源，开展同步课堂、专递课堂试点。扩大远程医疗覆盖面，丰富服务应用，推动优质医疗资源向基层下沉。继续实施信息进村入户工程，加快建设农业农村信息服务体系、农业大数据体系及农产品上行体系三大服务体系，实现普通农户不出村、新型农业经营主体不出户就可以享受便捷高效的社会服务。到2022年底，推动4G网络覆盖95%的自然村；光纤网络累计通达16.2万个以上自然村，农村“广电云”户户用累计覆盖1 000万户家庭；全区学校基本覆盖宽带网络；远程医疗覆盖面不断扩大；信息进村入户工程取得一定成效。到 2025 年，社会服务主体联网接入不断向农村延伸，物理空间限制进一步突破，服务的可及性进一步增强。

其次，开展发达地区和欠发达地区社会服务在线对接，助力基本公共服务均等化。全面对接粤港澳大湾区，加强与长三角、京津冀、泛珠三角等区域交流合作，支持区内教育、医疗、健康等社会领域平台与国内先进地区资源平台的对接融通，扩大区内优质社会服务资源供给；合作建立面向基层地区、欠发达地区、边远地区的远程在线服务体系和基层从业人员培训体系，加强新一代信息技术应用的指导与合作，提升社会服务水平。借助互联网手段，推动广西具备条件的教育机构、医养结合机构等向区域化、全国化拓展。加强在线服务能力评估，重点抓好农村地区服务质量评估与指导工作，持续改进提升服务效能。到 2022 年，进一步加深与先进地区的合作，优质服务资源向基层、偏远地区倾斜延伸，有效化解城乡区域间社会服务资源配置不均衡问题。到 2025 年，社会服务资源配置均衡发展。

最后，推进线上线下深度融合，扩大线下社会服务半径。探索建立教育、医疗健康、养老、社区、家政、旅游、体育等领域线上线下融合互动的社会服务供给体系，提高服务的可及性。加快推进广西数字政务一体化平台与全国一体化在线政务服务平台对接融通，抓好广西数字政务一体化平台建设拓展项目，扩大服务覆盖面。推动精品在线开放课程和其他优质课程学生跨校选修，逐步形成高校间学分互认与转换合作机制。持续优化“互联网+”家庭医生签约服务，提升群众健康获得感。继续推进广西智慧养老数字平台建设，为旅居老年人提供更高效便捷的养生养老服务；创新养老服务模式，发展社区居家“虚拟养老院”，使老年人在家中即可享受到专业服务。到 2022 年，基本建成线上线下融合互动的社会服务供给体系，完成数字政务一体化平台对接工作，社会服务优质资源受益面不断扩大。到 2025 年，全面建成线上线下融合互动的社会服务供给体系，实现社会服务优质资源全覆盖。

（3）以智能化创新提高社会服务供给质量

首先，鼓励新技术创新应用，培育壮大社会服务的新产品、新产业、新业态。加快推进中国—东盟云端智能创新产业研究院、中国—东盟信息港鲲鹏生态创新中心、中国—东盟人工智能创新中心等创新载体建设，加强社会领域大数据、云计算、人工智能、物联网等新一代信息技术的普及应用。鼓励多元市场主体，深度挖掘民生数据资源价值，支持引导开发健康管理类智能可穿戴设备、便携式健康监测设备、服务机器人、在线服务平台、虚拟现实、增强现实、混合现实等产品和服务研发，丰富线上线下相融合的消费体验。通过新产品和服务开展远程手术指导、沉浸式运动、数字艺术、演艺直播、赛事直播、4K/8K 直播和点播、高清视频通信社交、智慧导游等智能化交互式创新应用，强化示范引领，带动数字创意、智慧医疗、智慧旅游、智慧文化、智能体育、智慧养老、智慧广电等新产业、新业态的发展。深入推进“互联网+中华文明”行动计划，加快推进文物信息资源开放共享，加强广西特色文化等挖掘创新与数字化展示利用，积极创造具有桂风壮韵的数字文化创意产品和服务。到 2022 年，通过综合应用人工智能、虚拟现实、增强现实、可穿戴设备、服务机器人等数字技术，不断衍生出社会服务新产品、新产业、新业态。到 2025 年，各领域社会服务供给能力显著增强，更好地满足人民群众对高品质社会服务的需要。

其次，夯实新型数字基础，为智能化社会服务应用赋能。构建高水平全光网络，优化网络架构，推动南宁至设区市基本实现三路由，各设区市至所辖县（市）基本实现双路由的网络架构；优化互联网省际出口结构，按照业务需求及时增开跨省直达数据电路。继续推进 5G 规模组网建设及应用示范工程的试点工作，推出一系列基于 5G 网络的示范应用，推动 5G 通信技术与现实生产、生活融合。加快新一代互联网基础设施建设，全面完成 IPv6 改造，加强网络监测优化，持续提升 IPv6 网络质量和服务能力；不断优化窄带物联网（NB—IoT），促进物联网与垂直行业的深度融合，积极争取国家物联网试点示范，广泛开展物联网应用创新。加速构建支持大数据应用和云端海量信息处理的云计算基础设施，积极发展基于云计算的信息存储、在线工具、学习娱乐等服务，支持政府和企业建设人工智能基础服务平台，面向社会服务提供人工智能应用所需的基础数据、计算能力和模型算法，提升社会服务基础设施智能化水平。到2022年，全面建成高水平全光网络，省际出口带宽及本地网间带宽增加50%以上；累计建成5万个以上5G基站，实现设区市深度覆盖，县城和乡镇重点区域全面覆盖；建成60个以上自治区级大数据重点支撑平台，全区数据中心承载能力达到50万架标准机架。到2025年，新型数字基础得到夯实，社会服务基础设施智能化水平显著提升。

（4）以多元化供给激发“互联网+社会服务”市场活力

首先，放宽市场准入，引导各类“互联网+”要素有序进入社会服务市场。深化“放管服”改革，进一步提高市场的活跃度、创新性，催生更多“互联网+”新产业、新业态、新模式。鼓励各类市场主体依法平等参与“互联网+社会服务”供给，发挥市场主体资金、数据、技术、人才优势，激发社会服务市场活力。降低社会服务进入门槛，鼓励社会资本进入“互联网+社会服务”领域，创新服务机制。鼓励社会力量参与运动社交娱乐、移动体育培训、运动教学指导等一系列的网络化功能服务。鼓励社会力量参与大型开放式网络课程建设，支持符合条件的网络课程、社会化教育培训产品按照相应规定和程序纳入学校课程体系，培育在线辅导等线上线下融合的学习新模式，打造学习型社会。按照《在线教育机构监督管理办法细则》等相关制度，规范和引导面向中小学利用互联网技术实施的学科类线上培训活动。落实国家《药品网络销售监督管理办法》，规范引导药品网络销售健康发展。到2022年，社会服务各行业领域“互联网+”的各要素环境进一步优化。到2025年，“互联网+社会服务”的市场环境规范有序发展。

其次，培育社会服务平台，推动社会服务市场融合发展。促进社会服务与互联网产业深度融合，支持跨领域综合性、行业垂直等类型的社会服务平台建设，推动优质社会服务资源共建共享。创新教育、医疗和养老等社会服务平台建设和运作模式，吸引社会力量参与公益性社会服务平台建设。鼓励平台提供企业、产品、服务、项目等信息汇聚及供需无缝对接服务，加强产业链延展协作。鼓励互联网企业和社会服务机构双向带动，支持互联网企业基于技术优势搭建社会服务平台，鼓励符合条件的社会服务机构搭建网络平台、云服务平台，推动传统业务企业向“互联网+社会服务”转型，培育一批具有引领示范效应的平台企业，推动社会服务智能化发展。推进社会服务与互联网产业深度融合，推进产业交叉融合互动发展，推动医养结合、文教结合、体医结合、文旅融合。到2022年，培育建成自治区级社会服务综合示范平台“爱广西App”和3个以上行业示范平台。到2025年，社会服务各行业平台数据覆盖全区，依托“爱广西App”，构建横向数据共享、纵向可及每个市民的社会服务信息供给体系。

（5）以协同化举措优化社会服务发展环境

首先，要坚持包容审慎监管，营造良好的社会服务环境。探索社会服务领域新业态、新模式的容错机制和监管模式。对社会服务领域的新业态、新模式，原则上不新增前置审批和行政许可事项，除涉及个人隐私、道德伦理、资金安全、责任事故、公共安全、社会稳定等情况外，给予市场主体充分的容错试错机会和更多的发展空间。加大反垄断和反不正当竞争执法力度，重点加强事中事后监管，保障公平竞争。加强社会服务领域信用体系建设，依托广西公共信用信息平台、国家企业信用信息公示系统（广西）等监管系统与自治区“互联网+监管”平台对接联通、数据共享，探索建立政府、平台、协会等多方协同的新型监管机制，规范认定并设立市场主体信用“黑名单”，制定“互联网+社会服务”的自律公约，强化社会服务资源提供者的约束。加强“互联网+社会服务”领域的内容创作、产品研发、模式创新等知识产权保护，特别是针对教育、医疗健康、文化等网络侵权假冒高风险领域，创新线上线下维权机制，加大侵权犯罪行为打击处罚力度。到2022年，监管体系不断完善，实现监管综合执法的信息化，监管能力和水平不断提升，社会信用体系不断健全。到 2025 年，实现信用监管数据可比对、过程可追溯、问题可监测。

其次，强化数字安全防护，增强社会服务消费信心。强化数字安全管理理念，探索“互联网+医疗”“互联网+养老”等商业保险支撑和保障机制，构建良好的社会服务消费环境。加快建立“智能+”产品和服务安全管理制度，定期开展安全检查、风险评估工作，完善数字安全事件应急预案，严禁社会服务提供机构违法违规收集、使用、篡改、泄露用户个人信息和隐私数据。加强数据资源安全保护，研究制定安全应用指南，推动数据安全技术在“互联网+社会服务”方面的应用及数据跨境流动安全管理中的部署应用。开展数据安全攻防实验，加大对网络坑蒙拐骗行为的监管和执法力度，让群众放心消费。打造数字基础设施安全防护支撑平台，对于以政府购买服务方式提供社会服务的，加强对承担企业数据使用的全过程监管。推进大数据分析、人工智能、区块链等新兴技术在计算基础设施安全防护中的应用，推进计算基础设施安全防护标准规范建设。到 2022 年，互联网技术在新一代公安信息网、公安监控视频联网、应急指挥中心中的应用支撑能力大幅提升；到 2025 年，社会治安立体化防控体系和智慧化应急指挥体系更加健全。

最后，开展试点示范工作，强化社会服务经验推广。制订“互联网+社会服务”试点工作方案，做好试点地区遴选论证，加强对试点工作的组织领导，认真指导试点地区，做好试点实施方案编制、启动培训、试点任务组织实施等工作，定期对试点地区进行督导。从理念、制度、运营、技术、人才等方面深入剖析、系统总结成功经验和做法，通过现场观摩和经验交流会等方式，加大试点地区做法的推广力度，发挥典型经验的引领作用，探索创新符合实际需要的广西“互联网+社会服务”模式。支持试点地区和相关市场主体开展平台经济创新、服务产品创新、产业链协同创新、跨领域融合创新，打造一批“互联网+社会服务”示范平台。建立常态化宣传机制，营造典型经验学习推广的良好舆论氛围。到 2022 年，建成 2 个“互联网+社会服务”试点，形成一批可复制、可推广的经验。到2025年，建成5个“互联网+社会服务”试点，全面推广试点工作经验。

（二）广西科技创新支撑产业高质量发展三年行动方案（2018—2020年）

1. 行动目标

围绕创新型广西建设的目标任务，在今后3年，通过着力实施“三百二千”科技创新工程，即“3个100”：突破100项重大技术、创建100个国家级创新平台、引育100个高层次创新人才和团队；“2个1 000”：新增1 000家高新技术企业、转化1 000项重大科技成果，使全区科技创新能力显著提升，成为经济高质量发展的核心支撑，力争到2020年，全区综合科技创新水平在全国排名前移2～3位，科技进步贡献率提高到55%以上。

（1）突破100项重大技术

围绕汽车、机械、有色金属、冶金、制糖、电子信息、节能环保、高端装备制造、新材料、生物医药、大健康、特色优势农业等我区具有产业基础和比较优势的领域，以科技重大专项为抓手，集中力量开展科研技术攻关，到2020年，突破100项以上关键性重大技术。

（2）创建100个国家级创新平台

在巩固提升现有国家级创新平台和载体的基础上，重点创建100个国家级创新平台，主要包括：国家重点实验室等国家科技创新基地、国家认定企业技术中心、国家地方联合工程研究中心、国家级创新示范区、国家级科技企业孵化器、国家级众创空间、国家级星创天地、国际科技合作基地等。

（3）引育100个高层次创新人才和团队

在巩固提升现有高层次创新人才和团队的基础上，新增引进培育100个各类高层次创新人才和团队，主要包括：两院院士、长江学者、国家杰出青年科学基金获得者、“千人计划”“万人计划”、中科院“百人计划”、国家百千万工程人选、国家中青年科技创新领军人才、科技创新创业人才及重点领域创新团队等。

（4）新增 1 000 家高新技术企业

以从事高新技术产品开发的企业为重点对象，发展壮大一批竞争力强的高新技术企业，催生培育一批创新能力强、发展潜力大的科技型中小企业，到 2020 年，新增高新技术企业 1 000 家以上。

（5）转化 1 000 项重大科技成果

深入推进科技和经济紧密结合，推动产学研深度融合。结合产业发展的关键技术需求，组织高校、科研院所加强与企业开展产学研深度合作，促进科技成果转化和产业化应用，到 2020 年，转化重大科技成果 1 000 项以上，不断提高科技进步对经济增长的贡献度。

2. 主要任务

深入实施创新驱动发展战略，围绕产业高质量发展的瓶颈问题，瞄准靶心精准发力，以科技重大专项为牵引，集中攻关，加强创新平台建设、创新人才引进、创新主体培育和科技成果转化，促进创新链和产业链紧密衔接，加快补齐产业科技创新短板，努力形成以创新为引领和支撑的经济体系和发展模式。

（1）组织重大产业的科技攻关

组织产业科技攻关具体分为 13 个领域，分别是汽车、机械、有色金属、冶金、高端铝、制糖、电子信息、节能环保、高端装备制造、新材料、大健康、海洋资源开发利用、特色优势农业。重点在机械、电子信息、高端装备制造、新材料、海洋资源开发利用这五个领域。机械领域以“高端化、智能化、绿色化、服务化、国际化”为主攻方向，加快信息技术与制造技术深度融合，重点突破内燃机技术、增材制造成套装备开发技术、工程机械智能化与数字化技术、工程机械减振降噪技术、节能减排技术、高性能民用航空轮胎技术、绿色制造技术等 10 项技术，完善自主创新体系，提升我区机械领域产业技术水平。电子信息领域顺应大数据、云计算、物联网、人工智能等新一代信息技术发展趋势，围绕产业转型升级对信息技术支撑的迫切需求，通过开展新一代音频设备技术、面向第五代移动通信网络（5G）应用的新一代无线光传输技术、智慧照明及物联网技术、高功率激光脉冲任意整形及功率放大系统、高能耐受型电涌保护器（SPD）防雷阀片的材料、信息安全管控平台技术、新型传感光纤与器件技术、基于嵌入式用户身份识别卡（eSIM）的物联网管理平台、北斗境内外地质勘查监测空间信息服务等10项技术攻关，提升电子信息产业创新发展水平。高端装备制造领域围绕轨道交通装备、电力装备、海洋工程装备及高技术船舶、高端农机、工业机器人及无人机等关键产业链，重点突破专业相机手持稳定器技术、电力电容器开发技术、无人机发动机技术、建筑信息模型（BIM）+装配式建筑技术、防雷技术、智能化薄膜生产技术、切段式智能甘蔗联合收获机研发技术、机器人系统技术等8项技术，加强集成创新和自主研发，全面提升高端装备自主设计水平和研制能力，为行业转型升级不断注入新的动力，把高端装备制造业培育成支柱产业。新材料领域围绕航空航天、核电、先进轨道交通、海洋工程装备等领域新材料应用需求，加快推进储能、导电、导热、新能源、催化、生物质等材料的技术研发，通过在金属机芯材料、石墨烯材料、润滑剂、稀土功能材料、动力电池材料、碳酸钙材料、重钙固体废弃物资源化利用、高性能橡胶沥青等方面开展技术攻关，破解产业转型瓶颈制约问题。海洋资源开发利用领域充分发挥海洋资源优势，积极开展海洋资源综合利用和环境可持续发展技术研发，重点突破大宗海洋生物废弃物综合利用及大健康系列产品研发、海洋生物健康营养产品研发等2项技术，实现海洋生物资源的高质化和高值化利用及其产业化。

（2）强化创新平台和载体建设

首先，建设高水平科技创新基地。加快推进科技创新基地优化整合，对现有自治区科技创新基地进行考核评估，通过撤、并、转等方式，优化整合自治区科技创新基地，符合条件的纳入科学与工程研究类、技术创新与成果转化类和基础支撑与条件保障类等三类科技创新基地序列建设和管理。重点支持在甘蔗生物学、有色金属新材料、高效节能环保内燃机等优势特色产业领域培育创建国家科技创新基地。加大力度引进具有独立法人的国家级科研院所或研发平台分支机构入桂，优先支持建设科技创新基地。其次，建设以企业为主体的协同创新平台。引导和支持大中型骨干企业和高新技术企业建立重点实验室、工程研究中心、企业技术中心等研发机构，依托重点骨干企业，吸纳上下游配套企业，联合高校和科研院所建设一批产学研合作协同创新平台，在关键核心技术攻关、技术标准制定、知识产权创造与应用、科技成果孵化转化等方面开展广泛合作，带领中小企业和科研院所形成创新集群，为中小企业提供技术创新服务。再次，建设充满活力的创新示范区。充分发挥高新区在科技创新支撑引领经济发展中的重要作用，积极支持高新区与各类开发区联动发展，引导国家级高新区建设创新型特色园区，推动具备条件的自治区级高新区争创国家级高新区。坚持科技创新和制度创新双轮驱动，支持高新区加快建设公共技术服务平台、创新创业孵化平台等，重点围绕汽车及其零部件、电子信息、生物医药等特色优势产业，通过自主发展和有针对性的产业招商，着力培育一批行业龙头企业，打造南宁亚热带生物资源，开发利用产业集群、柳州汽车整车及零部件创新产业集群等高新区，创新型产业集群，加快形成要素激发企业、企业带动产业、产业支撑园区、园区支撑区域经济的创新发展模式。加强高新区评估考核，探索实施高新区的竞争淘汰机制，促进科技资源、人才资源和金融资本等各类创新资源和创新平台向园区集聚，切实将高新区建成创新驱动与科学发展的先行区和示范区。依托南宁、柳州、桂林、北海 4 个国家级高新区，启动申报创建南柳桂北国家自主创新示范区。组织实施“可持续发展实验区建设”专项，支持在可持续发展实验区组织开展一批科技项目，重点支持桂林市全力开展国家可持续发展议程创新示范区建设，探索形成可复制、可推广的可持续发展经验。最后，建设创新创业服务载体。依托移动互联网、大数据、云计算等现代信息技术，充分利用国家和自治区级高新区的有利条件，发挥行业领军企业、创业投资机构、行业组织等社会力量的主力军作用，积极发展众创、众包、众扶、众筹等新模式，构建一批低成本、便利化、专业化、全要素、开放式众创空间和虚拟创新社区，建立完善“创业苗圃—孵化器—加速器”的创业孵化链，争创更多国家级科技企业孵化器、众创空间、星创天地等创新创业服务示范基地。

（3）引进高层次创新人才和团队

首先，积极引进创新型人才和团体。坚持“不求所有、但求所用”的人才引进导向，遴选优秀企业和高校、科研院所，高标准建设广西院士工作站，柔性引进院士及其创新团队来桂聚集。瞄准产业高质量发展的重大共性关键技术需求，大力实施院士后备人选工程、八桂学者制度、特聘专家制度等，精确设置科研岗位，加大对长江学者、国家杰出青年科学基金获得者等“高精尖缺”创新型人才和团队的引进力度。加强对引进人才和团队的服务保障工作，努力解决入桂人才的后顾之忧，高校、科研院所、企业等用人主体单位要充分下放科研自主权，积极探索实行年薪制、协议工资制、项目工资制等薪酬制度，进一步提高创新型人才的工资待遇。其次，积极培养本土人才。坚持引进与培养相结合，加大本土创新型人才培养力度，大力实施广西青年创新创业人才培养计划，依托重点实验室、工程技术研究中心、院士工作站等科研平台基地和博士后科研流动站、工作站、创新实践基地等平台载体，培养一批具有较强开拓创新能力的学科带头人和中青年学术骨干。

（4）做大做强高新技术企业

首先，大力扶持高新技术企业发展。实施高新技术企业倍增计划，建立高新技术企业培育后备库，健全认定管理程序，实行“宽进严管”，做好“一对一”的高新技术企业培育服务工作，对新认定的高新技术企业给予奖励性补助。依托高新区、大学科技园和科技企业孵化器等平台载体，着力引进一批科技含量高的高新技术企业和产业项目，培育高新技术产业链，带动吸引上下游企业聚集。对外省已认定的高新技术企业整体迁移到广西落户的，在其资格有效期内，继续享受高新技术企业有关优惠政策；部分迁移到广西且经广西相关机构重新认定符合条件的，授予高新技术企业资格。

其次，大力培育科技型中小企业。完善科技型中小企业培育机制，通过科技招商引进一批、科技人员领办创办一批、新型研发机构孵化一批、传统产业改造一批等多种渠道，加速推动科技型中小企业数量扩张，增强全社会创新创业活力，做大高新技术企业后备库。实施“瞪羚企业”培育计划，重点遴选一批创新能力强、成长速度快的“瞪羚企业”，通过财政后补助、贷款贴息、种子资金等方式，扶持开展产学研合作、新产品开发、科技成果转化等创新活动。

最后，强化企业技术领军人才培养。探索实施首席技术官（CTO）培养计划，组织高校、科研院所、高新技术企业的高级技术人员进行专门的培训学习，增强其在新技术研发应用、客户技术需求、技术趋势把握等方面的能力，力争3年共遴选500名CTO。采取高校、科研院所与企业双向互动派遣形式，高校、科研院所向企业派驻科研骨干，推动科技成果进入企业，或者结合企业需求转化科技成果；企业向高校、科研院所派驻技术人员，推动企业与高校、科研院所联合培养人才，共建各类研发载体，开展科研项目合作。

（5）大力促进科技成果的转化应用

首先，加强科技成果转移转化平台建设。聚焦科技经济紧密结合，加快引进国家级科研院所、高水平院校来桂建立技术转移机构；鼓励区内高校、科研院所建设专业化技术转移机构。建立健全自治区、市、县三级技术转移工作网络，加快先进适用科技成果向县域转移转化。加快建设全区科技成果转化与交易中心，并通过互联网技术手段建立广西网上技术交易平台，集聚成果、资金、人才、服务、政策等创新要素，开展线上线下相结合的技术交易活动，加强与国家科技成果网、国家技术转移网络等平台机构的联系对接，推动其在广西建立分支机构。

其次，大力推动科技成果转化及产业化应用。定期编制发布企业技术需求目录和高校、科研院所可供转化的科技成果目录，建立高校、科研院所资源与企业科技需求对接机制，加强技术供需对接。拓宽企业与高校、科研院所的科技对接渠道，持续开展“校

（院）地”“校（院）企”“校（院）产”联动合作，鼓励高校、科研院所建设一批聚焦细分领域的科技成果中试基地、熟化基地和科研试验站等，促进技术成果规模化应用。鼓励企业购买科技成果并转化应用，由财政科技计划按技术交易额的一定比例给予补助。

最后，健全完善科技成果转化机制。认真执行《广西壮族自治区促进科技成果转化条例》，赋予高校、科研院所科技成果转化自主权，高校、科研院所科技成果转化收益全部留归单位支配，纳入预算管理，不上缴国库；对完成、转化职务科技成果做出重要贡献的人员，包括职务科技成果完成人和为科技成果转化做出重要贡献的科技人员、技术转移机构工作人员及相关管理服务人员，予以奖励。建立科技成果转化报告制度，科研成果完成单位定期报告年度科技成果情况、科技成果转移转化情况、科技成果收益及分配情况等，科技主管部门对科研单位的科研成果转化水平进行有效评估，并作为申报科技成果奖励、科技项目支持的重要依据。

二、创新成为引领广西发展的第一动力

（一）科技创新融入经济社会发展主战场，支撑引领高质量发展

1. 科技支撑产业转型升级取得新突破

围绕打造“九张创新发展名片”，2018 年，自治区累计安排本级财政科技计划项目 1 794 项，安排五大类科技计划项目经费 26.26 亿元，同比增长 71.5%，围绕支撑产业高质量发展资助的科技重大专项和重点研发计划项目经费达 18.12 亿元，企业牵头承担的项目经费为 12.49 亿元，占 51%。在先进装备制造、新材料、新能源、特色农业等领域突破了一批关键共性技术，研发了一批市场前景好、科技含量高、具有自主知识产权的创新产品。科技促进农业现代化迈上新台阶。持续加大农业科技创新力度，种业创新培育出 203 个主要农作物品种通过广西审定，建立规模化水稻繁育制种基地 19 个，累计制种面积 2 万亩。建立特色水果栽培示范基地 62 个，示范面积达到 30 417 亩。全区甘蔗生产耕种管收综合机械化水平达到 67.08%，到 2017—2018 年榨季，全区拥有自主知识产权的

甘蔗品种覆盖率已超过 40%。

2. 科技精准扶贫、脱贫取得新成效

深入推进科技精准扶贫工程，不断完善科技特派员制度，选聘贫困村科技特派员 2 873 名，服务贫困村 5 339 个。全区科技特派员累计开展实地科技服务总次数 6.4 万人次，指导服务科技种养基地 2 597 个，有力支撑了产业扶贫。

（二）加快建设区域创新高地促进创新示范带动

可持续发展创新示范区建设获得突破。桂林市建设国家可持续发展议程创新示范区获国务院批复同意，成为国家首批 3 个可持续发展议程创新示范区之一。该示范区已成功与联合国开发计划署、中国—东盟环境保护合作中心等有关单位和企业签订战略合作协议 15 项。

高新区经济支撑作用稳步提升。实施高新区创新能力提升计划，积极推进百色、梧州高新区“以升促建”创建国家级高新区，已完成国家评估论证；新认定自治区级贵港高新区，目前，广西高新区总数达到 13 家。农业科技园区建设再上新台阶。来宾、玉林获批建设国家级农业科技园区，全区国家级农业科技园区达到 7 家。65 家自治区级农业科技园区充分利用当地资源优势，建设创新创业服务机构共 59 家，孵化培育创新创业企业和新经营主体 1 413 家，以技术服务为纽带，带动 16.63 万户农户参与园区主导产业经营发展，成为促进农民增收致富的重要载体。启动创新型县（市）建设，荔浦市成为广西唯一入选首批国家创新型县（市）的地方。

（三）加大科技型企业培育力度，增强企业创新主体地位

高新技术企业发展势头迅猛。大力实施高新技术企业倍增计划，着力打造高企后备培育库，形成全区上下抓高企培育的工作合力，预计全区高新技术企业总数有望超过 1 800 家，同比增长 50% 以上。创新创业孵化体系不断完善。新认定自治区级科技企业孵化器 8 家，新备案自治区级众创空间 18 家，全区孵化器、众创空间总数分别达到 97 家和 144 家。2018 年的中国创新创业大赛，广西

赛区共有 1 075 家企业报名参赛，报名总数首次破千，12 家企业荣获全国大赛优秀企业奖，数量同比增长 100%。科技型企业优惠扶持政策加快落实。全年支持企业科技计划项目经费为 12.5 亿元。为 37 家“瞪羚企业”开展研发活动发放科技补助约 1 800 万元，为 266 家高新技术企业减免税额 13.9 亿元，1 026 家科技型企业享受研发费用加计扣除金额达 34 亿元，同比增长 59.1%。

（四）统筹优化配置科技创新资源增强创新发展后劲

1. 科技金融服务有序推进

自治区积极探索银企科技合作模式，推动桂林银行南宁科技支行揭牌营业，支持其在金融服务产品、股权融资、以企招企、嫁接融资、知识产权质押等方面大胆创新突破，目前，该行累计为科技型企业融资超过 5 000 万元。自治区发布了《广西科技创新券管理办法（试行）》，全面启用科技创新券。

2. 全社会研发投入持续加大

自治区研究出台《关于促进全社会加大研发经费投入的实施意见》，对各创新主体加大研发经费投入提出了 27 条具体意见和要求。2017 年，全区全社会研究与试验发展经费（R&D）支出 142.2 亿元，比 2016 年增长 20.8%，预计 2018 年仍保持较大增幅。

3. 科技创新基地建设稳步实施

深入推进重大科技创新基地建设，支持现有国家重点实验室、国家工程技术研究中心提升创新能力，培育创建更多高水平国家级科技创新基地。新增立项支持 5 家广西重大科技创新基地建设，我区着力建设的高水平重大科技创新基地达 21 家。新认定 19 家自治区重点实验室和 22 家自治区工程技术研究中心，新组建 33 家工程技术研究中心

4. 科技资源开放共享机制进一步完善

自治区制定出台了《广西科学数据管理实施办法》，广西大型科研仪器共享网络管理及服务平台成功与国家平台实现无缝对接，全区2 278 台（套）大型仪器纳入平台管理并向社会开放共享，累计为 6 823 家企业提供检验检测认证科技服务 3.7 万次，完成检测

样品总数185.5万个。

（五）科技体制改革向纵深推进释放创新活力潜力

1. 科技项目管理改革成效明显

自治区出台了《广西科技计划项目立项评审管理办法（试行）》等10项制度规范，科技计划管理制度体系日趋完善。科技项目申报已实行常态制，真正做到让数据多跑路、群众少跑腿和“最多跑一次”，为申报单位和科研人员提供更好的便利化和精细化服务。在2018年的国务院第5次大督查中，这一创新做法受到国务院督查组的高度肯定和推荐。

2. 科技成果转化应用改革持续深化

推动修订颁布《广西壮族自治区促进科技成果转化条例》，进一步强化成果转化的法规保障。出台实施《广西高校科研院所横向科研项目经费管理暂行办法》，破除项目绩效支出受单位当年绩效工资总量限制的体制机制障碍，激励高校科研院所加速成果转化。加大实施中央驻桂科研院所重大技术成果落桂工程。

（六）着力加强人才队伍建设，夯实创新驱动人才基础

科技人才培养不断加强和高层次人才引进力度加大。加大培育引进“高精尖缺”人才力度，全年新增入选国家“万人计划”7人、“千人计划”3人；我区入选国家创新人才推进计划创历史新高，分别有1人入选中青年科技创新领军人才、4人列入科技创新创业人才。着力实施广西院士后备人选培养工程和广西八桂学者制度，完成了第二批广西院士后备培养人选、第五批八桂学者和第一批八桂青年学者的评选工作，通过面向海内外公开选聘，新引进了一批国家级高端人才团队来桂创新创业。深化与主席、院士、顾问及其团队的沟通协作，推动11名院士亲临广西开展决策咨询、技术服务和人才培养。大力集聚海外高端人才资源，正式实施外国人才签证制度，累计发放人才工作许可证1 300份，签发高端人才签证确认函21份。

（七）深化科技创新合作，扩展创新开放版图

首先，与东盟科技创新合作续写新篇章。成功举办第6届中国—

东盟技术转移与创新合作大会，充分发挥中国—东盟技术转移中心的平台载体作用，发展中国—东盟技术转移协作网络成员数达2 400多家，全面启动“东盟杰出青年科学家来华入桂工作计划”，落实31个东盟杰出青年工作岗位。扎实推进中医药国际创新合作圈建设，支持药用植物大数据中心建设、中国东盟传统药物研究国际合作联合实验室、桂澳中药质量研究联合实验室建设，发挥优势抢占中医药创新制高点。

其次，参与“一带一路”科技创新行动取得新成效。积极探索国际科技合作新路径，首次在全国科技工作会议和中国—东盟创新年开幕式作经验介绍，得到科技部的肯定。制定出台《广西参与“一带一路”科技创新行动计划实施方案（2018—2020年）》，加快国际一流创新资源向自治区集聚，不断扩大创新合作“朋友圈”。

最后，国内各类科技合作机制不断深化。推动自治区政府与科技部签署新一轮《部区工作会商议定书（2018—2022年）》，全面开启未来5年国家支持我区创新发展、深化科技创新合作的序幕。与广东科技厅签署融入粤港澳大湾区科技创新合作战略协议，共同构建两广区域科技创新体系。积极面向知名高校、大院大所开展科技招商活动，促成各市政府、企业与清华大学深圳研究院等97家国内一流科研机构和单位签署合作协议，开展科技创新合作。

（八）加强知识产权创造运用保护，构建知识产权强区

知识产权创造稳步发展和运用成效显著。实施专利质量提升工程，推动知识产权创造实现量质齐升。2018年，共申请发明专利20 299件，获发明专利授权4 328件，截至2018年年底，全区共拥有发明专利21 109件，每万人口发明专利拥有量为4.36件，同比增长14.49%。新增3家国家知识产权示范企业、34家国家知识产权优势企业，全区累计国家知识产权示范企业达8家、国家知识产权优势企业达103家。全年新登记专利质押项目184件，同比增长275%，专利权质押融资金额达到15.12亿元，为2017年的11倍多。

第八章　影响广西服务业转型升级的因素分析与战略选择

第一节　广西生产性服务业转型升级的SWOT分析

生产性服务业作为现代服务业的重要组成部分，具有高科技含量、高附加值、高产业带动力等特征。加快生产性服务业发展，既是面对持续较大的经济下行压力下求发展的战略举措，又是实现经济结构战略性调整、提升城市综合竞争力的客观要求，更是促进产业链向两端延伸、价值链向高端攀升，增强产业可持续发展能力的必然选择。近年来，国家、自治区陆续出台了一系列促进服务业发展的政策措施，为服务业特别是生产性服务业加快发展带来了新的发展契机。

一、优势

（一）区位优势

广西具有得天独厚的区位优势。地处我国大陆沿海地区的西南端，南濒北部湾，东邻广东、海南和香港、澳门，东北与湖南相接，西南与越南交界，位于东南沿海地区和大西南地区的交汇带，具有沿海、沿边、沿江的地理位置优势，背靠大西南，面向东南亚，是华南经济圈、西南经济圈与东盟经济圈的结合部，是西南乃至西北地区最便捷的出海通道，也是连接粤港澳与西部地区的重要通道。特别是在建立中国—东盟自由贸易区和推进泛珠三角区域合作中，广西将成为连接中国西南、华南、中南和东盟大市场的枢纽，在自由贸易区建设和泛珠三角区域合作中发挥重要战略作用。广西的交通非常方便，是我国通往东盟最便捷的陆路和海上通道，是中东部地区“西进”、西南地区“东出”和“南下”的重要交通枢纽。同时，广西是我国“一带一路”建设的重要门户，这些区位优势为广西对内对外经济联系提供了非常便利的条件，为生产性服务业尤其是物流运输、仓储等行业提供了发展空间。

（二）政策优势

广西由于地理位置的特殊性，享有很多优惠政策。广西属于西部地区，享有西部大开发的优惠政策；2008 年，北部湾经济区上升为国家战略，广西享有北部湾经济开放开发的各项优惠政策；广西属于少数民族自治区，因此享有民族区域自治政策；广西是革命老区，享有革命老区的振兴政策；广西处在“一带一路”建设的重要门户，享有“一带一路”建设的优惠政策；珠江—西江经济带横贯广东、广西，广西享有珠江—西江经济带发展优惠政策；《西部陆海新通道总体规划》的实施，为推动广西进行新一轮开放发展提供了机遇。总而言之，广西享有多重优惠政策叠加的优势，这些优惠的政策为广西经济发展带来了契机，为广西生产性服务发展带来了需求。

二、劣势

（一）工业企业基础薄弱

广西工业企业一般规模比较小，同时数量也比较少，截至 2019 年，广西现有规模以上工业企业仅占全国的 1.6%，与全国平均水平相比还存在很大的差距。工业企业发展实力的不足，制约了区域经济的发展与各区域间经济的竞争。再者，由于企业规模小，造成产业集中度不高，龙头企业数量少，发展分散，还没有形成竞争力强的大型企业或集团，不能做到合理有效分配资源，市场竞争力不足，不能对生产性服务业发展形成强而有力的拉力。

（二）人才不足

人才不足是广西生产性服务业发展的一大不利因素。生产性服务业的发展，需要大批具有较强的专业知识、自身素质高的人才，同时，为了便于开展国际业务服务，这些人才更应具备一些国际文化知识，包括对英语、东盟国家小语种的掌握。人才主要来源于高等院校和一些中等职业技术院校，以及社会上的一些培训机构。一方面，长期以来，广西对教育重视程度的不足，导致对人才培养的力度不够。另一方面，人才的流失也造成人才的不足，很多人才流向广西周边的广东或其他一些省市，这些，对于广西发展生产性服务业是很不利的。

三、机会

（一）经济发展全球化

经济全球化一直是经济发展的强烈趋势，并且在当今信息技术和交通运输现代化技术快速发展的时代下，这种趋势成为现实，各个国家之间的经济发展越来越密切。在经济发达的国家，一般都是服务业在整个国民经济发展中占有较大的比重，而其中生产性服务业的发展更为快速、规模更大。我国已成为世界经济发展的第二大经济体，与各国的交流密切频繁，而全球服务业转移的主要承接地为东亚、南亚和东南亚各国，随着中国—东盟自由贸易区的建立和发展，广西可以利用自己得天独厚的地理位置优势，参与经济发展全球化的浪潮，大力发展生产性服务业，实现经济的快速稳定发展。

（二）我国工业化进入中后期

经济发展的经验表明，在不同的经济发展阶段，生产性服务业的特点、地位和作用是不一样的。制造业发展越迅速，对服务业的依赖性就会越强，对其产生的需求也会越来越多。当前，我国工业化进程不断快速推进，一些地方和地区的工业化进入中后期，改革开放的脚步进一步加快，生产性服务业也得到更深远的发展，尤其是一些沿海发达地区和城市，生产性服务业突飞猛进。另外，新技术的发展促进了我国经济乃至全球经济的变革，电子商务、互联网金融、移动支付业务等应运而生且发展势头非常猛劲，这些新型新业态的生产性服务业为我国经济发展注入了新的动力，更进一步推动我国经济大踏步向前进。

（三）新一轮西部大开发和“一带一路”倡议

2016 年 3 月，由全国人民代表大会通过的《国民经济和社会发展第十三个五年规划纲要》(以下简称《十三五规划》)指出，把深入实施西部大开发战略放在优先位置，更好发挥“一带一路”倡议建设对西部大开发的带动作用。西部大开发是我国的一项国家战略，在促进区域经济发展中具有优先地位，广西地处我国西南边境，是西部大开发战略中的重要之地。西部大开发战略共分三个阶段实施，第一阶段是从 2001 年至 2010 年，这一阶段是为西部地区的发展奠定基础，做好基础建设，进行产业结构的战略调整；第二阶段是从 2010 年到 2030 年，这一阶段是西部地区经济发展的加速和冲刺阶段，实现经济增长的飞速前进；第三阶段是从 2031 年至 2050 年，这一阶段将实现西部地区经济发展的全面现代化，提高人民生活水平。目前，我国西部大开发战略处于第二阶段，新一轮的西部大开发战略必将带来新的发展契机，优惠政策、招商引资、技术创新等都为生产性服务业的发展提供了利好机会。再者，随着“一带一路”国家级顶层合作倡议的提出和实施，同样也给广西生产性服务业发展带来广阔的空间。广西是“一带一路”倡议建设中的重要一员，是“一带一路”的重要门户。同时，新常态背景下，国家深入实施“一带一路”发展战略、“中国制造 2025”战略、“互联网+”行动计划，加快建设中国—东盟自贸区升级版，这些对于生产性服务业的发展、经济增长、产业转型升级等都具有重大的意义。

四、国家政策的重视

2014 年 7 月，国务院印发《关于加快发展生产性服务业促进产业结构调整升级的指导意见》(以下简称《意见》)。《意见》指出以产业转型升级需求为导向，进一步加快生产性服务业发展，引导企业进一步打破“大而全”“小而全”的格局，分离和外包非核心业务，向价值链高端延伸，促进我国产业逐步由生产制造型向生产服务型转变，鼓励企业向价值链高端发展，推进农业生产和工业制造现代化，加快生产制造与信息技术服务融合。《十三五规划》指出，开展加快发展现代服务业行动，扩大服务业对外开放，优化服务业发展环境，推动生产性服务业向专业化和价值链高端延伸、生活性服务业向精细和高品质转变。促进生产性服务业专业化，以产业升级和提高效率为导向，发展工业设计和创意、工程咨询、商务咨询、法律会计、现代保险、信用评级、售后服务、检验检测认证、人力资源服务等产业。深化流通体制改革，促进流通信息化、标准化、集约化，推动传统商业加速向现代流通转型升级。加强物流基础设施建设，大力发展第三方物流和绿色物流、冷链物流、城乡配送。实施高技术服务业创新工程，引导生产企业加快服务环节专业化分离和外包。建立与国际接轨的生产性服务业标准体系，提高国际化水平。2017 年 4 月，科技部印发《“十三五”现代服务业科技创新专项规划》，该规划指出“十三五”期间现代服务业科技创新重点发展的四个领域，第一个就是生产性服务业，主要包括电子商务、现代物流和现代金融三个方向。2019 年 9 月，为更好地发挥标准化在推进生产性服务业转型升级、高质量发展方面的技术支撑作用，市场监管总局、国家发改委、科技部、工信部等九部门联合印发了《生产性服务业标准化三年行动计划（2019—2021 年）》，该计划强调，要坚持重点突破、协调推进的基本原则，聚集我国生产性服务业发展中的关键问题，突出重点领域标准建设，提升标准化创新能力。国家政策对生产性服务业的重视同时也促使广西对生产性服务业更加重视。

五、威胁

（一）全球竞争加剧

经济全球化发展促进了世界各国经济的一体化，但同时由于各国经济速度发展的不一致，全球经济服务化竞争的加剧，从而也使得生产性服务业的竞争愈演愈烈。当前，生产性服务业在发达国家的国民经济发展中占有较大的比重，据统计，其服务业增加值一般会超过 70%，而其中的生产性服务业如商务服务、交通邮电运输、电子商务等所占比重更大，在整个全球产业价值链中位于领先地位。然而，尽管近几年我国服务业有了比较大的发展，大约占到国民生产总值的 50%，但整体上来说，生产性服务业的发展还是相对缓慢，与发达国家相比还存在很大的差距。因此，在全球经济竞争加剧的时代发展生产性服务业也面临较大的风险与威胁。

（二）周边地区的竞争

与广西毗邻的广东省，经济发达，其经济总量一直排在前列，吸引了众多劳动者，这也为广东省的经济发展注入了更大的力量。与此同时，广东省将生产性服务业的发展提升到战略地位。2017年，广东省积极响应国家号召，大力推进供给侧结构性改革，改革成效明显，生产性服务业发展步伐加快。2018 年，其增加值达到27 026.39 亿元，同比增长 7.9%，有力地支撑了广东经济稳中向好发展。再如重庆，最近几年生产性服务业得到积极发展，重庆市为推进生产性服务业发展，建立了全市生产性服务业联席会议制度，制订了 3 年行动计划，明确了发展任务，落实了部门责任，着力推动生产性服务业 15 项重点工程，其中，包括现代物流、融资服务、商务咨询服务、工业设计服务、节能环保服务、第三方检验检测服务等，电子商务示范引领作用突出。总体来说，周边地区经济发展速度比广西快，广西属于我国西部后发地区，在发展生产性服务业时面临着与周边地区的激烈竞争。

（三）与制造业发展不协同

生产性服务业是与制造业直接相关的配套服务业，是从制造业内部生产服务部门中独立发展起来的新兴产业，它与制造业之间应该是相互促进、共同进步与发展的关系。制造业的发展可以为生产性服务业提供更大的需求与机会，生产性服务业的发展可以为制造业的发展提供强有力的支撑。而广西经济发展相对缓慢，在全国处于相对靠后的位置，落后于国内发达地区，如长三角、珠三角地区。目前的制造业与生产性服务业之间不协同，制造业不能有效地拉动生产性服务业的发展，同时，生产性服务业也不能有力推动制造业向前发展。因此，没有与制造业协同发展也给广西生产性服务业的发展带来了一定的挑战。

第二节 广西生活性服务业转型升级的SWOT分析

随着全球化进程加快，以互联网为代表的技术水平不断提高，广西生活性服务业面临着日新月异的发展环境。为了客观评价广西发展生活性服务业具备的优劣势、面临的机遇和威胁，接下来，采取SWOT分析法对广西生活性服务业发展的环境进行综合评价。

一、优势分析

在前文已提及广西具有的地理区位优势和较好的资源条件。此外，广西作为26个老工业基地之一，有较为雄厚的工业基础，在汽车制造业、冶金行业有一定的领先优势。与其他区域相比，生产性服务业也具备一定的优势，与此同时，带动生活性服务业的相关产业更具优势。近年来，广西不断加强对民族地区产业发展的规划指导，扶持培育重点产业发展，坚持“分类指导、区别对待”，有效推进了民族地区特色经济的发展。通过全面实施汽车、机械、冶金、有色金属、石化等重点产业调整和振兴规划，指导利用好当地民族地区资源优势，优化产业结构和布局，促进产业集聚，发展特色产业，从而把资源优势转化为产业优势。通过支持南宁、柳州、百色、来宾、崇左、河池、防城港市7个少数民族聚居市，以及12个少数民族自治区县和3个享受自治区县政策的县，结合自身资源优势，不断加大工业投入，加快重点项目建设，推进了地方特色产业的发展。另外，自治区人民政府制定了服务业集聚区认定管理办法，开展了首批自治区服务业集聚区认定工作，推动了广西现代服务业的发展。2017年，首批认定了现代物流集聚区、新型/特色专业市场集聚区、软件与信息服务集聚区等9大类共38家现代服务业集聚区（见表8-1）。2017年，该批认定的38家服务业集聚区累计完成投资2 251亿元，入驻企业7 000多家，从业人员20多万人，营业收入总额为1 325亿元，上缴税收33亿元。

表 8-1　2017 年广西首批授牌认定的现代服务业集聚区

类别	个数	名称
现代物流集聚区	14 家	南宁国际综合物流园 广西海吉星农产品国际物流园 柳州市鹧鸪江钢铁深加工及物流产业园 红卫生产资料物流园区 广西物资集团桂林储运总公司物流园 梧州港港口物流中心 防城港市东湾物流加工园区 广西钦州保税港区 百煤物流园区 宁铁柳州汽车工业物流园 柳州华乐物流园 中国龙邦—越南茶岭跨境商贸物流集聚区 广西物资集团贵港储运贸易物流园 广西凭祥综合保税区
新型/特色专业市场集聚区	5 家	中国—东盟商品交易中心（南宁·华南城） 广西新柳邕农产品批发市场 中国—东盟（玉林）中药材交易市场 中国—东盟石材·碳酸钙交易中心集聚区 凭祥红木交易市场
软件与信息服务集聚区	3 家	中国电子北部湾信息港 北海高新区软件与信息服务集聚区 中盟科技园软件和信息服务业集聚区
科技服务集聚区	4 家	南宁·中关村创新示范基地 南宁研祥智谷项目 中国—东盟检验检测认证高技术服务集聚区 来宾市高新科技园现代服务业集聚区
文化创意集聚区	2 家	桂林创意产业园 钦州坭兴陶文化创意产业园
金融商务集聚区	1 家	五象新区金融集聚区

续表

类别	个数	名称
旅游休闲集聚区	2家	龙胜生态旅游核心示范集聚区 广西黄姚古镇旅游文化产业区
健康养老服务集聚区	3家	巴马瑶族自治县养老服务业集聚区 金秀瑶都生态养生服务基地 广西和正康乐城（太和·自在城）
综合性服务集聚区	4家	粤桂合作特别试验区 东兴国际综合性服务集聚区 百色新山铝综合性服务集聚区 中马钦州产业园综合性服务业集聚区

资料来源：广西新闻网。

在国家“一带一路”倡议中，广西作为“21世纪海上丝绸之路”与“丝绸之路经济带”有机衔接的重要门户，具有发展面向东盟国家生活性服务业的的开放优势，而且也在不断加快建设，强化自身优势。围绕国家对广西“国际大通道、新战略支点和‘一带一路’有机衔接门户”的新定位，2018年，南宁—马尼拉定期航班的开通，标志着广西实现了与东盟10国全连通的既定目标，东盟航线数量达34条，占广西开通国际航线的76.74%，东盟航线不论是航线数量还是持续飞行时间，在全国都排名靠前，是中国—东盟政治、经贸、文化交流的主通道，也吸引了国内外人员到广西生活、旅游、消费，推动了广西生活性服务对标国际化水平的发展。根据广西机场管理集团统计数据，广西区内机场旅客吞吐量从2003年的369.7万人次，到2019年的2 903.8万人次，翻了近8倍。其中，南宁机场迈入全国千万级旅客吞吐量机场行列，桂林机场稳定保持800万人次以上的干线机场地位，北海、柳州机场2014年、2016年的旅客吞吐量均突破百万。可见，广西生活性服务业具备一定国际化发展的优势。

二、劣势分析

（一）现代服务业发展滞后

广西是全国重要农产品基地，目前，经济结构还是工业占主导地位，经济增长主要靠投资拉动。近几年，第三产业发展增速高于全国水平，但是与浙江、广东等发达省份比较，第三产业总产值偏低。2018 年，三产占 GDP 比重只有 45.5%，低于全国平均水平(56.3%)，在产值上与广东的 5.28 万亿元、浙江 3.07 万亿元相差很大。具体如表 8-2 所示。

表 8-2　2012—2018 年广西与广东、浙江、全国第三产业发展情况比较

指标		2012 年	2013 年	2014 年	2015 年	2016 年	2017 年	2018 年
全国	三产增加值（万亿元）	24.30	27.59	30.58	34.16	38.42	42.70	46.95
	三产占 GDP 比重（%）	45.5	46.1	48.2	50.5	51.6	51.6	56.3
	三产增长率（%）	8.1	8.3	8.1	8.3	7.8	8.0	7.6
广西	三产增加值（万亿元）	0.45	0.52	0.59	0.65	0.7	0.8	0.92
	三产占 GDP 比重（%）	35.4	36	37.8	38.9	39.6	44.2	45.5
	三产增长率（%）	9.5	10.2	8.1	9.7	8.6	9.6	9.4
广东	三产增加值（万亿元）	2.64	2.97	3.33	3.7	4.2	4.8	5.28
	三产占 GDP 比重（%）	46.5	47.8	49.1	50.8	52	53.6	54.2
	三产增长率（%）	9.5	9.9	8.2	9.7	9.2	8.7	7.8
浙江	三产增加值（万亿元）	1.56	1.73	1.92	2.13	2.4	1.76	3.07
	三产占 GDP 比重（%）	45.2	46.1	47.9	49.8	51	53.3	54.7
	三产增长率（%）	9.4	8.7	8.7	11.3	9.7	9.2	7.8

数据来源：中国知网统计数据库。

随着广西生活性服务业改革的不断推进，广西生活性服务业发展总体较快，但是从内部结构来看，批发和零售业、住宿餐饮业等传统生活性服务业仍然占据广西服务业的主体地位，服务业产业内部结构并不科学。生活性服务业内部新兴产业占比低，内部结构亟待优化。具有高知识含量和高附加值的文化创意、动漫产业、服务外包等生活性服务业尚未形成规模和竞争优势。总体而言，现代生活性服务业虽然呈现良好的上升趋势，但是所占比重依然较低，传统生活性服务业仍是当前广西服务业的主体。

（二）服务型人才缺乏

2016 年年末，广西常住人口为 4 885 万人，排名全国第 11 位，虽然人口居多，但是服务型人才较为缺乏。据第一次经济普查资料，全区资产总计 500 万元以上、从业人员 50 人以上的服务业企业，仅占服务业企业总数的 4.9%，全区生活性服务业发展规模较小，无法形成聚集效应，整体发展能力不强；资产总计 1 000 万元以上、从业人员 100 人以上的企业，仅占服务业企业总数的 2.3%。从服务业企业吸纳的劳动力人数看，平均每个服务业企业的从业人员为 25 人，远低于农林牧渔业（103 人）、工业（70 人）和建筑业（205 人），低于广东、湖南、云南等相邻省份及全国的平均水平。服务业人才紧缺，广西从事信息传输、计算机服务与软件等行业人数占服务业从业人员的比重相当于全国的 55%，现代物流、金融保险、商务服务等高端人才严重短缺。广西服务型人才自我培养力度不断加大，但由于经济相对比较落后，加上其他省区市一直加大力度吸引外来优秀人才落户当地发展，使得广西优秀服务型人才紧缺局面依旧不能打破。

（三）居民消费倾向整体偏低

生活性服务业作为非物质消费部门，主要依靠消费发展壮大。服务业要实现大发展必须在第一、第二产业快速发展，居民消费需求增加时才有可能达成。受多方面原因影响，目前，广西居民消费倾向整体偏低：第一，居民收入水平偏低。收入水平是直接限制居民消费的最主要因素。2018 年，广西城镇居民可支配收入为 32 436 元，农村居民可支配收入为 12 435 元，与全国平均水平的差距有所扩大。第二，消费结构不合理。从支出法计算的居民消费支出比例来看，无论是农村居民还是城镇居民，广西居民消费支出仍集中于食品、衣着等保障基本生活的物质消费，用于旅游、文化娱乐、教育培训、健康养老等服务方面的消费占比仍相对较低（见表 8-3）。第三，个人消费信贷偏低。尽管近年来受房地产投资热潮的影响，个人贷款比例有小幅上升，但总体来讲，个人消费信贷水平仍然偏低。居民对信用卡等新型消费信贷产品的接受度不高，导致居民消费信贷规模受到限制。

表 8-3　2012—2018 年按支出法计算的广西各领域消费支出占 GDP 比重

%

指标	2012 年	2013 年	2014 年	2015 年	2016 年	2017 年	2018 年
生产总值	100.00	100.00	100.00	100.00	100.00	100.00	100.00
最终消费	49.87	51.69	51.98	52.60	53.69	53.60	54.30
居民消费	37.61	38.62	38.95	39.39	39.48	39.72	41.21
农村居民	11.02	10.67	10.91	11.20	11.34	11.53	11.49
食品类支出	4.26	3.77	3.81	4.01	3.97	3.91	3.88
衣着类支出	0.32	0.31	0.30	0.31	0.35	0.36	0.34
居住类支出	0.83	0.96	0.96	2.11	1.98	2.01	1.94
家庭设备、用品及服务类支出	0.56	0.51	0.52	0.55	0.63	0.62	0.59
医疗保健类支出	1.60	1.55	1.58	1.70	1.35	1.62	1.66
交通和通信类支出	0.93	0.93	0.94	0.87	1.37	1.22	1.29
文教娱乐用品及服务类支出	0.44	0.50	0.50	0.53	0.62	0.59	0.65
金融中介服务虚拟支出	0.64	0.71	0.87	0.87	0.69	0.80	0.83
金融机构实际消费支出	0.06	0.71	–	–	0.69	0.54	0.42
保险服务消费支出	0.03	0.07	0.07	0.07	0.09	0.04	0.04
自有住房服务虚拟支出	1.12	1.18	1.17	–	–	–	0.01
其他商品和服务类支出	0.22	0.19	0.21	0.19	0.28	0.19	0.20
城镇居民	26.60	27.95	28.04	28.20	28.14	28.19	30.72
食品类支出	8.44	8.36	8.57	8.69	7.43	7.22	7.49
衣着类支出	1.74	1.45	1.44	1.48	1.65	1.44	1.39
居住类支出	2.09	2.38	2.45	4.18	4.28	3.99	4.01
家庭设备、用品及服务类支出	1.71	1.55	1.57	1.62	1.67	1.55	1.42

续表

指标	2012 年	2013 年	2014 年	2015 年	2016 年	2017 年	2018 年
医疗保健类支出	2. 56	2. 61	2. 49	2. 44	2. 36	2. 33	2. 39
交通和通信类支出	3. 18	3. 67	3. 39	3. 46	4. 13	4. 18	3. 98
文教娱乐用品及服务类支出	2. 47	2. 98	2. 88	3. 02	2. 86	2. 76	2. 55
金融中介服务虚拟支出	1. 50	1. 65	2. 02	2. 06	2. 08	2. 07	2. 07
金融机构实际消费支出	0. 15	1. 65	–	–	2. 08	1. 77	1. 82
保险服务消费支出	0. 30	0. 63	0. 62	0. 68	0. 85	0. 70	0. 69
自有住房服务虚拟支出	1. 42	1. 77	1. 75	–	–	–	–
实物消费支出	0. 35	0. 34	0. 31	–	–	0. 21	–
其他商品和服务类支出	0. 68	0. 55	0. 55	0. 57	0. 83	0. 48	0. 58
政府消费	12. 25	13. 07	13. 03	13. 20	14. 21	13. 88	13. 09

数据来源：2013—2019 年广西统计年鉴。

三、机会分析

（一）经济发展水平稳步提升

改革开放发展以来，广西经济总量不断提升，经济结构持续优化升级，城乡居民收入也在整体经济持续高速增长中稳步提升，加上广西财政对民生领域的长期扶持，广西居民消费信心和能力都在增强。2019 年，广西社会消费品零售总额同比增长 11. 2%，第三产业总值为 10 771. 97 亿元，增速 6. 2%（见表 8-4），高于第一产业和第二产业的增速。随着广西经济步入新常态，消费驱动模式已经逐步取代投资成为驱动广西经济增长的主要动力，可以预见的是，在以后相当长的一段时期内，以满足最终消费为主要任务的生活性服务业必将迎来全新的发展环境。从“十三五”发展规划文件来看，商贸服务业、文化产业、旅游业、健康服务业、法律服务业、家庭服务业、体育产业、养老服务业、房地产业等行业将在新的经济环境中取得长足发展。

表 8-4　2019 年广西经济发展主要指标数值与增速

指标	总量（亿元）	增速（%）
广西生产总值	21 237. 14	6. 0
第一产业	3 387. 74	5. 6
第二产业	7 077. 43	5. 7
第三产业	10 771. 97	6. 2
财政收入	2 969. 22	6. 4
规模以上工业增加值	–	4. 5
固定资产投资	–	9. 5
社会消费品零售总额	–	7. 0
外贸进出口总额（人民币，亿元）	4 694. 7	14. 4
城镇居民人均可支配收入（元，实际增长）	34 745	3. 5
农村居民人均可支配收入（元，实际增长）	13 676	5. 7
居民消费价格指数（上年同期=100）	103. 7	3. 7

数据来源：广西统计信息网。

（二）便捷快速的交通网络吸引消费群体在城市集聚

不断完善的区域交通基础设施，带来的不仅仅是区内外国际物流便利性的提高和物流规模的扩大，还极大地缩短了广西区内不同地区之间人们来往的时间，显著促进了交通网络中一些节点地区城镇化水平的提高，整个广西城市空间不断向外扩展，城市之间的联系也愈加紧密，为广西生活性服务业发展提供了宽阔的舞台。最具代表性的是随着广西北部湾经济区的高速公路网络和沿海的南钦高铁、钦防高铁、钦北高铁的建成，以南宁为中心的“1 小时经济圈”“2 小时经济圈”开始形成，整个北部湾城市群“同城效应”凸显，北部湾经济区成为广西生活性服务业发展的先进地区。表 8-5为 2012—2016 年广西运输线路里程。

表 8-5 2010—2016 年广西运输线路里程

公里

指标	2010 年	2011 年	2012 年	2013 年	2014 年	2015 年	2016 年	2017 年	2018 年
一、铁路营业里程	3 174	3 163	3 164	3 982	4 711	5 086	5 141	5 191	5 202
时速 200 公里及以上里程	–	–	–	785	1 482	1 703	1 751	1 771	1 771
复线里程	455	456	456	1 377	2 163	2 400	2 434	2 644	2 680
电气化里程	779	779	779	1 622	2 377	3 066	3 289	3 374	3 394
二、铁路正线延展里程	3 675	3 648	3 647	5 367	5 884	7 501	7 596	7 809	7 895
三、公路里程	101 782	104 889	107 906	111 384	114 900	117 993	120 547	123 259	125 449
高速公路里程	2 574	2 754	2 883	3 305	3 722	4 288	4 603	5 259	5 563

注：1. 2006 年度国家交通部将村道纳入公路里程统计范围。
2. 根据 2016 年口径调整了历年高铁里程。

与此同时，广西各地市城镇化率都有较大提高，截至 2019 年，城乡人口比例超过 60%的有 3 个地区，城乡人口比例超过 50%的累计有 5 个，城乡人口比例超过 40%的累计有 11 个。面向东盟开放前沿的南北钦防四市，南宁市城镇化率从 2005 年的 44. 34%提高到 2018 年的 62. 01%，区域性国际化城市地位开始凸显；北海市城镇化率从 2005 年的 47. 38%提高到 2018 年的 58. 21%；钦州市城镇化率水平近 11 年也提高了 13. 05%，但目前只有 38. 51%，随着钦州南向大通道建设的加快，地区城市化水平将会加速提升；防城港市城镇化率从 2005 年的 40. 62%提高到 2018 年的 58. 82%。与越南接壤的崇左市、百色市城镇化率从 2005 年到 2018 年也有超过 10%的增幅（见表 8-6）。此外，作为广西综合交通运输体系建设中的一部分，面向东盟的广西国际物流大通道也极大地方便了广西与东盟国家人们的往来。比如，广西与越南陆路通道上的边境口岸和边民互市区域，人文相通，边民来往频繁，生活性服务业也具备了国际化的可能性。

表 8-6　2005—2018 年广西各市按居住地分的城乡人口比例

%

城市	2005 年	2010 年	2011 年	2013 年	2014 年	2015 年	2016 年	2017 年	2018 年
南宁市	44.34	52.62	54.55	57.67	58.3	59.31	60.23	61.23	62.01
柳州市	45.45	55.05	56.59	59.53	61.06	62.11	63.01	63.55	64.92
桂林市	34.44	38.76	40.49	44.15	45.56	46.62	47.61	47.92	48.12
梧州市	36.81	42.98	44.79	48.06	48.92	49.74	50.59	51.12	52.01
北海市	47.38	48.61	50.40	53.13	54.46	55.34	56.29	57.75	58.21
防城港市	40.62	48.28	50.18	53.01	54.06	55.13	56.36	57.72	58.82
钦州市	25.46	30.71	32.51	35.34	36.12	37.03	37.80	38.02	38.51
贵港市	27.30	40.22	42.07	44.83	45.63	46.52	47.96	48.21	48.97
玉林市	32.33	39.60	41.48	44.40	45.60	46.51	47.27	48.31	49.11
百色市	25.06	26.60	28.40	31.10	32.74	34.10	35.19	36.21	37.11
贺州市	29.50	35.28	37.04	40.26	41.58	42.63	43.98	44.34	45.51
河池市	28.15	27.35	28.95	31.99	33.35	35.08	36.06	36.95	40.11
来宾市	25.96	33.17	34.91	37.47	39.50	40.68	42.19	43.77	44.02
崇左市	25.58	29.76	31.47	34.00	35.35	36.28	37.21	37.83	39.01

（三）政策环境利好趋好

近几年，受到国际金融危机的影响及中国经济不断稳步发展，加快促进中国服务业高质量、高水平发展已经成为中国各级政府的共识，国家和政府出台了许多有利于地区服务业发展的政策法规。

在国家层面，灵活运用货币政策缓解“融资难、融资贵”问题，通过降低税费、全面实施营改增等税收手段鼓励企业发展，这些政策措施为中国生活性服务业发展提供了良好的宏观政策环境。同时，国家还出台了许多促进服务业发展的政策文件，从发展规划、体制机制、细分行业、统计工作等方面为生活性服务业的发展提供了政策支持。另外，国家在促进区域协调发展方面的政策，也为广西生活性服务业的发展提供了帮助。比如，国家西部大开发战略和对民族地区、边疆地区的扶持，支持西南地区经济协作、泛珠三角区域合作及国内其他区域合作，特别是将广西定位为“一带一路”发展的有机衔接门户，以及推动广西作为面向东盟合作的前沿和桥头堡，这些举措都为广西生活性服务业的发展提供了极好的政策环境。

在自治区层面，广西也积极抓住机遇，一方面紧跟国家政策方向，出台了符合地区实际的、有利于广西服务业发展的政策法规，另一方面也不断深化各方面改革，为发展生活性服务业营造良好环境。2008 年，地方战略上升为国家战略，《广西北部湾经济区发展规划》获批；2014 年，印发《广西印发深化北部湾经济区改革若干问题的决定》；2015 年，出台《关于加快服务业发展的若干意见》《广西现代服务业集聚区发展规划》《广西服务业发展重点项目实施方案》等政策文件；2017 年，发布《广西现代服务业发展“十三五”规划》《2017 年全区服务业发展主要目标和工作要点分工方案》等，在上述众多政策支持下，广西生活性服务业进入快速发展阶段。

（四）服务业内部呈现相互促进、共生发展的良好趋势

近年来，金融、计算机信息传输服务、咨询、商务服务业和软件业等现代服务业的发展，也从产业环境上促进了交通运输仓储和邮政业、批发和零售、住宿和餐饮业等传统服务业的发展。因而，即使在 2014 年这样下行压力巨大、宏观形势复杂的年份，广西服务业中占大头的批发和零售业、住宿和餐饮业等行业的增加值仍保持了 6%左右的平稳增长；而营利性服务业甚至还实现了 11.9%的高增速。这与广西金融业保持 11.3%的快速增长密不可分，可以说，正是由于金融业的大发展，才使得广西经济发展有了足够的资金支撑，广西服务业的发展也逐步呈现出产业、行业间互为支撑、互利共赢、齐头并进的扁平化发展特征，逐步形成一种以服务业相互支撑发展的良好结构。特别是在北部湾开放开发建设大规模启动后，除金融业以外，交通、市场及各类服务业项目的建设，也极大

地提升了广西服务业的发展基础，为广西服务业加快发展创造了良好条件，使广西服务业逐步具备了加快发展的基础。

（五）互联网经济发展，推动服务业形态转型升级

据统计，2007—2016年，在这十年中，广西的网民数量翻了差不多四倍，由11.9%到49.2%（见表8-7）。随着经济的发展及政府的支持，越来越多的人接触到了网络。网购已经成为人们的购物习惯，而且消费的产品也在不断升级，2016年，在广西网民网购消费的产品中，服装衣帽、餐饮服务、机票和酒店、文化娱乐等都占有较大比例（见表8-8），其背后围绕人们衣食住行的服务业形态也开始出现转型升级，这说明广西生活性服务业具有很好的发展前景。

表8-7　2007—2016年广西网民人数及互联网普及率

年份	2007	2008	2009	2010	2011	2012	2013	2014	2015	2016
网民数量（万人）	560	734	1 030	1 226	1 353	1 586	1 774	1 848	2 038	2 216
互联网普及率（%）	11.9	15.4	25.2	29.4	34.2	37.9	39.2	42.8	46.1	49.2

数据来源：根据中国互联网络信息中心网站整理。

表8-8　2016年广西网民网购商品分类占比

分类	日用百货	服装鞋帽	电脑、通信数码及配件产品	食品、保健品	家用电器	餐饮美食服务	化妆品、母婴用品	机票、酒店预订	电影、演出票	书籍音像制品
占比（%）	20.10	18.20	15.10	14.10	12.30	7.20	4.10	3.60	3.10	2.20

数据来源：根据广西新闻网整理。

四、挑战分析

（一）创新经济未起到引领作用

改革开放以来，广西生活性服务业的快速发展主要是依靠竞争性服务业的发展，竞争性服务业的增长能量得到了比较充分的释放，但目前的一些垄断性服务行业竞争不充分，存在一些问题：服务质量差、价格高、服务单一、创新乏力、大型企业缺乏核心竞争力、知名品牌较少、龙头企业和高端人才缺乏，这都制约了生活性

服务业的进一步发展。目前，生活性服务业发展的体制障碍主要表现为：不合理的市场准入限制，行政性垄断，长期存在福利化和非社会化倾向，城乡二元分割体制对消费的制约，以及配套服务体系和监管体制不到位等。此外，服务业市场秩序失序，竞争不规范，出售假冒伪劣产品、欺诈消费者的行为屡禁不止，在很大程度上制约和影响了服务业潜在需求转化为现实需求。广西服务业行业标准制订不健全、质量管理不规范等，也影响了服务业市场秩序的形成和规范。

（二）周边区域服务业快速发展产生吸盘效应

目前，随着国家整体政策层面上对服务业的重视和扶持，全国各省市都已经意识到发展现代服务业的重要性，相继出台了各项政策，促进本地服务业的发展。广西东面是全国经济比较发达的广东省，作为国家开放发展前沿，广东基本形成了以深圳、广州为点，以省内交通干线上的城市为线，以珠三角城市群辐射粤西、粤东、粤北所有地区的经济发展模式，随着广西与广东交通网络的对接贯通，广东发达的生活性服务业不仅继续引领全国发展，而且在争夺优秀服务型人才方面比广西更具吸引力。广西东北面的湖南省，将加快长株潭城市群发展作为国家发展战略，作为中部地区经济发展动力较强的省份，湖南在发展生活性服务业方面不断创新发展，在影视娱乐、教育、旅游等方面比广西更有优势，也在一定程度上对广西发展开放型的生活性服务业起到了分流的作用。周边省份云南和贵州，生活性服务业相对于广东发展比较落后，但与广西发展水平相当，随着交通运输线路建设完善，两个省份在旅游、养老等领域将与广西有一定的竞争。与广西接壤的越南，虽然经济条件相对落后，但是经济也在平稳上升，对广西旅游经济、劳动力吸纳等也有一定的影响。总而言之，随着广西周边国家和地区生活性服务业的快速发展，与生活性服务业相关的资金、技术及人员将在广西与这些省区市和国家之间进行资源的重新配置，特别是一些地区具有优势特色的生活性服务业部门，在一定程度上会产生吸盘效应，从而会限制广西生活性服务业的发展。

（三）对国内互联网巨头的依赖性越来越大

随着计算机和网络通信技术的发展，国内电子商务企业抓住机遇快速发展，以阿里巴巴、腾讯、百度和华为为代表的互联网企业提供的产品和服务已经深深影响了我国网民的生活。据资料显示，目前，中国网民所需要的服务、应用、社交、理财、购物，都有相对应的国内互联网企业为他们提供个性化的服务。但是作为一个地区经济发展而言，在与生活性服务业相关的众多互联网企业中，广西没有一家在某一领域具有极大影响力，广西企业和网民群体只能购买、使用国内大互联网企业提供的服务和应用，使得广西生活服务业的发展只能依赖于国内一些知名的互联网企业。这不利于广西把握自身经济发展的根本，广西目前只能更多地扮演模仿学习的角色。

五、SWOT 分析结果

（一）SO 战略—发展战略

充分利用自身优势及机遇，补齐短板，做大生活性服务业这块“蛋糕”。一是要加快改造提升生活性服务业，二是借助互联网培育新业态。积极繁殖、培育、发展新业态，使之成为拉动经济增长和带动经济转型的重要引擎。

（二）WO 战略—抑制性战略

加大资金、项目、人才、科技等方面的投入，为生活性服务业注入新动力；增加收入水平，为生活性服务发展创造新需求；加快转型升级，满足生活性服务业新型消费需求。

（三）ST 战略—脆弱性战略

加强资源整合，加强生活性服务供给管理，释放市场活力，扩大开放，破除体制机制和政策障碍，充分发挥政府的引导作用，释放市场活力，激发企业主体作用激发企业主体作用；同时，充分利用资源，促进多种生活性服务业模式共同发展。

（四）WT 战略—问题战略

创新制度和政策，加快相关法律和标准体系建设，建立健全广西生活性服务业企业准入、运营、退出等机制，从源头上严控低水平重复建设，促进广西生活性服务业健康有序发展。

第三节 广西生产性服务业发展基本原则和各市发展方向

根据以上情况，应充分发挥广西的区位优势、产业基础、人才资源、自然条件，立足广西、面向东盟、对接粤港澳、辐射中南及西南地区，依托交通枢纽、重点产业园区、历史文化街区、智力密集区、边境合作区，以要素集聚、产业融合、国际合作为导向，规划建设生产性服务业集聚区，推动企业集聚和产业集聚发展。

一、发展基本原则

（一）全面融合，集聚发展

广西应适应新型工业化、信息化、城镇化、农业现代化发展趋势，加快实施“互联网+”行动计划，全面推进互联网、云计算、大数据、物联网与现代制造业整合发展。深入实施区域发展总体战略和主体功能区战略，因地制宜引导生产性服务业在中心城市、制造业集中区域、现代农业产业基地及有条件的城镇等区域集聚，实现规模效益和特色发展。

（二）开放合作，创新引领

应面向东盟、对接粤港澳、服务西南中南地区，进一步扩大生产性服务业开放合作，建立与国际接轨的专业化生产性服务业体系，推动云计算、大数据、物联网等在生产性服务业的应用，加快制度创新和标准引领，鼓励企业开展科技创新、产品创新、管理创新、市场创新和商业模式创新，发展新兴生产性服务业态，增强生产性服务业发展的动力和活力。

（三）突出重点，因地制宜

应以显著提升产业发展整体素质和产品附加值为重点，围绕全产业链的整合优化，充分发挥生产性服务业在研发设计、流程优化、市场营销、物流配送、节能降耗等方面的引领带动作用。充分发挥区位、资源和生态优势，立足产业基础和发展需求，突出各地比较优势，加快发展和提升优势特色产业，培育特色服务品牌，形成地域特色突出、发展优势明显、集聚能力强的生产性服务业发展新格局。

（四）绿色环保，节能低碳

应树立贯彻绿色发展理念，加快转变服务业经济发展方式，坚持生产性服务业发展和环境保护、资源节约相结合，支持发展新兴环保服务业，促进实现“经济效益、环境效益、社会效益”的统一。坚持高标准建设生产性服务业集聚区，把环境保护绿色节约贯穿于集聚区规划、建设、生产、流通、消费各环节，提高集聚区建设的治污设施建设和运行水平，促进集聚区经济社会与资源环境协调发展。

（五）政府引导，市场主导

强化政府在规划布局、政策扶持、行业监管服务等方面的引导作用，优先鼓励发展急需、紧缺的生产性服务业类别，大力推进简政放权，降低市场准入条件和交易成本，积极营造生产性服务业良好发展环境。充分发挥市场在配置资源中的决定性作用，鼓励和支持各种所有制企业根据市场需求，积极发展相应生产性服务业，推动服务业布局自然优化。

二、各市发展方向

根据资源禀赋、产业基础和市场需求，加快形成以核心城市、副中心城市、节点城市为架构的“一主四副多节点”生产性服务业布局体系。其中，“一主”即以南宁为核心，“四副”即北部湾沿海、柳州、梧州和玉林四个副中心，“多节点”即以其他设区市为核心的集聚区节点。各市结合自身资源产业特色和区位条件等，优先发展若干生产性服务产业，联动制造业集聚和特色专业市场，形成三次产业集聚的产业综合体。

（一）南宁市

围绕打造中国—东盟重要的区域性现代服务业中心城市、广西现代服务业核心城市，主要布局现代物流、金融商务、科技服务、软件与信息服务、文化创意、节能环保等生产性服务业集聚区；重点发展总部经济和楼宇经济、现代金融、现代物流、电子商务、服务贸易、科技信息、会展商务、软件服务外包、教育培训、文化创意等，兼顾发展通用航空、商贸等服务业，力争成为具有一定国际影响力和区域竞争力的金融中心、商贸物流中心、会展中心、信息中心和文化创意中心。

（二）柳州市

围绕打造生产性服务业发展高地，主要布局现代物流、软件与信息服务、科技服务、金融商务等类集聚区；重点发展汽车及零部件物流、钢材产品交易、医药物流、科技研发、工业设计、检验检测、金融商务、电子商务、软件开发、服务外包、教育培训等，兼顾发展文化创意、节能环保服务、信息服务、通用航空等服务业。

（三）桂林市

围绕打造国际旅游胜地，加快推进国家服务业综合改革试点建设，主要建设软件与信息服务、金融商务、科技服务、新型/特色专业市场、教育培训等类集聚区；重点发展软件与信息服务、商贸交易、金融服务、科技服务、教育培训等，兼顾发展现代物流、文化创意、通用航空等服务业。

（四）梧州市

围绕打造以粤桂合作为核心的现代服务业集聚发展集中区，以承接粤港澳服务业转移为特色，主要布局现代物流、新型/特色专业市场等类集聚区；重点发展商贸、现代物流、职业教育等，兼顾发展宝石设计、影视文化、科技服务、金融商务等服务业，探索粤桂现代服务产业合作。

（五）北海市

围绕打造以海洋经济为特色的现代服务业集聚发展集中区，以海洋科技服务、软件和信息技术服务为特色，主要布局科技服务、软件与信息服务等类集聚区；重点发展物流、海洋科技服务、软件服务外包、文化创意等，兼顾发展金融商务、商贸、电子商务、教育培训等服务业。

（六）防城港市

围绕打造以沿边重点开放开发试验区为核心的现代服务业集聚

发展集中区，以国际港航服务和沿边综合现代服务为特色，主要布局现代物流、新型/特色专业市场等类集聚区；重点发展现代物流、港航服务、北斗导航信息服务、商贸等，兼顾发展东盟科技服务、跨境金融、跨境电子商务等服务业。

（七）钦州市

围绕打造以集装箱干线港为核心的临港生产性服务业集中区，主要布局现代物流、新型/特色专业市场等类集聚区；重点发展现代物流、商贸、航运金融和网络金融、海洋服务等，兼顾发展商务服务、电子商务、文化创意产业等服务业。

（八）贵港市

围绕打造以西江流域第一大港为核心的现代服务业集聚发展集中区，以内河现代港航服务为特色，主要布局现代物流、新型/特色专业市场等类集聚区；重点发展现代物流、商贸、港航服务、羽绒产品和皮革交易等，兼顾发展特色农产品交易、电子商务、影视文化、职业教育、科技服务、智慧产业等服务业。

（九）玉林市

围绕打造中药材、农产品、工业品商贸物流为核心的现代服务业集聚发展集中区，发挥传统商贸优势，主要建设新型/特色专业市场、现代物流等类集聚区；重点发展商贸、现代物流、中医药健康养生与体验、农副产品批发市场和新型专业市场、会展、电子商务等，兼顾发展金融商务、科技服务、工业设计等服务业，力争建设成为泛珠三角与泛北部湾区域性现代商贸物流中心、中国南方药都。

（十）百色市

围绕打造区域性物流集散地为目标的现代服务业集聚发展集中区，主要布局科技服务、新型/特色专业市场、现代物流等类集聚区；重点发展商贸、现代物流、生态铝产品研发及检测和文化创意等，兼顾发展跨境电子商务、沿边金融等服务业。

（十一）贺州市

围绕打造以粤港澳后花园为品牌的现代服务业集聚发展集中

区，主要布局新型/特色专业市场等类集聚区；重点发展商贸等，兼顾发展现代物流、文化创意等服务业。

（十二）河池市

围绕打造以“世界长寿之乡”和“巴马国际慢城”为品牌的现代服务业发展集中区，以优美的山水资源为品牌核心，主要布局新型/特色专业市场等类集聚区；重点发展商贸流通、有色金属研发检测、文化创意、高端饮用水及特色酒业研发检测、茧丝绸产品研发设计等，兼顾发展教育培训、房地产等服务业。

（十三）来宾市

围绕建设新兴现代化工业城市，以临港物流为特色，主要布局现代物流等类集聚区；重点发展商贸、现代物流等，兼顾发展环保科技、职业教育等服务业。

（十四）崇左市

围绕打造以边境贸易和加工贸易为核心的现代服务业集聚发展集中区，以沿边综合现代服务为特色，主要布局新型/特色专业市场、现代物流等类集聚区；重点发展商贸流通、跨境电子商务、锰及稀土新材料研发检测，兼顾金融服务、文化创新等服务业。

第三篇　实证篇

第九章　广西服务业与经济发展相关性的实证研究

第一节　广西生产性服务业与制造业的产业关联分析

一、投入产出模型分析

（一）数据说明和分析指标

本章主要选取 2007 年和 2012 年广西投入产出表来进行分析。生产性服务业的选取包括七个部门，制造业的选取包括 28 个部门，涉及的四个指标如下。

1. 中间需求率

中间需求率指某一部门需要另一部门生产出来的产品或服务作为生产要素，某一具体部门的中间需要部分占该部门生产总值的比例。根据公式（9-1），可以求出制造业 j 对生产性服务业 i 的中间需求率。

$$D_i = \frac{\sum_{j=1}{}_{ij}}{\sum_{j=1}^{n} X_{ij} + Y_i} \tag{9-1}$$

2. 中间投入率

中间投入率是指在某一部门的生产总值，包括中间投入和增加值部分、中间投入与该部门总产值的比重。该比重越高，两者的产业关联度强。根据这一公式（9-2），可以求出生产性服务业 i 对制造业 j 的中间投入率。

$$T_j = \frac{\sum_{i=1}^{n} X_{ij}}{\sum_{i=1}^{n} X_{ij} + Z_j}, \quad j = 1, 2, 3, \cdots, n \tag{9-2}$$

3. 感应度系数

感应度系数表示某一部门受其他部门的需求感应程度。具体来说，就是利用完全消耗系数，根据式（9-3）可以计算出制造业对生产者服务业的中间需求感应程度。感应度系数又称前向关联系数，当该值大于1时，该产业的中间需求敏感度大于平均值，这表明该部门被其他部门的中间需求大于行业平均水平并且预计加大。当该值小于1时，该产业的中间需求敏感度小于平均值，这表明该部门被其他部门的中间需求小于行业平均水平并且预计降低。根据该公式，可以计算出生产性服务业对制造业的感应度系数。

$$G_i = \frac{\sum_{j=1}^{n} b_{ij}}{\frac{1}{n}\sum_{i=1}^{n}\sum_{j=1}^{n} b_{ij}}, \quad i = 1, 2, 3, \cdots, n \tag{9-3}$$

4. 影响力系数

影响力系数表示某一部门对其他部门的需求影响程度。具体来说，就是利用完全消耗系数，根据式（9-4）可以计算出制造业对生产性服务业的中间需求影响程度。感应度系数又称后向关联系数，当该值大于1时，该产业的中间投入影响力大于行业平均值，这表明该部门对其他部门的中间需求影响力系数大于行业平均值并且预计加大。当该值小于1时，该产业的中间需求影响度小于行业平均值，这表明该部门被其他部门的中间需求小于行业平均水平并且预计降低。根据该公式，可以计算出制造业对生产性服务业的影响力系数。

$$E_j = \frac{\sum_{i=1}^{n} b_{ij}}{\frac{1}{n}\sum_{j=1}^{n}\sum_{i=1}^{n} b_{ij}}, \quad j = 1, 2, 3, \cdots, n \tag{9-4}$$

（二）制造业对生产性服务业细分行业的中间需求分析

根据表 9-1 中 2007 年和 2012 年广西制造业对生产性服务业细分行业的中间需求分析得出：第一，从整体来看，制造业对生产者服务的中间需求越来越大。第二，总行业及制造业对批发零售业、交通运输业、租赁和商务服务这三个行业中间需求呈现上升趋势。第三，总行业及制造业对科学研究和技术服务业、金融业这两个生产性服务的中间需求都有所下降，原因是科学研究和技术服务业、金融业这两个行业的中间需求的增速没有超过最终消费增速，导致中间需求所占比重下降。第四，总行业对信息技术服务和房地产业的中间需求上升，然而制造业对信息传输、软件和信息技术服务业和房地产业的需求下降了。这反映了对信息技术服务业和房地产业的需求从制造业逐步转向服务业。

表 9-1　2007 年、2012 年制造业对生产性服务业细分行业的中间需求分析

行业	2007 年		2012 年	
	制造业	总行业	制造业	总行业
批发和零售业	0. 394	0. 466	0. 458	0. 607
交通运输业	0. 343	0. 577	0. 386	0. 634
信息技术服务业	0. 114	0. 318	0. 051	0. 374
金融业	0. 313	0. 648	0. 301	0. 626
房地产业	0. 007	0. 084	0. 004	0. 138
租赁和商务服务业	0. 257	0. 683	0. 344	0. 848
科学研究和技术服务业	0. 374	0. 418	0. 224	0. 313
整体生产性服务业	0. 274	0. 446	0. 307	0. 551

从表 9-2 来看，第一，整体生产性服务业的中间需求比重从 2007 年的 61. 56%下降至 2012 年的 55. 81%。原因可能是制造业对生产性服务业的中间需求上升程度不及总行业对生产性服务业的中间需求上升程度，导致比重下降。第二，制造业对信息技术服务的

中间需求结构变化波动较大，从2007年的35.79%下降为2012年的13.51%，从侧面反映出广西信息技术服务业发展不够成熟，对制造业的支撑不稳定，有待于强化。第三，与2007年相比，2012年制造业对交通运输业与租赁和商务服务的中间需求比重有所提高，对其他的生产性服务的中间需求都有所回落。这说明制造业对生产性服务业的中间需求结构正在发生改变，表现在对物流、租赁商务服务从企业内部化分离而发展成熟起来了，而对技术和资本密集型服务减少了。第四，制造业对生产性服务业的中间需求，主要集中在科学研究和技术服务、批发和零售贸易业，比重达70%，而对房地产的中间需求为零，制造业对一些劳动、技术密集型服务业需求大。

表9-2　2007年和2012年制造业对生产性服务业的中间需求比重

%

行业	2007年	2012年
批发和零售	84.51	75.41↓
交通运输业	59.49	61.90↑
信息技术服务	35.79	13.51↓
金融	48.37	47.62↓
房地产	8.20	0.00↓
租赁和商务服务	37.66	40.00↑
科学研究和技术服务	89.59	70.97↓
整体生产性服务业	61.56	55.81↓

2007年，制造业对整体生产性服务业的中间需求率为0.274，2012年，制造业对整体生产性服务业的中间需求率为0.307，增加了0.033。从总体来看，虽然该中间需求越来越大，但是该中间需求的比重却降低了。这说明广西制造业对生产性服务的需求越来越大，但这种需求相对全行业来说是减弱了。

（三）生产性服务业对制造业细分行业的中间投入分析

根据表9-3来看，第一，从整体来看，全行业对制造业的中间使用率加大，但是生产性服务业对制造业的使用却缩减了。第二，全行业包括生产性服务业对这8个行业（纺织品、纺织服装鞋帽皮革羽绒及其制品、石油炼焦和核燃料制品、化学产品、金属制品、通用和专用设备、仪器仪表、废品废料）的中间投入都加大了。第三，整体行业对这三个行业（食品和烟草、造纸印刷和文教体育用品、电气机械和器材）的中间投入呈现上升阶段，而生产性服务业的中间投入却略减。原因是生产性服务业对这两个行业的中间投入的增速小于其他行业对这两个行业的中间投入增速，导致生产性服务业对这两个行业的中间投入率下降。另外，其他制造产品行业因为2007年和2012年的统计年鉴记录口径的不同，没有对比意义。第四，整体行业对这两个行业（木材加工品和家具、交通运输设备）的中间投入呈现下降趋势，而生产性服务业的中间投入却增加。这两个行业对中间投入的需求正从制造业转向生产性服务业。第五，整个行业包括生产性服务业对这三个行业（非金属矿物用品、金属冶炼和压延制品、通信设备和计算机等电子设备）的使用都正在下降。

表9-3 2007年和2012年生产性服务业对制造业的中间使用分析

行业	2007年		2012年	
	生产性服务	总行业	生产性服务	总行业
食品和烟草	0.088	0.616	0.086	0.650
纺织品	0.053	0.659	0.092	0.689
纺织、服装、鞋帽、皮革、羽绒及其制品	0.044	0.648	0.072	0.690
木材加工品和家具	0.055	0.670	0.109	0.651
印刷和文教制品	0.074	0.648	0.063	0.652
石油炼焦和核燃料制品	0.025	0.506	0.034	0.754

续表

行业	2007年		2012年	
	生产性服务	总行业	生产性服务	总行业
化学产品	0.090	0.656	0.094	0.671
非金属矿物制品	0.134	0.740	0.116	0.678
金属冶炼和压延加工品	0.105	0.754	0.051	0.747
金属制品	0.072	0.654	0.078	0.680
通用设备	0.087	0.703	0.091	0.704
专用设备			0.110	0.770
交通运输设备	0.074	0.832	0.080	0.742
电气机械和器材	0.105	0.659	0.056	0.710
通信设备和计算机等电子设备	0.069	0.722	0.050	0.687
仪器仪表	0.066	0.586	0.072	0.692
其他制造产品	0.814	0.530	0.110	0.648
废品废料	0.028	0.393	0.069	0.449
机械修理服务			0.026	0.592
整体制造业	0.101	0.693	0.097	0.759

数据来源：2007年、2012年广西投入产出表。

从表9-4可以看出，第一，中间投入比重从2007年的14.61%下降至2012年的12.77%，中间投入比重下降了。第二，生产者服务业对制造业子行业的中间投入层次变化波动较大，一些行业增加幅度大。比如，木材加工品和家具业从2007年的8.20%增加到2012年的16.92%；废品废料从2007年的7.19%增加到2012年的15.56%。一些行业下降幅度大。比如，金属冶炼和压延加工品从2007年的13.95%降低到2012年的6.67%；电气机械和器材从2007年的15.92%降低到2012年的8.45%。这些变化说明制造业产业结构正在努力向绿色环保、节能减排这个方向前进。比如，废品废料、木材加工品和家具等行业通过增加生产性服务提升产品的品质或服务质量，不再是简单的加工生产。另一些对环境构成威胁的行业，生产性服务业通过选择结构层次高的制造业进行中间投入，从而淘汰这些对环境构成威胁的行业。比如，金属冶炼和压延加工品行业。第三，对整体制造业的中间使用主要集中在食品和烟草、纺织品、木材加工和家具、化学产品、非金属矿物制品、通用和专用设备其他制造产品、废品废料。这些行业都是中间投入比重 12% 以上，这表现在生产性服务对轻工业、初加工制造业的投入较大。

表 9-4 2007 年和 2012 年生产性服务业对制造业的中间投入比重

%

行业	2007 年	2012 年
食品和烟草	14. 25	13. 21↓
纺织品	8. 04	13. 30↑
纺织、服装、鞋帽、皮革、羽绒及其制品	6. 74	10. 42↑
木材加工品和家具	8. 20	16. 72↑
印刷文教制品	11. 42	9. 61↓
石油炼焦和核燃料制品	4. 94	4. 56↓
化学产品	13. 67	13. 94↓
非金属矿物制品	18. 05	17. 08↓
金属冶炼和压延加工品	13. 95	6. 89↓
金属制品	11. 07	11. 45↑
通用设备	12. 32	12. 97↑
专用设备		14. 23↑
交通运输设备	8. 84	10. 74↑
电气机械和器材	15. 92	7. 85↓

续表

行业	2007 年	2012 年
通信设备和计算机等电子设备	9.61	7.30↓
仪器仪表	11.29	10.42↓
其他制造产品	15.38	16.95↑
废品废料	7.19	15.37↑
机械修理服务		4.38
整体制造业	14.61	12.77↓

数据来源：2007 年、2012 年广西投入产出表。

从总体来看，生产性服务业对整体制造业的中间使用略微减少，全行业对整体制造业的中间投入却增加了。这说明广西制造业从某种程度上更依赖于制造业本身，而对生产性服务业的依赖度在降低。同时，为生产性服务业的发展提供有效的需求市场的这个效应也正在减弱。对此，本书将通过感应度系数和影响力系数进行深入分析。

（四）从感应度系数分析生产性服务业与制造业的产业关联

感应度系数是指该行业受其他行业的前向需求感应程度。感应度系数又称前向关联系数，当该值大于 1 时，该产业的中间需求敏感度大于平均值，这表明其他部门对该部门的中间需求大于行业平均水平并且预计增加。当该值小于 1 时，该产业的中间需求敏感度小于平均值，这表明其他部门对该部门的中间需求小于行业平均水平并且预计降低。2007 年和 2012 年，生产性服务业对制造业的感应度系数如表 9-5 所示。

表 9-5　2007 年和 2012 年生产性服务业对制造业的感应度系数

行业	2007 年	2012 年
批发和零售	2.880	1.816
交通运输业	2.834	2.003

续表

行业	2007 年	2012 年
信息技术服务	0. 280	0. 229
金融业	1. 805	1. 871
房地产	0. 187	0. 144
租赁和商务服务	0. 750	0. 881
科学研究和技术服务	0. 097，0. 146	0. 056

数据来源：2007 年、2012 年广西投入产出表。

根据表 9-5 可以分析得出：第一，在生产性服务业细分行业中，感应度系数大于 1 的有批发和零售业、交通运输业、金融业这三个行业。这说明生产性服务业每增加一单位的投入，对制造业的需求超过社会部门对生产性服务业总需求的平均水平。从另一方面也反映了这三个行业为制造业的发展提供了强劲的支撑作用。第二，感应度系数小于 1 的行业有信息技术服务、房地产、租赁和商务服务、科学研究和技术服务这四个行业。在阐述生产性服务业现状时，我们就知道这四个行业规模小、发展水平低，因此，与制造业的产业关联效应处于较低水平。第三，从 2007 年与 2012 年的感应度系数对比的变化可以看出，金融业、租赁和商务服务这两个服务行业的感应度系数呈现上升阶段，其他五个行业的感应度系数下降。这个信号显示出生产者服务对制造业的依赖程度有放缓趋势。整体来说，广西一些生产性服务业因受制造业调整升级的影响而引起相应的感应度低，而且这种感应度也正在减弱。

（五）从影响力系数分析生产性服务业与制造业的产业关联

影响力系数反映了某一部门对其他部门包括本身所产生的生产需求波及程度。表 9-6 反映了 2007 年和 2012 年制造业子行业对生产性服务业的需求波及程度。需求波及程度越高，说明制造业对生产性服务业发展的拉动作用就越大。

表 9-6　2007 年和 2012 年制造业对生产性服务业的影响力系数

行业	2007 年	2012 年
(1) 食品和烟草	0.853	0.855
(2) 纺织品	0.727	0.964
(3) 纺织服装鞋帽皮革羽绒及其制品	0.674	1.014
(4) 木材加工品和家具	0.798	1.179
(5) 造纸印刷和文教制品	0.941	0.903
(6) 石油炼焦和核燃料制品	0.207	0.349
(7) 化学产品	1.074	0.180
(8) 非金属矿物制品	1.429	1.312
(9) 金属冶炼和压延加工品	1.325	0.954
(10) 金属制品	1.162	1.071
(11) 通用设备	1.272	1.208
(12) 专用设备	1.272	1.420
(13) 交通运输设备	1.484	1.231
(14) 电气机械和器材	1.312	0.986
(15) 通信设备和计算机等电子设备	1.189	0.885
(16) 仪器仪表	1.005	1.044
(17) 其他制造产品	0.947	1.149
(18) 废品废料	0.282	0.767
(19) 机械修理服务		0.799

数据来源：2007 年、2012 年广西投入产出表。

根据表 9-6 可以分析得出：第一，在制造业细分行业中，影响力系数大于 1 的有（3）（4）（8）（10）（11）（12）（13）（16）（17）这九个行业，这说明制造业每增加一单位的最终使用，对生产性服务业的需求超过对整个行业的总需求的平均水平。从另一方面也反映了这九个行业对生产性服务业发展的拉动作用大、依赖程度强。第二，影响力系数小于1的行业有（1）（2）（5）（6）（7）（9）（14）（15）（18）（19）这十个行业。这十个行业有的是轻工业，有的是重工业，影响力系数小于1说明了这十个行业对生产性服务业的发展的拉动作用小、依赖程度较弱。第三，从2007年到2012年的影响力系数的变化可以看出，有九个制造业子行业的影响力系数增加，九个制造业子行业的影响力系数降低。这个信号显示出整体制造业对生产性服务业的影响力保持不变，对生产性服务业发展的拉动作用和依赖度保持不变。整体来说，广西制造业对生产性服务业的需求波及程度较强，这种影响力保持不变，没有增加也没有减少。

（六）研究结论

通过对中间需求、中间投入、感应度系数、影响力系数这四个指标的研究与分析，本章主要得出以下结论。

1. 广西制造业对生产性服务业的需求越来越大，但这种需求相对全行业来说减弱

从生产性服务业细分行业来看，制造业对批发和零售、交通运输业、租赁和商务服务这三个生产性服务的中间需求大，对信息技术服务、科学研究和技术服务业、金融业、房地产这四个生产性服务业中间需求小。整体来看，虽然制造业对生产性服务业的中间需求越来越大，但是该中间需求的比重却降低了。这说明广西制造业对生产性服务的需求越来越大，但这种需求相对全行业来说是减弱了。目前，制造业产业调整升级会对生产性服务业的需求带来一定的冲击，因此，制造业应加快产业调整升级，将生产性服务业从内部向外部快速剥离，孕育出新产业、新业态的新兴生产性服务业，提高制造业服务化水平。

2. 广西制造业更依赖于制造业本身，而对生产性服务业的依赖度在降低

从制造业细分行业所占比重来看，制造业所需的生产性服务业要素主要集中在非金属矿和其他矿采选产品、石油、炼焦产品和核

燃料加工品、金属矿采选产品，尤其是石油、炼焦产品和核燃料加工品占的比重为48.61%。这说明生产性服务业对资源密集型制造业的投入较大，但是广西制造业产业结构正在努力向绿色环保、节能减排这个方向前进。另一些对环境构成威胁的行业，生产性服务业通过选择结构层次高的制造业进行中间投入，从而淘汰这些对环境构成威胁的行业。从总体来看，生产性服务业对整体制造业的中间使用略微减少，全行业对整体制造业的中间投入却增加了。这说明广西制造业从某种程度上更依赖于制造业本身，而对生产性服务业的依赖度在降低。同时，为生产性服务业的发展提供有效的需求市场的效应也正在减弱。

3. 广西生产性服务发展滞后导致制造业发展缓慢

2012年，广西制造业对生产性服务的中间需求率为0.307，表现出制造业对生产性服务业有着强烈的需求，而制造业所需的生产性服务要素的中间投入率为0.097，可见，生产性服务业很少为制造业的发展提供配套有效的生产性服务。另外，从上述感应度系数和影响力系数分析两者的产业关联度来看，广西整体生产性服务的前向感应度高，而制造业所需的生产者服务后向影响不足，进一步说明在制造业转型升级的道路上，生产性服务业发展滞后可能会跟不上制造业的步伐，因此，我们急需发展生产性服务迎合制造业的发展。

二、回归模型分析

根据上一章对广西投入产出表的分析得出，广西生产性服务业发展滞后未能有效促进广西制造业的发展。本章将运用Stata软件建立多元线性回归分析实证模型继续对生产性服务业与制造业产业关联深化研究。

（一）指标的选取和假设的提出

根据广西统计年鉴，本章选取2004—2014年广西14个地级市制造业增加值、生产性服务业增加值及制造业资本投入、制造业劳动投入、生产性服务业劳动投入、交通运输业增加值、信息传输业增加值、金融业增加值、房地产增加值、科学研究增加值作为研究指标，建立面板数据对广西生产性服务业及子行业与制造业的产业关联进行回归分析。在选取数据的过程中，本书未能在广西统计年鉴中找到某些具体数据，只能以相近的数据替代。制造业增加值指标选取相近的工业增加值数据并通过制造业占工业比重的特殊处理，生产性服务业增加值指标选取相近的第三产业增加值数据并通过生产性服务业占第三产业比重的特殊处理，制造业资本投入选取制造业固定资产投资额，制造业劳动投入选取制造业从业人员数量，生产性服务业劳动投入选取生产性服务业从业人员数量，交通运输业、信息传输业、金融业、房地产、科学研究和技术服务业均选取行业增加值作为样本数据。

根据前面的分析，本书得出结论：生产性服务业发展规模小，以及广西制造业对生产性服务业中间需求率大于生产性服务业对制造业中间的投入率。同时，广西整体生产性服务的前向感应度高，而制造业所需的生产者服务后向影响不足。通过这些表明广西生产性服务发展滞后导致制造业发展动力不足，因此，本章提出以下三个假设。

假设一：生产性服务业的滞后发展对制造业的发展有负向影响。

假设二：制造业的发展对生产性服务业的发展起正向推动作用。

假设三：交通运输业、信息传输业、金融业、房地产、科学研究和技术服务业的滞后发展对制造业的发展有负向影响。

（二）回归分析结论

在西方经济学经典理论中，计算生产总量时，多采用柯布—道格拉斯函数，因此，生产总量主要与资本和劳动力相关。基于生产性服务业是由于制造业专业化分工而成功剥离出来的，因此，将生产性服务增加值作为制造业增加值的一个自变量。当然，制造业快速发展也促进了生产性服务业进一步发展，因此，也将制造业增加值作为生产性服务业增加值的一个自变量。模型方程公式如下：

$$Q_m = a_1 Q_s + a_2 M_k + a_3 M_l + cons \tag{9-5}$$

$$Q_s = a_1 Q_m + a_1 S_l + cons \tag{9-6}$$

其中，Q_m 为广西制造业增加值，Q_s 为广西生产性服务业增加值，M_k 为广西制造业资本投入额，M_l 为广西制造业劳动投入额，S_l 为广西生产性服务业劳动投入额，*cons* 为常数项。

对模型方程做回归分析之前，先确定所选的数据应该使用固定效应还是随机效应。由于 Hausman 检验的 P 值为-4.75，为保险起见，本章选取的是固定效应模型。下文将根据公式（9-5）和（9-6）做面板线性回归分析，得出模型一和模型二的数据结果。

从表 9-7 可以看出，模型一解释制造业增加值这个因变量主要采用的是生产性服务业增加值、制造业资本投入和劳动力投入这三个自变量。建立模型得出各系数都在 1%水平上显著，常数项在 10%水平上显著，说明模型方程拟合程度很高。在广西制造业资本投入每增加 1%，制造业增加值就会增加 0.988 85%；制造业劳动投入每增加 1%，则制造业增加值就会增加 0.001 96%。这表明资本投入对制造业的拉动效应远大于劳动力投入对制造业的拉动效应，并且制造业是资本密集型产业。更为重要的是，生产性服务业的增加值每增加 1%，则制造业的增加值将会减少 0.602 69%。这一数值反映出目前生产性服务业对制造业的促进作用为负，验证了假设一的正确性，也证明了上一章结论的正确性，即广西生产性服务业发展滞后导致制造业发展动力不足。可能的原因在于制造业内部分离出生产性服务业的发展程度低、规模小而散，导致制造业对生产性服务业的需求小。

表 9-7　生产性服务业与制造业的回归分析

指标	模型一	模型二
	-0.602 69*** （-5.01）	
M_k	0.988 85*** （15.41）	
M_l	0.001 96*** （6.57）	
Q_m		0.414 36*** （15.53）

续表

指标	模型一	模型二
S_l		0.002 08*** (11.39)
cons	22.980 4* (1.87)	−10.750 28 (−1.07)
Prob	0	0
sigma_u	32.691 3	26.442 612
sigma_e	44.816 0	33.321 376
rho	0.347 3	0.386 406 05
R-sq	0.882 4	0.843 2
corr (u_i, xb)	0	0

备注：***，**，*指在1%，5%，10%水平上显著，数据来源于《广西统计年鉴》。

根据模型二，解释生产性服务业因变量主要采用制造业增加值、劳动力投入这两个自变量。自变量都在1%水平上显著，常数项不显著，根据经验，常数项不显著是常见的，不会影响到模型的稳定性。另外，无论是模型一还是模型二，劳动力投入对行业增加值的促进作用比较微弱，只有0.002%左右的效果。本书试图将从业人员劳动报酬作为劳动力投入，但是系数项为0.000 2，比将从业人员数量作为劳动力投入更加微弱。制造业增加值每增加1%，则生产性服务业增加值就会增加0.414 36%。说明制造业的发展对生产性服务业的发展起正向推动作用，证明假设二的正确性。从回归模型分析结果可以看出，制造业的发展对生产性服务业的发展所起的促进作用较大，而生产性服务业的发展却制约着制造业的发展。

为了进一步证明上述结论的正确，下面将生产性服务业中的交通运输业增加值、信息传输业增加值、金融业增加值、房地产增加值、科学研究和技术服务业增加值这五个变量替代方程模型一中的生产性服务业增加值变量，得到五个新方程模型。

$$Q_m = a_1 Q_t + a_2 M_k + a_3 M_l + \text{cons}$$

$$Q_m = a_1 Q_i + a_2 M_k + a_3 M_l + \text{cons}$$

$$Q_m = a_1 Q_f + a_2 M_k + a_3 M_l + \text{cons}$$

$$Q_m = a_1 Q_r + a_2 M_k + a_3 M_l + \text{cons}$$

$$Q_m = a_1 Q_{sci} + a_2 M_k + a_3 M_l + \text{cons}$$

其中，Q_t为交通运输业增加值，Q_i为信息传输业增加值，Q_f为金融业增加值，Q_r为房地产业增加值，Q_{sci}为科学研究和技术服务业增加值。对上述五个方程进行回归分析，探究生产性服务业中交通运输业、信息传输业、金融业、房地产、科学研究和技术服务业分别对制造业的影响。在做回归分析之前，用 Hausman 检验 P 值确定模型都用固定效应回归分析，根据上述公式得到模型结果如表 9-8 所示。

表 9-8　交通运输业、信息传输业、金融业、房地产、科学研究对制造业的回归分析

	模型三	模型四	模型五	模型六	模型七
Q_t	-0.000 27*** (-3.94)				
Q_i		-0.000 29*** (-2.81)			
Q_f			-0.000 22*** (-5.38)		
Q_r				-0.000 29*** (5.61)	
Q_{sci}					-0.000 62*** (-4.45)
M_k	0.892 88··· (17.17)	0.661 09··· (15.73)	0.920 30*** (17.18)	9 239 901*** (18.34)	0.866 76··· (13.10)
M_l	0.001 26*** (4.56)	0.001 93*** (6.50)	0.001 78*** (7.93)	0.014 88··· (7.04)	0.001 76··· (7.66)

续表

	模型三	模型四	模型五	模型六	模型七
cons	29. 774 59*** (2. 65)	26. 585 61··· (2. 71)	−1. 702 67 (−0. 19)	8. 658 749 (1. 02)	5. 076 55 (0. 61)
Prob	0	0	0	0	0
sigma_ u	27. 297 74	14. 810 29	14. 028 56	15. 990 07	10. 469 68
sigma_ e	31. 214 58	26. 933 95	31. 502 10	30. 235 37	19. 070 62
rho	0. 433 35	0. 232 16	0. 165 49	0. 218 56	0. 231 59
R-sq	0. 862 7	0. 810 2	0. 836 4	0. 855 4	0. 748 1
corr (u—i，xb)	0	0	0	0	0

从这五个模型来看，各系数大部分是在1%水平上显著，整体数据拟合效果高，说明这五个行业对制造业的影响是显著的。其中，交通运输业增加值增加1%，制造业增加值就减少0. 000 27%；信息传输业增加值增加1%，制造业增加值就减少0. 000 29%；金融业增加值增加1%，制造业增加值就减少0. 000 22%；房地产增加值增加1%，制造业增加值就减少0. 000 29%；科学研究和技术服务业增加值增加1%，制造业增加值就减少0. 000 62%。从这些数据可以看出，生产性服务业中这五个行业对制造业的推动作用都为负，证明假设三的正确性。然而这五个子行业对制造业发展影响微弱，其中，科学研究和技术服务业对制造业的发展的制约影响是最高的。

我们从国内外研究理论可以知道，生产性服务业是服务于制造业的，先进的生产性服务业对制造业的强大起到必不可少的正向推动作用。但是生产性服务业的发展滞后，也制约着制造业的升级和发展，广西目前就处在这个阶段。比如，在交通运输行业中，广西建设了11. 49万公里的公路网，占我国公路里程的2. 55%。物流成本占生产成本的比重高达30%～40%。因此，生产性服务业的高成本、服务程度低是导致制造业的生产成本降不下来及发展滞后的主要原因。

第二节　广西生产性服务业产业关联——以钦州市为例

一、钦州市生产性服务业与制造业的关系分析

（一）实证数据的来源和解释变量、被解释变量的选取

本书选取交通运输仓储和邮政业、信息传输计算机和软件、金融业、房地产业、租赁和商务服务，以及科学研究、技术服务和地质勘探这 6 个行业的生产总值作为解释变量，以钦州市制造业总产值作为被解释变量，分析生产性服务业各行业与制造业的关系。考虑到数据的完整性，本书采用 2006—2016 年钦州市统计局收集的相关数据来做模型。

（二）多元线性回归模型的设定

为了研究钦州市生产性服务业各行业对钦州市制造业的影响程度，建立如下多元线性回归模型。

$$Y=\alpha+\beta_1X_1+\beta_2X_2+\beta_3X_3+\beta_4X_4+\beta_5X_5+\beta_6X_6+\varepsilon \tag{9-7}$$

模型（9-7）中 X_1，X_2，X_3，X_4，X_5，X_6 为解释变量，分别代表钦州市的交通运输仓储和邮政业、信息传输计算机和软件、金融业、房地产业、租赁和商务服务，以及科学研究、技术服务和地质勘探这 6 个行业的生产总值。Y 为被解释变量，代表钦州市的制造业生产总值；α，β_i 为待估参数，ε 为随机误差项。

本书使用的数据为时间序列数据，时间序列数据容易产生异方差，这会对实证结果有影响。为了消除异方差的影响，将模型(9-7)等号两边的被解释变量和解释变量分别取对数，这样的转换不会影响解释变量和被解释变量的协整关系，取对数后的模型变换如下。

$$\ln Y=\alpha+\beta_1\ln X_1+\beta_2\ln X_2+\beta_3\ln X_3+\beta_4\ln X_4+\beta_5\ln X_5+\beta_6\ln X_6+\varepsilon$$

实证过程是运用 EVIEWS 7. 2 计量经济学软件完成的。模型的估计结果如表 9-9 所示。

表 9-9　模型（9-7）估计结果

Dependent Variable：LOG（Y）
Method：Least Squares
Date：03/26/18　Time：11：51
Sample：2006 2016
Included observations：11

Variable	Coefficient	Std. Error	t-Statistic	Prob.
C	1.479 667	1.578 584	0.937 338	0.401 7
LOG（X_1）	0.415 189	0.484 094	0.857 662	0.439 4
LOG（X_2）	1.839 693	0.546 310	3.367 492	0.028 1
LOG（X_3）	−0.600 523	0.732 417	−0.819 920	0.458 3
LOG（X_4）	0.405 683	0.619 652	0.654 695	0.548 4
LOG（X_5）	0.506 673	0.743 245	0.681 704	0.532 9
LOG（X_6）	−0.176 662	0.568 570	−0.310 713	0.771 5
R-squared	0.983 847	Mean dependent var		6.571 463
Adjusted R-squared	0.959 617	S. D. dependent var		0.717 084
S. E. of regression	0.144 101	Akaike info criterion		−0.775 479
Sum squared resid	0.083 060	Schwarz criterion		−0.522 273
Log likelihood	11.265 14	Hannan-Quinn criter.		−0.935 090
F-statistic	40.605 32	Durbin-Watson stat		2.597 418
Prob（F-statistic）	0.001 532			

从模型初步的估计结果可以看出，6 个解释变量中，通过 T 检验的只有 X_2，X_2 的 P 值小于 0.05。其他解释变量的 T 检验均通不过，说明这些解释变量中有些不是引起 Y 的原因。因此，需要重新选取解释变量，重新对模型进行估计。

经过几次调整后，发现去除变量 $\ln X_3$，$\ln X_5$ 和 $\ln X_6$ 后，模型的回归效果是最好的，回归结果如表 9-10 所示。

表 9-10　模型的回归结果

Dependent Variable：LOG（Y）
Method：Least Squares
Date：03/26/18　Time：11：50
Sample：2006 2016
Included observations：11

Variable	Coefficient	Std. Error	t-Statistic	Prob.
LOG（X_1）	0. 240 307	0. 117 529	2. 044 666	0. 075 1
LOG（X_2）	2. 404 241	0. 180 535	13. 317 32	0. 000 0
LOG（X_4）	0. 381 219	0. 146 123	2. 608 892	0. 031 2
R-squared	0. 974 285	Mean dependent var		6. 571 463
Adjusted R-squared	0. 967 857	S. D. dependent var		0. 717 084
S. E. of regression	0. 128 563	Akaike info criterion		−1. 037 798
Sum squared resid	0. 132 227	Schwarz criterion		−0. 929 281
Log likelihood	8. 707 888	Hannan-Quinn criter.		−1. 106 203
Durbin-Watson stat	2. 278097			

由表 9-9 可知，修正后的模型的回归方程为：

$$\ln Y = 0.2403\ln X_1 + 2.4042\ln X_2 + 0.3812\ln X_4 \quad (9\text{-}8)$$

由表 9-9 可以看到，修正后的模型解释变量为 X_1，X_3，X_4，它们的参数估计 T 检验 Prob 值在 10%以下，R^2 值达到 0. 974285，模型的拟合程度较好。

为了进一步检验模型是否存在伪回归现象，现将对方程的残差进行平稳性检验。具体检验结果如表 9-11 所示。

表 9-11　模型的残差平稳性检验结果

		t-Statistic	Prob. *
Augmented Dickey-Fuller test statistic		−3. 821 584	0. 001 5
Test critical values：	1% level		−2. 816 740
	5% level		−1. 982 344
	10% level		−1. 601 144

由表9-11的模型残差平稳性检验结果可以看到，残差的ADF值为-3.821 584，P值为0.001 5，小于1%的显著性水平（-2.816 740）。因此，可以得出结论，模型（9-7）的残差项在1%的显著性水平条件下是平稳的。由此也说明了调整后的回归模型不存在伪回归现象，是有效的回归模型。

（三）实证结果分析

参考回归方程（3-1），X_1 系数为0.240 3，这说明交通运输仓储和邮政业每增加1%，制造业总量增加0.240 3%；X_2 的系数为2.404 2，这说明信息传输计算机和软件每增加1%，制造业总产值增加2.404 2%；X_3 的系数为0.381 2，这说明金融业每增加1%，制造业总产值增加0.381 2%。

二、钦州市生产性服务业与经济增长的关系分析

（一）实证数据的来源和解释变量、被解释变量的选取

该部分的数据主要是通过在钦州市统计局收集并整理获得，本书将选取交通运输仓储和邮政业、信息传输计算机和软件、金融业、房地产业、租赁和商务服务，以及科学研究、技术服务和地质勘探这6个行业的生产总值作为解释变量，以钦州市国民生产总值作为被解释变量，分析生产性服务业各行业对钦州市国民生产总值的贡献。考虑到数据的完整性，本书采用2006—2016年钦州市统计局收集的相关数据来做模型。

（二）多元线性回归模型的设定

为了研究钦州市生产性服务业各行业对钦州市国民经济的影响程度，建立如下多元线性回归模型。

$$Y=\alpha+\beta_1X_1+\beta_2X_2+\beta_3X_3+\beta_4X_4+\beta_5X_5+\beta_6X_6+\varepsilon \tag{9-9}$$

模型（9-9）中，X_1，X_2，X_3，X_4，X_5，X_6 为解释变量，分别代表钦州市的交通运输仓储和邮政业，信息传输计算机和软件，金融业，房地产业，租赁和商务服务，科学研究、技术服务和地质勘探这6个行业的生产总值。Y 为被解释变量，代表钦州市的国民生产总值；α，β 为待估参数，ε 为随机误差项。

此处使用的数据为时间序列数据，时间序列数据容易产生异方

差，这会对实证结果有影响。为了消除异方差的影响，将模型(9-9)等号两边的被解释变量和解释变量分别取对数，这样的转换不会影响解释变量和被解释变量的协整关系，取对数后的模型变换如下。

$$\ln Y=\alpha+\beta_1\ln X_1+\beta_2\ln X_2+\beta_3\ln X_3+\beta_4\ln X_4+\beta_5\ln X_5+\beta_6\ln X_6+\varepsilon$$

实证过程是运用 EVIEWS 7. 2 计量经济学软件完成的。模型的估计结果如表 9-12 所示。

表 9-12　模型的估计结果

Dependent Variable：LOG（Y）
Method：Least Squares
Date：03/26/18　Time：09：42
Sample：2006 2016
Included observations：11

Variable	Coefficient	Std. Error	t-Statistic	Prob.
C	3. 157 744	0. 382 401	8. 257 667	0. 001 2
LOG（X_1）	0. 141 625	0. 117 269	1. 207 698	0. 293 7
LOG（X_2）	0. 654 330	0. 132 340	4. 944 317	0. 007 8
LOG（X_3）	0. 364 676	0. 177 423	2. 055 404	0. 109 0
LOG（X_4）	0. 161 134	0. 150 107	1. 073 463	0. 343 5
LOG（X_5）	−0. 080 852	0. 180 046	−0. 449 062	0. 676 6
LOG（X_6）	0. 070 923	0. 137 732	0. 514 936	0. 633 7
R-squared	0. 998138	Mean dependent var		6. 313 789
Adjusted R-squared	0. 995 345	S. D. dependent var		0. 511 633
S. E. of regression	0. 034 907	Akaike info criterion		−3. 611 105
Sum squared resid	0. 004 874	Schwarz criterion		−3. 357 899
Log likelihood	26. 861 08	Hannan-Quinn criter.		−3. 770 716
F-statistic	357. 370 9	Durbin-Watson stat		2. 670 733
Prob（F-statistic）	0. 000 021			

从模型初步的估计结果可以看出，6 个解释变量中，T 检验通过的只有常数项 C 和 X_2，这两项的 P 值小于 0. 05。其他解释变量的 T 检验均通不过，说明这些解释变量中有些不是引起 Y 的原因。

因此，需要重新选取解释变量，重新对模型进行估计。

经过几次调整后，发现去除变量 $\ln X_1$，$\ln X_5$ 和 $\ln X_6$ 后，模型的回归效果是最好的，回归结果如表 9-13 所示。

表 9-13　模型的回归结果

Dependent Variable：LOG（GDP）
Method：Least Squares
Date：03/26/18　Time：11：19
Sample：2006 2016
Included observations：11

Variable	Coefficient	Std. Error	t-Statistic	Prob.
C	3.212 803	0.158 120	20.318 71	0.000 0
LOG（X_2）	0.634 749	0.095 431	6.651 412	0.000 3
LOG（X_3）	0.408 249	0.036 886	11.067 91	0.000 0
LOG（X_4）	0.242 990	0.040 546	5.992 873	0.000 5
R-squared	0.997 403	Mean dependent var		6.313 789
Adjusted R-squared	0.996 289	S. D. dependent var		0.511 633
S. E. of regression	0.031 166	Akaike info criterion		−3.823 686
Sum squared resid	0.006 799	Schwarz criterion		−3.678 997
Log likelihood	25.030 27	Hannan-Quinn criter.		−3.914 892
F-statistic	895.987 8	Durbin-Watson stat		1.805 931
Prob（F-statistic）	0.000 000			

调整后的回归模型为：

$$\ln Y=3.212+0.6347\ln X_2+0.4082\ln X_3+0.2429\ln X_4 \quad (9\text{-}10)$$

由表 9-13 可以看到，修正后的模型解释变量为 X_2，X_3，X_4，它们的参数估计 T 检验 Prob 值在 1%以下，R^2 值达到 0.997 403，模型的拟合程度较好。

为了进一步检验模型是否存在伪回归现象，现将对方程的残差进行平稳性检验。具体检验结果如表 9-14 所示。

表 9-14　方程的残差平稳性检验结果

		t-Statistic	Prob. *
Augmented Dickey-Fuller test statistic		−2. 743 832	0. 011 5
Test critical values：	1% level	−2. 816 740	
	5% level		−1. 982 344
	10% level		−1. 601 144

由表 9-14 的模型残差平稳性检验结果可以看到，残差的 ADF 值为 − 2. 743 832，P 值为 0. 011 5，小于 5% 的显著性水平（−1. 982 344）。因此可以得出结论，模型（9-10）的残差项在 5% 显著性水平的条件下是平稳的。由此也说明了调整后的回归模型不存在伪回归现象，是有效的回归模型。

（三）实证结果分析

第一，根据回归方程（9-10）X_2 的系数可知，钦州市的信息传输、计算机服务和软件业每增加 1 个百分点，国民生产总值将提高 0. 634 7 个百分点。对于钦州市来说，信息传输、计算机服务和软件业的总体发展水平并不高，但是，对 GDP 的拉动作用却是最大的。近年来，钦州市政府高度重视城市信息化的建设。2014 年，启动“智慧钦州”项目，2016 年 10 月，钦州市与电信广西公司举行“智慧钦州”信息化建设战略合作签约仪式，主动对接国家“互联网+”的行动计划。此外，钦州市还与华为公司签署了合作协议，这对钦州市城市信息化的发展意义重大。钦州市信息服务业的发展将会给钦州市带来跨越式的发展。

第二，根据回归方程（9-10）X_3 的系数可知，钦州市的金融业产值每增加 1 个百分点，国民生产总值将增加 0. 408 2 个百分点，这表明钦州市金融业的发展可以促进经济的增长。为了更好地发挥金融业服务钦州市经济发展的作用，钦州市政府应该依托中国—东盟自由贸易区前沿的有利优势，继续深化金融体系的改革，提升金融服务效率，建立信用体系数据平台，推进跨境金融中心的建设，进一步提升金融业对钦州市经济增长的促进作用。

第三，根据回归方程（9-10）X_4 的系数可知，钦州市房地产业的产值每增加 1 个百分点，国民生产总值将增加 0. 242 9 个百分点。这说明近些年来房地产业对钦州市经济的促进作用是明显的。

但从长期来看，钦州市政府应该有序推进房地产业开发建设，坚决打击房地产商捂盘囤地的行为，力保商品房价格基本稳定。此外，还要加大服务监督的力度，保证商品房的质量，维护消费者的利益，确保钦州市房地产市场健康有序地发展。

由以上的分析可以看出，钦州市生产性服务业中的计算机服务和软件业、金融业、房地产业都能较好地带动钦州市经济的发展，促进钦州市经济的增长。在未来的一段时间里，钦州市政府应该加大对这些行业的扶持力度，进一步提升生产性服务业带动钦州市经济发展的能力。

第三节　广西生产性服务业与就业的关系——以钦州市为例

一、就业增长弹性分析

前面分析了生产性服务业和制造业之间经济增长的关系，那么生产性服务业的增长对就业的影响效果如何呢？下面我们将讨论就业弹性这个问题。

所谓就业弹性是经济增长每变化 1%所对应的就业人数变化的百分比，就业弹性反映经济增长对就业的直接效应。通常来讲，就业弹性的值越大，表明经济增长可以带动更多的人就业，意味着经济增长对就业增长的带动效应较好；如果就业弹性的值较小，意味着经济增长对就业增长的带动作用较小；若就业弹性小于 0，说明经济增长反而降低了该行业的就业人数。

就业增长弹性计算公式：

$$E_i = \frac{\Delta X_i / X_i - 1}{\Delta Y_i / Y_i - 1} \tag{9-11}$$

其中，E_i 为产业就业弹性系数；ΔX_i 和 ΔY_i 分别为生产性服务业就业人数和增加值第 i 年与第 $i-1$ 年的差；X_i-1 为第 $i-1$ 年生产性服务业就业人数；Y_i-1 为第 $i-1$ 年生产性服务业增加值。

本书对钦州市 2007—2016 年的就业增长弹性按照公式（9-11）进行计算，计算的结果如表 9-15 所示。

表 9-15　钦州市 2007—2016 年生产性服务业就业增长弹性

年份	交通运输、仓储和邮政	信息传输、计算机和软件	金融	房地产	租赁和商务服务	科学研究、技术服务和地质勘探	第三产业
2007	9.73	-3.45	0.18	0.06	-0.06	0.30	0.09
2008	-0.18	-0.48	0.40	0.22	0.00	0.10	0.03
2009	-0.31	0.00	0.00	5.33	-0.05	0.21	0.22
2010	0.21	-3.45	0.34	0.72	-1.00	0.87	0.32
2011	-0.06	2.44	0.90	1.42	3.39	2.81	0.33
2012	0.02	-0.32	-0.36	0.85	-0.75	0.10	0.13
2013	2.33	-4.60	0.33	22.00	0.63	-0.22	0.89
2014	-0.46	0.80	0.08	1.70	-0.24	-0.09	0.06
2015	-1.26	-0.16	0.42	0.00	0.15	0.28	0.23
2016	0.67	-0.33	2.25	0.08	-0.01	-0.01	0.33
平均	0.28	-0.92	0.33	1.30	-0.04	0.22	0.21

数据来源：根据钦州市统计局收集的数据计算得出。

说明：为了使平均值数据更合理，平均值是去掉一个最大值和一个最小值，然后将剩下的 8 年数据进行简单算术平均得出来的。

由表 9-15 可以看出，从内部结构来看，生产性服务业的发展不均衡、内部差距大。信息传输、计算机和软件、租赁和商务服务的就业弹性平均值为负数，这说明经济增长反而降低了这两个行业的就业人数。其他行业的就业弹性平均值都大于第三产业的就业弹性平均值，特别是房地产业的就业弹性平均值为 1.3，远远大于第三产业的平均值，这说明钦州市的房地产业对就业的作用最大。房地产业的就业弹性系数最大为 1.3，是排名第二的金融业的 3.9 倍，由此可以看出，钦州市的房地产业的产业增长和就业增长的同步性强，具有广阔的就业空间。金融业的就业弹性平均值为 0.33，而且近十年来的就业弹性均为正数（2012 年除外），这说明经济增长对金融业的就业带动效果较好。

二、经济增长与就业人数之间的非线性模型估计

由于就业弹性公式只能计算某一阶段内（一般为一年）的弹性，不能对连续年份整体弹性进行计算，并且也不能剔除异常数据波动造成的误差。因此，为了更准确地对就业弹性进行估算，并使之能用于预测，本书采用中国科学院国情分析小组建立的经济增长与就业人数之间的非线性模型进行估算，其模型公式如下。

$$L=AY^{\alpha}e^{\mu} \tag{9-17}$$

其中，L 为行业的就业人数；A 为常数系数；Y 为 GDP；α 为就业弹性；μ 为随机误差项。

对公式（9-17）两边取对数得：$\ln L=\ln A+\alpha\ln Y+\mu$。对公式进行数据处理及计算后，得到钦州市服务业、生产性服务业及其内部各行业就业弹性的估计，计算结果如表 9-16 所示。

本书采用 Eviews 7.2 对钦州市 2004—2016 年的就业增长弹性进行计算，数据来源于 2005—2017 年《广西统计年鉴》。

表 9-16 服务业、生产性服务业及其内部各行业就业弹性的估计

行业	估计方程	就业弹性
服务业	$\ln L=10.14+0.215\ln Y$ R^2=0.92 t 值 Pro（0.00）	0.215
生产性服务业	$\ln L=8.542+0.188\ln Y$ R^2=0.83 t 值 Pro（0.00）	0.188
交通运输、仓储和邮政	$\ln L=8.44+0.045\ln Y$ R^2=0.075 t 值 Pro（0.36）	方程的拟合优度检验和 $\ln Y$ 的 t 值不通过
信息传输、计算机和软件	$\ln L=6.633+0.08\ln Y$ R^2=0.058 t 值 Pro（0.42）	方程的拟合优度检验和 $\ln Y$ 的 t 值不通过
金融	$\ln L=6.812+0.213\ln Y$ R^2=0.83 t 值 Pro（0.00）	0.213

续表

行业	估计方程	就业弹性
房地产	$\ln L=1.129+0.952\ln Y$ R^2=0.80　t 值 Pro（0.00）	0.952
租赁和 商务服务	$\ln L=8.08-0.068\ln Y$ R^2=0.08　t 值 Pro（0.32）	方程的拟合优度检验和 $\ln Y$ 的 t 值不通过
科学研究、技术 服务和地质勘探	$\ln L=4.906+0.443\ln Y$ R^2=0.91　t 值 Pro（0.00）	0.443

由表 9-16 可知，从总体上看，服务业比生产性服务业的就业吸纳能力强，服务业的就业弹性为 0.215，大于生产性服务业的就业弹性 0.188。即钦州市的国民生产总值增加一个百分点，就业人数将增加 0.215 个百分点。而生产性服务业三个子行业——金融业、房地产业和科学研究、技术服务和地质勘探业（除了金融业外），就业弹性都高于服务业的就业弹性。从生产性服务业内部各行业来看，房地产业的就业弹性最大，就业弹性为 0.952。科学研究、技术服务和地质勘探为 0.443，金融业为 0.213。这三个行业的就业弹性都高于生产性服务业整体的就业弹性，这说明房地产业、金融业和科学研究、技术服务和地质勘探业在生产性服务业的 6 个行业中对就业的拉动作用是显著的。但是从总体上来看，钦州市的生产性服务业就业吸纳能力还是比较低的。

三、钦州市生产性服务业就业结构偏离度分析

从就业弹性分析中得知，钦州市生产性服务业发展对就业的贡献率比较低。下面采用就业结构偏离度对上述问题进行分析和验证。

就业结构偏离度是指某行业就业人数占全社会就业人数比重与该行业增加值占国内生产总值比重之差。一般来说，劳动生产率与结构偏离度呈反向相关的关系。如果就业结构偏离度大于零，为正偏离，说明这个行业的就业率增长率大于产业增长率，表明该行业的劳动生产效率低，劳动力转移压力较大；负偏离则相反，表明该行业内部的劳动生产效率较高，该行业内部具有劳动力迁入的趋势。

计算公式如下：

$$\beta=L_i/L-Y_i/Y$$

其中，β 为第三产业结构偏离度系数；L_i 为第三产业各行业的就业人数；L 为第三产业就业人数之和；Y_i 为第三产业某部门的增加值；Y 为第三产业的增加值之和。

从表 9-17 可以看出，2006—2016 年，钦州市生产性服务业中交通运输、仓储和邮政，信息传输、计算机和软件，金融，房地产这四个行业就业结构偏离度均为负数，租赁和商务服务在 2010—2016 年就业结构偏离度为负值。这说明这些行业在吸收就业方面有比较大的空间。科学研究、技术服务和地质勘探的结构偏离度在 2015 年之前大于 0，这表明该行业的发展存在瓶颈，面临转型升级的挑战及劳动力难以转移的压力和趋势。在 2016 年，结构偏离度为负值，说明该行业劳动力转移的压力得到一定的缓解，但是仅有一年的数据还看不出发展的趋势。

表 9-17 钦州市生产性服务业各行业就业结构偏离系数

年份	交通运输、仓储和邮政	信息传输、计算机和软件	金融	房地产	租赁和商务服务	科学研究、技术服务和地质勘探
2006	−0.056	−0.056	−0.027	−0.165	0.012	0.007
2007	−0.016	−0.045	−0.030	−0.135	0.012	0.009
2008	−0.047	−0.038	−0.029	−0.132	0.011	0.010
2009	−0.053	−0.027	−0.053	−0.112	0.000	0.010
2010	−0.062	−0.029	−0.053	−0.133	−0.007	0.012
2011	−0.062	−0.027	−0.044	−0.115	0.002	0.017
2012	−0.088	−0.018	−0.052	−0.107	−0.004	0.016
2013	−0.076	−0.018	−0.055	−0.090	−0.005	0.012
2014	−0.125	−0.011	−0.069	−0.070	−0.017	0.014
2015	−0.114	−0.011	−0.069	−0.059	−0.021	0.013
2016	−0.105	−0.006	−0.060	−0.170	−0.022	−0.005

数据来源：由《广西统计年鉴》、钦州市统计局收集的数据计算得出。

第四节　生产性服务业产业集聚发展的实证分析

一、方法选取

目前，产业集聚度的评价方法主要有区位熵、行业集中度、空间基尼系数、赫希曼—赫佛因德指数等，这些方法的优点和缺点如表 9-18 所示。通过这些方法的比较分析，每种方法都有一定的缺陷，为了更加准确和全面分析生产性服务业的产业集中度，结合统计数据的可用性，本书基于静态集聚度分析，选择区位熵指数作为衡量生产者服务业产业集中度的主要指标。根据数据的可用性，结合经济发展的研究方法，在国内外现有研究的基础上，分别从静态和动态两个方面对生产性服务业的产业集聚程度进行研究。

表 9-18　产业集聚度评价方法比较

方法	主要优点	主要缺点
行业集中度	计算简单，能直观反映产业集中度	会因选取主要企业数目不同而导致集中度测度结果的不同
区位熵	计算简单方便，数据易获取，能较好地反映某个地区的产业集聚水平	不能反映区域间经济发展水平的差异，某产业区位熵最大的地区不一定是该产业集聚水平最高的地区
H 指数	能够准确反映产业市场集中度和市场中企业之间规模的差距大小	直观性比较差，需要比较全面的统计资料
空间基尼系数	简便直观	含有虚假的成分
EG 指数	弥补了空间基尼系数的缺陷	适用性差，数据难获得

二、生产性服务业产业集聚度的计算及实证分析

（一）生产性服务业对 GDP 的贡献度分析

对 GDP 增量的贡献度进行分析，首先需要了解要素对 GDP 贡献度公式：

要素 GDP 贡献度 =（某要素增量/GDP 增量）×100%（9-18）

利用要素 GDP 贡献度公式，时间序列采用 2006—2015 年主要生产性服务业对于 GDP 贡献程度进行分析，见表 9-19。

表 9-19　2006—2015 年主要生产性服务业增加值对 GDP 的贡献度

亿元

年份	GDP 增量	批发和零售业		交通运输、仓储和邮政业		金融业		房地产业	
		增量	贡献度	增量	贡献度	增量	贡献度	增量	贡献度
2006	32 119.6	2 564.5	8.0%	1 517.5	4.7%	2 482.2	7.7%	1 854.1	5.8%
2007	50 793.8	4 407.1	8.7%	2 418.8	4.8%	5 222.0	10.3%	3 439.2	6.8%
2008	49 283.2	5 244.5	10.6%	1 762.5	3.6%	3 139.7	6.4%	929.0	1.9%
2009	29 565.9	2 819.2	9.5%	154.8	0.5%	3 484.7	11.8%	4 228.2	14.3%
2010	63 948.9	6 902.9	10.8%	2 261.2	3.5%	3 882.3	6.1%	4 603.0	7.2%
2011	76 270.3	7 826.1	10.3%	3 058.4	4.0%	4 998.5	6.6%	4 597.7	6.0%
2012	51 066.8	6 100.5	11.9%	1 921.2	3.8%	4 509.5	8.8%	3 080.7	6.0%
2013	54 877.0	6 453.1	11.8%	2 279.5	4.2%	6 002.6	10.9%	4 739.3	8.6%
2014	48 729.6	6 139.4	12.6%	2 458.2	5.0%	5 474.2	11.2%	2 013.2	4.1%
2015	41 531.8	3 780.3	9.1%	1 870.0	4.5%	10 834.9	26.1%	3 306.8	8.0%

数据来源：《中国统计年鉴 2017》。

由表 9-19 可以看出，2015 年批发零售业、金融业、交通运输、仓储和邮政业及房地产业这几个主要的生产性服务业对 GDP 增长的贡献度达到 47.7%，接近一半的水平；对 GDP 增长贡献度较高的主要是批发零售业和金融业，这两个行业对 GDP 的贡献度基本呈现逐年递增的趋势。其中，交通运输、仓储和邮政业对 GDP 增长贡献度变化不大，但在 2009 年达到低谷，仅为 0.5%，究其原因主要是受到国际金融危机和甲型 H1N1 流感的冲击和影响；房地产业对 GDP 增长贡献度波动较大，在 2008 年金融危机之年，其贡献度达到十年最低，仅为 1.9%，而在金融危机过后的第二年，其贡献度达到十年的峰值，为 14.3%。

（二）生产性服务业静态集聚度分析

本书在分析静态集聚度时，选取了区位熵指数作为主要指标来衡量生产性服务业产业集聚度。区位熵指数又称为地点系数（Location Quotient，LQ 指数），是指根据产业集聚区的出口方向、专业化程度、规模和增长特征来衡量产业集聚效应。集聚企业位置带来专业发展的形成，公共基础设施的建设和企业联盟的形成，区位熵是指一个地区的特定产业的总产值占该产业国民生产总值的比例。表达式是：

$$LQ_{ij}=\frac{L_{ij}/\sum_{j=1}^{m}L_{ij}}{\sum_{j=1}^{n}L_{ij}/\sum_{i=1}^{n}\sum_{j=1}^{m}L_{ij}} \tag{9-19}$$

其中：i 为第 i 个地区（i=1，2，3，…，n）；

j 为第 j 个行业（j=1，2，3，…，m）；

L_{ij}为第 i 个地区，第 j 个行业的产出；

LQ_{ij}为第 i 个地区，第 j 个行业的区位熵。

在区位熵公式（9-19）中：当 $LQ_{ij}>1$，表示具有行业优势，且集聚度比较高，高于全国平均水平；当 $LQ_{ij}=1$ 时，表示行业为一般水平，与全国平均水平相持平；当 $LQ_{ij}<1$，表示为行业劣势，集聚度非常低。

下面以广西和上海为例，计算对比两地三大产业的集聚度情况及几类重要的生产性服务业产业集聚度。根据《中国统计年鉴2016》《中国城市统计年鉴 2016》《广西统计年鉴 2016》和《上海统计年鉴 2016》，利用目前采用最多的区位熵计算公式（9-19），得出广西和上海 2015 年三大产业的区位熵。广西 2015 年三大产业的区位熵分别为 1.72，1.12 和 0.77，表明广西第一产业具有行业优势，且集聚度比较高，高于全国平均水平；第二产业处于均势，基本与全国平均水平相当；处于行业劣势的是第三产业，集聚度相对较低；上海 2015 年三大产业的区位熵分别为 0.05，0.78 和 1.35，表明上海第三产业具有行业优势，且集聚度比较高，高于全国平均水平；第一产业和第二产业均处于行业劣势，尤其是第一产业，集聚度相对较低，如表 9-20 所示。结果表明，上海三大产业集聚情况刚好与广西相反，这与两个地区的三大产业发展情况相吻合。

表 9-20　2015 年广西和上海三大产业区位熵

区域	国内生产总值(GDP)	第一产业		第二产业		第三产业	
		产值	比例	产值	比例	产值	比例
全国	685 505.8	60 870.5	8.9%	280 560.3	40.9%	344 075.0	50.2%
广西	16 803.1	2 565.5	15.3%	7 717.5	45.9%	6 520.2	38.8%
上海	25 123.45	109.82	0.4%	7 991	31.8%	17 022.63	67.8%
广西区位熵	—	1.72	1.12	0.77			
上海区位熵	—	0.05	0.78	1.35			

采用区位熵指数对广西和上海几类重要的生产性服务业在第三产业内部集聚程度进行计算比较，结果见表 9-21。该计算是以第三产业生产总值为基数，并不是以国内生产总值为基数，所以剔除了相对于广西、上海在第三产业上的优势，单纯比较四类生产性服务业在第三产业内部的集聚程度。结果表明，广西生产性服务业中的交通运输、仓储和邮政业的区位熵大于 1，说明在广西的第三产业中，交通运输、仓储和邮政业相较于其他三个行业处于优势，集聚度较高；而批发零售业、金融业和房地产业的区位熵均略小于 1，说明这三个行业在第三产业中不具有明显的行业优势。和广西相比较，在第三产业中，上海生产性服务业中的金融业及批发和零售业集聚度明显要高，交通运输、仓储和邮政业及房地产业集聚度基本一致，在第三产业中优势不显著，集聚度较低。

表 9-21　2015 年广西和上海生产性服务业区位熵

亿元

区域	第三产业生产总值（亿元）	批发和零售业		交通运输、仓储和邮政业		金融业		房地产业	
		产值（亿元）	比例（%）	产值（亿元）	比例（%）	产值（亿元）	比例（%）	产值（亿元）	比例（%）
全国	344 075.0	66 203.8	19.2	30 370.9	8.8	57 500.1	16.7	41 307.6	12.0
广西	6 520.2	1 135.1	17.4	803.1	12.3	1 018.0	15.6	657.3	10.1
上海	17 022.63	3 824.2	22.5	1 133.2	6.7	4 162.7	24.5	1 699.8	10.0

续表

区域	第三产业生产总值	批发和零售业		交通运输、仓储和邮政业		金融业		房地产业	
		产值（亿元）	比例（%）	产值（亿元）	比例（%）	产值（亿元）	比例（%）	产值（亿元）	比例（%）
广西区位熵	—	0.9	1.4	0.9	0.8				
上海区位熵	—	1.2	0.8	1.5	0.8				

下面同样以广西和上海为例，考察期设定为2006—2015年(共10年)，计算对比广西上海几类重要的生产性服务业动态集聚度情况。根据《中国统计年鉴2016》《中国城市统计年鉴2016》《广西统计年鉴2016》和《上海统计年鉴2016》，利用动态集聚指数计算公式，得出广西和上海2015年生产性服务业动态集聚指数，如表9-22所示。

表9-22　2006年和2015年广西和上海生产性服务业动态集聚指数

亿元

区域	批发和零售业		交通运输、仓储和邮政业		金融业		房地产业	
	2006年	2015年	2006年	2015年	2006年	2015年	2006年	2015年
全国	16 530.7	66 203.8	12 186.3	30 370.9	9 951.7	57 500.1	10 370.5	41 307.6
广西	439.39	1 135.09	261.14	803.1	110.2	1 018.01	192.2	657.3
上海	929.16	3 824.22	669.01	1 133.17	825.2	4 162.7	688.1	1 699.78
全国 $\sum S_{it}$	0.148 8	0.095 6	0.191 7	0.148 2				
广西 S_{it}	0.099 6	0.118 9	0.249 0	0.130 8				
上海 S_{it}	0.152 0	0.054 1	0.175 7	0.094 6				
广西 A_{it}	0.668 9	1.243 5	1.298 6	0.882 8				
上海 A_{it}	1.021 1	0.565 9	0.916 2	0.638 6				

结果表明，广西生产性服务业中的交通运输、仓储和邮政业及金融业的动态集聚指数大于1，说明交通运输、仓储和邮政业及金融业逐年向广西加快集聚，广西这两个生产性服务行业增长速度高于全国平均速度；而批发零售业和房地产业的动态集聚指数均小于1，说明批发零售业和房地产业继续向广西集聚，但集聚速度小于

全国平均速度，也意味着广西的这两个生产性服务行业的增长速度低于全国平均速度。和广西相比较，上海的批发和零售业及金融业动态集聚指数与1接近，说明批发和零售业及金融业继续向上海集聚，其集聚速度基本与全国平均速度持平；而交通运输、仓储和邮政业及房地产业的动态集聚指数均小于1，说明批发零售业和房地产业继续向上海集聚，但集聚速度小于全国平均速度，也意味着上海的这两个生产性服务行业的增长速度低于全国平均速度。

由以上分析可知，生产性服务业对GDP增长的贡献非常大，其中，批发零售业、金融业、交通运输、仓储和邮政业及房地产业这几个主要的生产性服务业对GDP增长的贡献度达到47.7%，接近一半的水平；广西和上海的生产性服务业无论从静态角度还是从动态角度来看，整体均存在集聚现象。从静态角度来看，广西生产性服务业整体集聚度还比较低，而上海生产性服务业整体集聚度略高于广西；但从动态角度来看，广西生产性服务业整体发展速度较快，特别是交通运输、仓储和邮政业及金融业这两个产业的集聚速度超过全国平均水平，而上海因为发展基数本身就很大，因此，在动态发展速度上，上海生产性服务业的整体发展速度比广西要慢。

第四篇　对策篇 ◆

第十章　国内外服务业转型升级的先进经验及对广西的启示

第一节　国内服务业转型升级的先进经验

一、上海生活性服务业与生产性服务业转型升级的先进经验

上海生产性服务业的发展主要集中在集聚区或功能区，现有的工业用地、工业区和工厂主要用于突出产业转型、产业链延伸和功能完善等。“3 带 19 区”规划是未来发展的重点，城市中心主要依托区域优势和产业基地。黄浦江和苏州河发展金融、创意、开发、商业楼宇和会展生产服务业；中心和郊区主要以原工业园区为基础，以发展先进制造业为契机，依托汽车服务业、航空电子、信息、研究与开发等，发展以外包为主的生产性服务业。上海生产性服务业已形成明显的三大集聚区：黄浦江、苏州河、延安路世纪大道。中心城市建设 12 个陆家嘴金融贸易区，郊区建设临港新城、洋山保税物流园区、佘山旅游区域，在郊区的中心形成了分工明确、和制造业密切关联、错位发展的生产性服务业功能区域。

（一）政策先行先试

为满足人民群众日益增长的不同层次的生活服务需求，2014 年，上海发布了首个促进生活性服务业发展意见——《上海市人民政府促进本市生活性服务业发展的若干意见》，提出到 2020 年，基本建成布局合理、层次清晰、主体发达、功能完善、管理规范、便捷高效高质的生活性服务业体系。目前，上海在商贸服务业、健康服务业、养老服务业、家庭服务业、文化服务业、旅游服务业、体育服务业等方面已经取得快速发展。

(二) 探索"互联网+生活性服务业"模式

近年来，上海居民消费正从生存型实物消费向发展型、享受型服务消费升级。上海充分利用地区的互联网与生活性服务业融合发展的特点，在长宁区设立上海市"互联网+生活性服务业"的创新试验区，率先实践构建以商务信用为核心的新型事中事后监管模式，积极推进"互联网+生活性服务业"试验区的建设。一是加快政府职能转变，进一步放宽市场准入条件，加强信用建设，提升行政效能，创新监管模式。二是深化投资管理开放，进一步扩大外资开放。三是落实税制和政策保障，进一步开展税费改革。四是加强基础设施建设，进一步深化宽带城市和无线城市建设。五是推进示范性工程建设，进一步推动商圈改造和转型升级。

(三) 开展集聚区模式

在生产性服务业的发展过程中，利用集聚区模式已经成为一种趋势。我国产业区域特色鲜明，为建立生产性服务业集聚区创造了良好的条件。我国部分城市已经开始利用集聚区模式发展生产性服务业，生产性服务业集聚区的建设在上海现代服务业的总体规划中占据着非常重要的位置。上海力图打造一批生产性服务业集聚区，鼓励在各区符合条件的专业产业园区或服务业集聚区内建立生产性服务业产业基地，各有侧重地发展生产性服务业。例如，南桥中小企业总部商务区，凭借杭州湾跨海大桥的交通便利，依托区位和产业优势，成为奉贤区新一轮发展的载体和抓手；江湾五角场科教商务区充分发挥杨浦区大学强势学科的优势，重点发展科技研发和教育培训产业，形成以知识创新为核心的科教商务集聚区；金融要素市场本来就已经集聚的外滩和陆家嘴地区集中发展为金融贸易区；等等。这些点状的集聚区通过产业链或创新链彼此相通、有机相连，使上海的生产性服务业整体辐射能级进一步提升和放大。目前，这些生产性服务业集聚区对上海生产性服务业发展的拉动效应已经显现：集聚功能效应得到拓展提升，更好地体现了微型 CBD 作用；空间形态布局上，由上海市中心地区逐步向周边重点地区分散化、多极化发展；产业功能布局上，各集聚区初具特色，逐步呈现功能错位。因此，广西应借鉴上海建立生产性服务业集聚区的经验，逐步建立和完善各具特色的生产性服务业集聚区，进一步提升广西生产性服务业的能级和品位。

二、天津生产性服务业转型升级的先进经验

“十三五”期间，天津积极推动产业融合发展，加快调整和优化产业结构，提高产业核心竞争力，构建以服务经济为主体，支持先进制造业、现代都市农业的补充产业体系，建设先进制造业基地和生产性服务业集聚区，加快国家基础研究发展。大力发展现代服务业，培育和扩大新兴服务业，促进生产性服务业向专业化和价值链的高端延伸；加快发展现代物流、科技服务、电子商务等重点产业，积极培育服务外包、会展经济和商务咨询等新的增长领域。到2020年，服务业增加值占全市总产值的55%以上，基本建成产业集聚、商业模式丰富、功能齐全、辐射强劲的国家生产性服务业集聚区。

（一）营造良好的生产性服务业产业集聚环境

天津生产性服务业实际工作中，主要考虑以下几个方面：第一，科学合理地进行空间布局。重视园区的科学规划，确保规模经济效益和生产性服务资源的优化配置。完善园区功能，使各个园区实现不同的功能定位，避免重复建设和资源浪费现象的发生。第二，建设高水平的公共信息平台，园区服务企业和相关企业可以在这个平台上充分利用现有资源，提高效率，降低企业成本。第三，建立高效、科学的生产性服务的行政服务体系。精简行政审批程序，简化行政程序，建立有效的行政程序。第四，政府进行税收改革，采取税收支持政策，降低税收。政府以加大对天津园区企业的土地使用和税收优惠，吸引企业进入园区，促进产业集聚的形成，提高生产性服务业的产业集聚程度。第五，天津各级政府在制定生产性服务业的优惠政策时，注意政策的统一性。地方政府要在中央政府的指导下，与天津的实际情况相结合，制定符合当地生产性服务业发展实际需要的政策措施。第六，引导生产性服务企业健康运行。建立和完善生产性服务企业的信用机制和信用体系，强化监督机制，用信用制度保障现代生产性服务活动。充分发挥政府宏观调控作用，引入激励机制，避免恶性竞争，引导生产性服务业市场化，并健康有序发展。

（二）建立生产性服务企业信用评级制度

天津开展了生产性服务企业信用记录和评估工作，定期披露生产性服务企业相关的信用信息，奖励并给予具有高信用的生产性服务企业更多的优惠政策；惩罚和制裁不良信用的生产性服务企业，驱逐信贷能力较差的生产性服务企业；从而提高生产性服务业的整体信用程度，为生产商提供信贷管理提供保证服务。利用国家和地区二级指标，共同开展生产性服务业信用评级，促进自律，保障生产性服务业健康发展，促进生产性服务业社会信用体系建设。

三、广东东莞服务业转型升级的先进经验

广东省东莞市通过了《关于加快发展生产性服务业促进东莞产业转型升级的实施意见》，提出 2020 年，该市的生产性服务业规模显著增加，平均每年的增长率高于行业平均附加值增长速度，服务业的增加值占总量的 50%，生产性服务业对经济增长的贡献率在 25%以上。生产性服务业具有高端化、集约化、集聚化的特点，力争形成 20 亿～30 亿元的生产性服务业集聚区。加强企业发展生产性服务业，打造一批服务于国内外，具有国际影响力的服务业龙头企业和知名品牌，大型工业企业服务收入平均占销售总收入的 10%以上。

（一）注重增强生产性服务企业创新意识

东莞市生产性服务业注重企业树立创新理念，将创新带入生产性服务企业文化中。在技术创新的基础上，生产性服务业将基础服务和功能服务转变为增值服务、管理服务、信息流服务、资金流服务和综合服务。组织创新是技术创新和服务创新的催化剂，建立学习型组织，形成一个良好的学习环境。实现组织创新能为生产性服务企业带来核心竞争力，建立和完善生产性服务企业创新激励机制是创新的保障条件。此外，生产性服务业企业树立了合作共赢的理念，与客户和其他类型的生产性服务业合作实现双赢。

（二）强调生产性服务企业服务和管理水平

东莞市企业坚持树立正确的生产性服务营销理念，以“客户第一，客户满意”为核心理念，重视客户关系管理。关注客户的个性化特点，开展“一对一”营销，以客户为中心，为客户提供特定或个性化的服务；提高客户满意度，留住老客户，争取新客户，提高企业服务质量，提供完整的生产性服务；采取有效措施，降低客户流失率，将客户关怀贯穿生产性服务营销的全过程。

东莞市企业加强管理，不断提高管理水平。生产性服务企业可以通过实施业务流程再造和管理系统，努力降低缺陷率。通过优质高效的服务，培养生产性服务企业的忠实客户。

东莞市企业大力发展标准化服务，提高生产性服务企业的服务效率。通过服务语言、服务态度、着装规范化、操作流程规范化、操作质量标准化等，提高生产性服务企业的执行效率和管理水平。通过规范化的服务还可以加深顾客对生产性服务企业的印象，提高生产性服务企业的外部形象。

四、长三角地区服务业转型升级的先进经验

以我国目前吸收服务外包最多的长三角区域为例，其生产性服务外包发展较快正是与长三角区域的合作机制较为完善密切相关。长三角区域土地面积为10万平方公里，约为全国陆地面积的1%，但是吸纳的跨国公司却数量惊人。同时，长三角区域也是国内大型制造企业最重要的集聚地，2007年，中国制造企业500强中，长三角地区就有120多家，约占全国的25%，其中，上海44家，浙江42家，江苏40家。依托长三角区域优势，以上海为核心，以南京、杭州为副中心的服务外包合作机制已经初步形成。上海是全球制造业跨国公司进入中国市场的“桥头堡”。而杭州也是较早提出发展服务外包的城市之一，服务外包已逐步显现出推动作用。杭州老城区已引入150多家服务外包企业。南京更明确地提出了“发展服务外包”的战略，至今已有100多家世界500强企业在南京投资，南京已具备了一定的服务外包发展优势。

长三角区域之所以能成为生产性服务外包最集中的受益区，有许多先天因素，如城市化水平较高，具有海洋、长江、陆地交通发达的区位优势，经济实力雄厚等。此外，长三角区域更有其独特的优势。这种优势来自于上海作为生产制造资源密集的中心城市和江苏、浙江一带的昆山、苏州、无锡、嘉兴、宁波和台州等作为加工制造资源密集的腹地之间的“生产—加工基地”区域功能分工与合作的机制。这样的机制也决定了未来长三角区域生产性服务外包的发展走势：以上海为核心，发展跨国公司（总部或地区总部）服务外包、国内大型企业集团服务外包；以南京、杭州为副中心，重点吸引跨国公司分支机构、国内大企业、省内本地企业服务外包；而宁波、无锡、嘉兴等城市则可重点挖掘自身特色优势，主要是留住本地企业服务外包，并适当吸引省内大企业服务外包，从而使区域合作的分工更加明确，规避长三角区域的现有劣势，以形成长远的竞争力。

第二节 国外服务业转型升级的先进经验

一、法国服务业转型升级的先进经验

（一）坚持规划引领

为切实推动生活性服务业的发展，法国政府专门召开了一次“促进发展个人服务业全国大会”，邀请企业、个人雇主联合会、公共组织、投资机构、互助保险等组织和机构代表参加，争取各行各业在促进法国生活性服务业发展方面取得共识。之后，由法国就业、社会融合和住房部推出“个人服务业发展纲要”，并根据服务业的发展，及时更新纲要的内容，继续提高服务业的专业水平和质量。

（二）实施系列扶持政策

法国政府特别重视政府政策对本国生活性服务业的鼓励和引导作用，具体表现为：法国政府通过调节社会保险金提取率，调节税收政策，降低行业成本；以社会援助政策的名义，对残疾人、老年人和幼童等个人服务业给予财政补贴。同时，法国政府为鼓励雇主

购买“通用家政服务支票”，采取了一系列优惠措施。在每人1 830欧元/年的限度内，企业可为员工购买养老服务券而免缴任何社会保障费；给予支付养老服务券总金额25%的税收减免，减免额最高可达50万欧元。

（三）规范从业人员资质

法国对从事生活服务行业的人员也有较高要求。比如，在法国，对美容从业人员的要求相当严格。按照有关规定，行业经验少于7年、没有受过专业培训的人，不得在美容培训学校执教。

二、新加坡服务业转型升级的先进经验

（一）重视从业人员的职业培训

新加坡生活性服务业从业人员大多工资低、工作条件差，对此，新加坡政府特别重视改善现有生活性服务业工作岗位的职业形象和工作条件，以此增强行业工作岗位的吸引力，促进新加坡生活性服务业的发展。比如，新加坡推出一项职业促进计划，对一些生活性服务业的工作形象进行改造和重新设计。以餐饮业为例，在实施职业促进计划之前，一个具有初级厨师资格的新厨师被雇用后，其工作范围仅仅限于洗涮和清理。但根据职业促进计划，所有新招募的职业资格级别较低的厨师必须接受公司培训中心提供的职业培训，并取得更高的职业资格，才可以上岗。这样，不仅为厨师创造了良好的职业发展环境，而且也保证了餐饮业获得稳定的具有高技能的从业人员，从而促进了餐饮业的发展。此外，新加坡政府对餐饮住宿、家庭服务、美容保健、洗浴、洗染、摄影等行业的从业人员，也要求在上岗之前必须经过严格的培训，规定只有具备了从业人员资格，才可以上岗。

（二）注重特殊行业的财政扶持

新加坡对生活性服务业没有制定系统的扶持政策，主要针对餐饮行业制定了一些财政支持、税收减免等政策。在2007年，新加坡就推出“餐饮业能力发展计划”，为本国中小餐饮企业发展提供政府的援助资金，规定援助资金可用来抵消与能力发展相关项目的部分开销，包括开发新产品或商业概念、提高服务水平、申请相关的核准证书、采纳资讯科技和改善工作流程等。

三、美国生活性服务业转型升级的发展经验

（一）社区商业模式

美国拥有完善的社区商业模式。美国生活性服务业主要是通过社区商业模式进行转型升级，每个州、每个镇区基本都有成型的社区商业中心。社区商业中心是相对集中的社区服务网点所形成的集商业、餐饮、休闲、文化、娱乐、体育、卫生等生活服务为一体的服务业综合体。社区商业模式就是一种利用社区商业中心，以社区范围内的居民为服务对象，主要为社区居民提供日常生活服务的生活性服务业发展模式。其典型特征是拥有大型超市主力店或社区型百货店、社区便利零售品牌店，餐饮、洗染、摄影、美容、健身、物资回收站等休闲设施及儿童教育、音乐培训、舞蹈培训等教育设施，既能满足传统的衣、食、住、行需求，又能适应新型的消费需求。根据发达地区经验，60%以上的城市消费及一般性生活服务活动在社区完成，且集中在餐饮、个人及家庭服务等领域。

（二）许可证从业制度

美国为了保证生活性服务业保质保量有序地发展，要求从事生活性服务业的个人或者单位集体必须拥有从业许可证方可上岗或营业。如果不向政府机关申请生活性服务业的相关许可证，则个人或者单位集体将不具备从事生活性服务业的相关资质，一经发现将会面临巨额的罚款，甚至面临行政或者刑事诉讼。例如，美国纽约州明确规定，凡是从事家教、家政、保姆的生活性服务业，个人或者企业必须出示由纽约州州政府颁发的从业许可证。申请许可证后，个人或者企业将会享受政府给予的从业保护，以及一定比例的政策税收优惠，拥有许可证的从业人员若是与顾客发生纠纷，政府也会提供法律援助。美国各州政府为了促进生活性服务业发展，许可证的发放也会变得灵活便民。若是一家企业或者个人在美国某个州通过资格证的申请获得了生活性服务业从业许可证，则该许可证在美国其他州也可以使用，不必重新申请。美国从业资格证的有效日期较长，一般为 5 年审核一次，通过重新培训审核即可快速延长从业资格证的有效日期。

四、荷兰生产性服务业与临港产业融合发展的经验

荷兰鹿特丹港是临港工业发展的成功典范，其临港工业发展模式是一种多功能、多层次的工业园区式临港工业模式。以生产性服务业为节点，连接临港重轻工业的各个产业，发展金融、保险、代理、现代物流、供应链等产业，以“临港产业循环化发展、传统产业集群化发展、现代服务业高端化发展、战略新兴产业跨越化发展”为方向，做大做强临港工业，推进产业集中、促进产业集聚、打造产业集群，延伸产业链、提升价值链、完善供应链，全力塑造产业竞争新优势。二战后，通过建立临港工业，大规模发展石化工业，鹿特丹迅速崛起，成为世界三大炼油基地之一。港区内发展了个性化的配送园区，其发达的多元化的临港工业促进了强大物流链的形成。鹿特丹推动生产性服务业与临港产业实现产业融合，大力发展以金融服务、现代会展、科技与信息、文化产业、创意设计、服务外包、电子商务等为重点的生产性服务业，促进制造业与服务业互动发展；加强信息化建设，建设数字化港口，大力发展以航运交易、航运金融、通关服务、航运信息、航运代理、货运服务等为重点的国际航运服务业，以服务拉动临港经济的快速跃升；发展现代物流，加快国际物流中心建设，加快服务平台创新。

鹿特丹在发展临港工业时，大力发展与之相关联的大工业、商贸业和运输业，建成了一个安全、高效、高附加值、综合和环境友好型的临港工业综合区，促进了生产性服务业的发展，不断提高临港工业对鹿特丹城市经济的贡献率。

第三节　对广西服务业转型升级的启示

一、国内外生产性服务业发展的先进经验及其对广西的启示

国内外生产性服务业综合发展的先行者，尤其是新加坡、荷兰等国家的生产性服务业集聚区的成功案例，都为广西生产性服务业发展提供经验借鉴，归纳如下。

（一）健全的法律法规

这是支持和保障生产性服务业集聚区发展的基础。生产性服务业集聚区在许多国家起步较早，形成了较为完善的相关法律法规体系。为了促进现代物流业的发展，美国从20世纪70年代开始发布的一系列法规，逐步放松对公路、铁路、空中和海上运输市场的控制，通过激烈的市场竞争，运输成本下降，服务水平提高。在促进金融服务业发展的同时，美国国会于1999年通过的《金融服务现代化法》和2000年颁布的《金融服务和市场法》，对促进金融服务业的发展具有划时代的意义。美国政府颁布了《电子信息自由法案》《个人隐私保护法》《公共信息准则》《电子隐私条例法案》等一系列的法律法规，在促进信息服务产业的发展中起着关键的作用。另外，各国或地区发展临港工业的经验，无一不是以政府的规划投资和各项有利于发展的政策与措施为基础的。因此，政府应充分发挥其总体规划者与调控者的作用，明确港口的功能定位，注重临港工业的合理布局，建立生产性服务产业，为加快临港工业建设提供必要的行政保障，在土地出让、简化政府办事程序和提高效率等方面提供优惠政策和便利。同时，还应注意加强岸线资源的整合利用，节约使用建设用地，建设临港工业园区，形成特色产业群，鼓励组建产业集团，以形成功能明确的现代化临港工业基地发挥其规模经济效应。

（二）发达的行业协会

这是促进生产性服务业集聚发展的关键。从美国、日本和英国的生产性服务业发展的经验来看，它们都通过行业协会的形式加强和改进生产性服务市场的管理。在推动现代物流业发展的过程中，美国、日本和德国的物流协会发挥了重要的作用。例如，美国物流协会由个人和企业成员组成，成员超过3 000人；德国物流协会的会员已超过6 000人。协会协助政府进行物流规划、政策制定、规范市场竞争秩序，还开展物流研究，指导行业发展，提供信息咨询服务和各种专业培训，准备了大量的物流业发展的人才。在促进信息服务方面，日本信息处理商业协会、数据处理协会、信息服务业行业协会、日本西格玛系统等行业组织有明确的目标和责任，它们是政府与企业之间的桥梁，推动了信息服务产业的快速发展。各类生产服务行业协会通过行业数据库，建立行业信用查询系统和生产性服务业企业的服务网站，集成行业新闻、商业信息、供求信息，收集国内外生产服务行业资源和其他生产资料服务企业信息。与此同时，行业协会相关专家学者为客户提供全面的解决方案和运营方案，降低企业运营成本，提高管理效率和水平。充分发挥各类生产性服务业行业协会的服务功能，促进公平、公正、开放的生产性服务业市场秩序，促进生产性服务业自律，形成生产性服务企业良性竞争。生产性服务业协会组织可以评估企业的优良程度，创建生产性服务业示范基地等，为著名的生产性服务业企业开展宣传服务，提升企业价值，树立品牌形象，促进生产性服务业良好的法律体系的建立。生产性服务业协会可以协调生产性服务企业和政府部门之间的关系，通过各种方式促进交流，加强生产性服务产业和其他相关产业的沟通与合作，努力增加服务的深度和广度，为生产性服务业在激烈的国际竞争中赢得一个相对有利的地位。

（三）完善的基础设施

这是对生产性服务业集聚区发展的重要支撑。从促进发达国家生产性服务业发展的经验来看，基础设施建设是对生产性服务业集聚区健康快速发展的重要支撑。例如，为了促进信息服务产业的发展，美国政府提出了一项“国家信息基础设施”的行动计划和全球信息基础设施建设的倡议，其目的在于建立一套完整的信息基础设施，并通过卫星通信和电信电缆连接到全球信息网络，实现信息共享。

（四）丰富的人力资源

这是生产性服务业集聚区发展的保障。从价值链分析的角度来看，生产性服务业的价值增值更多体现在专业服务人员与客户的持续沟通中。事实上，生产性服务业从业人员的知识储备和专业化水平起着决定性的作用。在此基础上，美国、日本、德国、英国等国家建立了多层次的人才培养体系和科学的人力资源开发利用体系，为生产性服务业的发展提供了大量的专业人才。这些国家都建立了多层次的专业教育，包括研究生、本科生和职业教育。同时，在行业协会组织和倡导的基础上，全面开展在职教育，建立了相应的职业资格认证体系，而且协会的职业培训工作注重实际应用和实际操作，加快了生产性服务业人才的引进和培养。一方面，积极引进国内外优秀生产性服务业人才，加快建立新的机制，吸引生产性服务业的高级人才。另一方面，应采取多样化的生产性服务人才培养模式，从学历、非学历和企业自我培育三个层次上全面发展教育。大力支持学校和企业的合作，增加生产性服务业的教育比重，加大生产者服务业的教育投资，并充分发挥各种类型培训机构的作用。加强生产性服务业从业人员先进管理理论和操作技能的培训，提高其对管理理论的理解和应用水平。为满足企业实际需要，政府有关部门可以制订相关培训方案，为生产性服务企业在职人员提供培训服务。

（五）促进临港产业与生产性服务业融合发展

产业融合发展是社会生产力进步和产业结构高端化的必然趋势，现代服务业与现代制造业的融合发展是现代产业经济发展的客观规律。现代经济条件下，要做强做优临港工业，必须跳出单一性临港工业发展的窠臼，大力推进临港制造业与生产性服务业的融合发展，这也是当今世界著名港口城市发展的一条基本经验。要加快推进二、三次产业的融合发展。从发达国家的发展经验看，服务业占 GDP 的比重超过 70%，为制造业服务的生产性服务业占整个服务业的比重也在 70%以上。必须大力提高现代服务业的比重，特别是把制造环节的前“3”个环节和后“3”个环节潜力挖掘出来，争取生产性服务业比重有一个大的提高，引进培育研发、设计、营销等专业机构，做大做强生产性服务业。要大力推进现代物流和港航服务业发展。充分发挥港口优势，大力发展现代国际物流业，吸引更多的国际物流企业入驻，积极发展国际配送、国际中转、国际采购等，努力建设国家物流节点城市。抓住海洋经济发展战略的机遇，以大容量的港口物流为支撑，大力拓展大宗商品交易功能，努力形成特色大宗商品的市场交易中心、价格控制中心和资源配置中心。要大力推进产业在空间上的融合。在大区域的范围内，产业的融合也包含着区域间的错位竞争。如目前长三角范围的重化工业趋同化比例很高，苏沪产业趋同率超过86%，浙沪产业趋同率超过90%。因此，临港工业要坚持“差异化发展、错位化竞争”原则，进一步发挥资源享赋、产业基础和港口优势，善于找准自己的定位，发展优势主导产业。推进临港工业与相关产业融合互动发展。形成临港主导产业及上下游产业的互动发展模式；放大和拓展保税物流园区的功能效应，更好地为各类开发区、工业园区、科技园区、产业园区等服务；通过着眼于区域经济的角度，促进产业融合，带动经济的发展。

二、国内外生活性服务业发展的先进经验及其对广西的启示

前文中的法国、新加坡两个发达国家和国内先进城市上海及其生活性服务业发展的主要先进做法，可以为广西更好地发展本地区的生活性服务业提供如下启示。

（一）要研究制定生活性服务业发展战略规划并注意及时调整

目前，广西已经出台了《关于印发广西现代服务业发展“十三五”规划的通知》和《关于加快发展生活性服务业促进消费结构升级的实施意见》，为地区生活性服务业发展提供了政策指导，足见广西政府对发展生活性服务业的重视。但根据国外经验，要从扩大消费、保障民生和促进就业的角度出发，研究探讨制定广西生活性服务业发展的专门战略规划，并鼓励各地市政府制定适合市县具体情况的、具有可操作性的政策措施。此外，根据上海经验，在制定战略规划后，还要紧跟时代趋势和注意先进技术对行业发展的影响，及时利用最新发展理念指导本地区生活性服务业的发展。

（二）加快完善生活性服务业的政策支持体系

生活性服务业的发展涉及人民衣食住行的方方面面，一方面是需求端的巨大市场潜力，另一方面则要求供给侧加快改革，为人民提供高质量、高水平的生活性消费品。但就广西目前发展情况看，不仅内部发展不均衡，而且与全国其他省区市的发展还有一定差

距，因此就要学习国内外先进经验，充分发挥政府的作用，制定出台各项优惠政策，完善政策支持体系，特别是针对重点领域和行业给予倾斜，利用财政资金的引导示范作用，引导和鼓励各级政府和企业参与生活性服务业建设；深入实施推进税费优惠政策，为广西生活性服务业减轻负担；完善融资促进政策，为广西生活性服务业提供融资服务。

（三）建立健全生活性服务业法规和标准体系

从国内外发达的地区生活性服务业发展经验看，针对生活性服务业进入门槛低、市场秩序混乱的问题，这些国家和地区都在不断加快完善行业法规和标准体系建设，为生活性服务业发展创造良好的发展环境。就广西而言，要根据不同的生活性服务业的特点，加快制订和建立生活性服务行业标准体系，并适时将推荐性标准上升为强制性标准，以提高行业发展水平。同时，还要加快进行市场调查，合理调整生活性服务行业市场准入条件，完善生活性服务业行业市场准入制度，对不具备资格的企业或个人严格限制进入市场。另外，要强化职业资质认证管理，要求从事生活性服务业的各类技术人员必须持证上岗，保证从业人员高素质和服务水平上档次，由此塑造广西生活性服务业良好形象。

（四）加快升级转型，满足生活性服务业新型消费需求

随着广西居民收入水平提高和消费层次的提升，服务消费、信息消费、绿色消费、时尚消费、品质消费等新型消费需求逐渐为广大消费者所认知和接受，这就要求广西生活性服务业必须加快升级转型，创新供给模式，以满足居民的消费需求。一是围绕新型消费需求，鼓励各类生活性服务企业开展精细化管理，增加服务内容，创新服务方式。二是在居民集聚区推进连锁服务和综合体服务，促进社区服务便民化、集成化。三是发展集聚区模式，加大特色商业街区、“中心主题”街区建设，实现生活服务特色化，改善居民消费体验。四是顺应现代生活服务业的电子商务化，通过“互联网+”带动生活性服务业产业链延伸，满足、创造新型消费需求，鼓励线下的餐饮、休闲、娱乐、旅游等商业企业与国内知名网络平

台建立合作，大力推进广西“互联网+生活性服务”的发展。

根据国际经验，随着人民收入水平的提高，人民在生活必需品方面的支出会相对下降，而在教育、医疗、养老、旅游等方面的支出比重会相对上升。换句话来说，随着居民收入水平提升，个人消费结构和层次将朝着更优的方向变化。对广西发展生活性服务业来讲，要想加快本地区生活性服务业优化升级，就要想尽办法提高居民的收入水平。广西在稳增长、促就业和惠民生方面做了很多有益的工作，今后还应继续坚持。当前，应该深入实施乡村振兴战略，鼓励农村发展生态经济和外出务工人员返乡创业，拓宽农村居民家庭收入来源。对城镇居民家庭，一方面要减少各方面税费名目，控制民生领域的高收费、乱收费，减轻居民家庭生活负担；另一方面，要引导居民合理消费和适当超前消费，提升居民消费能力。

（五）积极打造社区商业模式助力转型

随着广西城镇化水平不断提高，城镇社区已经成为广西城镇居民生活消费的重要区域，围绕社区居民提供各种各样的生活性消费品和消费服务，打造综合一体的社区商业中心成为经济发展到一定阶段的必然趋势。政府管理部门要在社区土地提供、社区交通基础设施建设、商业类型及模式创新方面给予充分的鼓励和引导，尤其需要创新社区商业管理体制和机制，为社区商业发展提供投资与贸易的便利，也为社区经济与社会协调发展提供制度保证。同时，要注意分类发展，对于一些新建社区，要注意维护市场秩序，发展新型生活性服务业；对于较为成熟的老社区，一方面需要加强监管，另一方面更应鼓励企业创新服务方式，提供优质消费品，努力塑造社区良好形象；对于未来规划建设的社区，要注意超前规划，将未来新建的社区商业中心作为引领广西社区生活性服务业发展的标杆。

第十一章　广西服务业转型升级的发展模式与对策建议

第一节　广西服务业转型升级的发展模式设计

一、服务外包模式

世界产业战略转移的大趋势正从生产外包转向服务外包，越来越多的企业通过购买第三方提供的服务来完成原来企业内部完成的工作。“外包”并不仅是简单地将企业内部的工作和流程转移到外部，还伴随着产业分工的继续深化，并逐步发展和开始形成多种新兴服务业，包括软件外包、物流外包和人事培训外包等，这些新兴的服务业统称为服务外包。服务外包促进了生产性服务业的急剧扩张和发展。服务外包按承接外包的境内外地域分，包括“域内外包”和“离岸外包”；按业务领域分，主要有信息技术外包（ITO）和商务流程外包（BPO），其中，信息技术外包占据超过60%的全球市场份额，商务流程外包市场份额近40%。由于服务外包可大大降低成本、优化产业链、提升企业核心竞争力，因此近年来全球服务外包发展极其迅猛，在客观上极大地促进了全球生产性服务业的发展。据联合国贸易与发展会议（UNCTAD）估计，未来几年，全球服务外包市场将以每年30%～40%的速度递增，2004年、2005年，总值分别达到3 000亿美元和5 850亿美元。2007年，总值突破万亿美元，达到1.2万亿美元。而采用服务外包模式发展生产性服务业需要具备较强的制造业实力。随着东部产业转移与广西工业的发展，广西在劳动力、基础设施等方面，有着一定的比较优势。不少发达地区的外资企业，已经陆续把一些劳动密集型的加工业、高技术制造业以及资本密集型的重化工业从东部地区向广西转移，利用广西的成本优势、区位优势来提升自身的竞争力。广西作为广东产业转移的基地，为广西采用服务外包模式发展生产性服务业创造了巨大的空间。此外，要留住外资企业在广西的制造企业，进而吸引其将更高端的制造环节转移到广西，必须为制造业的发展提供发达的生产性服务外包。可见，以广西获得东部产业转移为基础，利用服务外包模式发展广西的生产性服务业潜力巨大。依据广西生产性服务业发展的路径拓展，采用服务外包模式发展生产性服务业应聚焦以下两个重点领域。

（一）外需型服务外包

积极承接外需型服务外包业务，能提升生产性服务业的规模和能级，转变经济发展模式，增强国际竞争力。特别是承接离岸外包，是发展以服务经济为主产业结构的重要突破，是转变对外贸易方式、推动货物贸易向服务贸易转变的重要途径。

早在 2004 年，联合国贸易与发展会议（UNCTAD）就公布了以“转向服务业”（Shift Towards the Service）为主题的《2004 年世界投资报告》，该报告显示：近年来，FDI 的结构已转向服务业：20 世纪 70 年代初期，服务部门仅占全世界外国直接投资存量的 1/4，1990 年，这一比例不到一半，而 2001 年和 2002 年，服务业平均占外国直接投资总流入量的 2/3。1990—2002 年，第一产业和制造业在全球跨国投资中所占的比重分别由 9%和 44%下降到 4%和 29%，而同期，服务业的比重则由 47%上升到 67%；《2006 年世界投资报告》进一步显示，FDI 的重点也已转向服务业。随着国际服务业全球转移步伐的不断加快，现代服务业已在信息技术服务、人力资源管理、金融、保险、会计服务等多个生产性服务业领域有了飞速拓展。全球生产性服务业转移注重从功能稀缺性、规模性、集聚性等优势出发，吸引高质量的跨国服务机构及随之而来的网络、人才、管理、制度等外资服务业，创设关联产业效应，构建合理的产业体系，拉动区域经济增长。

（二）内需型服务外包

事实上，服务外包的覆盖领域和涉及行业，远远不止笼统划分的信息技术外包和商务流程外包两大类。按照国际公认的服务外包概念，其内容就达 18 个行业大类。广西积极发展外需型服务外包的同时，也不能忽视国内业务天地最为广阔的内需型服务外包。可以说，内需型服务外包更为丰富，涉及的行业领域更普遍，发展的前景也更广阔。特别是随着我国政府与现代服务业之间的互动合作更趋紧密，服务外包已成为我国本土企业和在华跨国公司提高市场竞争力、优化资源配置、降低综合成本的一种重要手段和必由之路。内需型服务外包的业务主要包括供应链与物流、装备制造业融资性租赁、第三方品质检验、第三方产品测试、产品 OEM（委托加工制造）、产品 ODM（委托设计加工制造）等。

以广西转向现代农业与先进制造业为契机，开拓生产性服务业。事实上，产业融合不仅成为广西产业转型升级的动因，同时也为广西生产性服务业开拓了内需型发展路径。随着广西城镇化步伐的加快，必须改造传统农业，走现代农业之路。为此，就必须大力发展为农业服务的生产性服务业，包括农业产前、产中、产后环节相关的现代服务业，如农村金融、农业技术支持、农产品市场营销等。此外，广西的服务业结构升级缓慢，生产性服务业的发展很不充分。由于产品线和产业链延伸不足，外商投资企业对本地金融机构的信贷服务依赖程度较低；产品研发设计、关键技术、零部件等依赖于进口，对本地研发设计或技术服务需求少。这种状况从一定程度上说明了在广西制造业对服务业的中间需求还很有限，生产性服务业尚没有扎根在高速增长的制造业土壤里，可以说，广西生产性服务业的发展尚处于初级阶段。制造业实力是发展生产性服务业的有力支撑。而随着广西经济发展而扩大的投资空间，尚未跳出制造业领域，生产性服务业并未吸引更多投资。先进制造业的繁荣，本身就会扩大现代服务业的投资空间。如部分制造业企业率先建立了创意产业中心和设计创意中心，建立了包括模具设计、软件设计、工程设计、服装设计、动漫设计、玩具设计、印刷包装设计、广告设计等设计平台。这些制造业企业将研发、设计外置，取别人之长，补自己所短，取得了巨大成果。在发达地区，越来越多的制造业企业将上述类似的非核心生产环节外包给生产性服务企业，极大地促进了当地生产性服务业的发展。与发达地区相比，广西的生产性服务业差距仍然较大。在世界先进的工业化国家中，服务业增加值占 GDP 的 70%，生产性服务业占服务业的 70%，我国的服务业增加值还不到 50%，广西的服务业增加值还不到 40%。可见，广西具备发展生产性服务业的良好基础和条件，依托向现代农业和先进制造业转型的契机，将极大地促进广西内需型生产性服务业的发展。

总之，广西应该抓住国际国内两个市场，既重视外需型服务外包，也不能忽视发展潜力更为巨大的内需型服务外包，应通过服务外包模式极大地促进广西生产性服务业的发展。

二、集聚区模式

发达地区的经验表明，当经济发展到一定阶段，在经济总量发展、经济结构变化和人口发展等因素的驱动下，集聚模式会由单一的大型 CBD（中央商务区）模式，向多极化、分散化发展，在原来的基础上演变扩展成若干个微型 CBD，即生产性服务业集聚区。依靠区域特色和功能，形成产业集聚是生产性服务业集聚区模式的特点。尽管服务业的发展是以市场为基础，但其产业特色的形成则取决于所在区域的特定功能。生产性服务业的发展依托由资源、禀赋、区位、经济和文化等因素所构成的功能，突出其区域优势和特色，建立起与区域功能相吻合的生产性服务业体系，从而与周边地区错位竞争，增强服务业的辐射效应。基于产业关联效应和社会网络效应而形成的集聚区，具有资源共享、服务网络系统和品牌效应的特征，客观上为生产性服务业的发展构筑起一个良好的产业生态环境。而通过品牌效应，服务企业获得更高的市场认同度和占有率，进一步提高该区域服务产品的市场需求；集聚区内企业之间的竞合机制，又提高了服务产品的有效供给水平，为生产性服务业的发展拓宽了市场空间。

集聚区模式之所以能使生产性服务业得以迅速发展，除了集聚区的区域特色之外，还与集聚区内部存在的互动机制相关。在生产性服务业集聚区内，生产性服务业能与现代服务业产生强烈的互动效应：一方面，城市的生产性服务业集聚为现代服务业的发展提供了充分的发展空间，生产性服务企业成为现代服务企业的重要客户和推动现代服务业快速增长的驱动力。生产性服务业的发展必然带动一个城市现代服务业的发展，生产性服务企业密集的地区则会对现代服务业的发展提出更为强烈的需求。另一方面，现代服务业的发展是生产性服务业赖以形成的基础和条件。生产性服务业的产生和发展离不开现代服务业强有力的支撑，生产性服务业的生存环境要求必须有发达的现代服务业的配套。

为加快生产性服务业集聚区互动机制的形成，广西必须进一步加快发展现代服务业。近年来，广西现代服务业发展较快，现代服务业已初具规模，但仍需进一步提升和细化。现代服务业的范围很广，涉及银行、证券、租赁、通信、网络、咨询、策划、会计、审计、资产评估、法律、教育、培训、会议、展览、国际商务、现代物流等几十个行业，广西要做的努力显然还有很多。此外，广西还要推动有条件的中心城市成为国际性或区域性生产性服务业聚集中心。南宁、桂林、柳州、钦州、北海等中心城市，是广西的制造业和加工工业基地，加快生产性服务业向中心城市聚集，加快集聚区互动机制的形成，显著增强其产业组织、供应链管理、市场营销和国际接单能力，对广西经济和产业发展也能形成更强大的辐射带动效应。

根据生活性服务业发展的规律，广西采取生活性服务业集聚区的发展模式，应该充分考虑如下诸多因素：第一，要为生活性服务业的产业集聚形成提供便捷的综合交通运输服务，这是生活性服务业物流、人流、信息流汇聚的前提，只有具备高效通畅的交通运输网络，才能为参与生活性服务业生产和消费的市场主体带来高效、便捷的良好体验。第二，要为产业集聚整理整顿各种规章制度。生活性服务业企业是服务提供方，繁杂的行政管制和样式繁多的税费，将会打击它们提供服务的积极性和创造性。第三，生活性服务业集聚需要制定长远规划，从空间布局、产业引进到配套设施建设，以及后期管理都需要政府进行顶层设计，然后政府采取政策和资金引导，促进市场自发形成，如此才能形成持久的产业集聚效应和产业竞争力。

三、外资拉动模式

我国吸引FDI已经连续15年位居发展中国家首位，加之全球FDI的投资方向和重点已经转向服务业，这些都为我国加大服务业开放力度、利用FDI发展生产性服务业创造了难得的机遇。广西近年来吸引的FDI也逐年增长，特别是中国—东盟自贸区建成，以及“一带一路”倡议提出以来，FDI增速较快。总体上看，广西已经初步具备了承接生产性服务业国际转移的条件。广西良好的区位优势、政策红利与国家发展规划，使广西对跨国公司的吸引力越来越强。

外资拉动模式促使广西生产性服务业加快发展的机制，是增加的外需所导致的。广西应该及时抓住此种需求的特点和重点，以承接国际离岸服务外包为切入点和重要突破口，积极参与服务业全球化进程，稳步扩大基础性服务业和现代服务业的开放力度，完善服务业双向投资贸易政策，特别是全面提高服务业吸收外资水平，带动整个服务业快速发展。承接国际离岸服务外包需要在特殊功能区域开发开放上进行大胆探索和创新。学习通过建立出口加工区和针对服务业的科技园区来吸引各种离岸服务外包的经验，积极研究国际离岸服务外包发展中存在的瓶颈问题，先行先试，加大探索和突破力度。可考虑选择综合型多功能自由贸易区模式，创造与国际服务业接轨的体制、制度环境，打造若干面向全球的服务中心，全面提高广西承接国际服务业外包和转移的能力。

此外，培育外需机制，还需要相应地推进广西服务业体制和政府管理模式的全面创新。首先，要坚持以开放促改革促发展，以扩大服务业开放推动服务业体制和管理的创新。其次，深化体制改革和创新，要加快垄断性行业的改革和开放。通过引入外部战略投资者，加快广西服务业的重组和技术改造。再次，要加快建立和完善法律法规制度。推进建立现代企业诚信制度，加强知识产权保护，保证广西国际离岸服务外包有一个良好的发展环境。最后，积极争取财政和金融支持，推动国际离岸服务外包投资促进工作。培育一批具有自主知识产权、自主品牌和高增值服务能力的服务外包企业，打造国家级服务外包示范区，努力建设全球服务外包基地；建立健全鼓励服务外包企业自主创新的政策。此外，还要加强服务业监管体系建设，确保国家利益和经济安全。

就当前而言，广西采用外资拉动模式发展生产性服务业，一是要积极承接国际离岸服务外包。这既是广西发展服务外包的重点领域之一，也是广西扩大生产性服务业对外开放的重要抓手。要充分发挥广西的优势，培育一批具备国际化水平的服务供应商，提高接单能力，继续发挥在相关业务领域的优势，特别要注重培育承接BPO（商务流程外包）业务的能力，积极承接计算中心、呼叫中心、数据处理、技术研发、财会核算、售后服务等国际服务业转移，特别是逐步拓展一些具备优势和条件的高端业务。二是要继续开放生产性服务业市场，大力发展服务贸易，不断提高吸引FDI的质量和层次。要更多地吸引跨国公司、外资企业、国内知名企业来广西设立研发中心、运营中心和地区总部，积极引进国际生产性服务业的新理念、先进技术和管理经验，促进广西生产性服务业提高水平。同时，要积极进口广西国民经济发展急需的生产性服务产品，为制造业的转型升级提供服务支持。

四、融合嵌入发展模式

融合嵌入发展模式是指在城市商业中心、区域商业中心及商业综合体和商业街中，生产性服务业和生活性服务业相互融合、互相嵌入共同发展的模式。这种模式一般以生产性服务业为主体，生活性服务业作为配套。例如，在中央商务区或总部经济区，住宿、餐饮等生活性服务业作为配套服务，与金融总部、物流总部、商务总部等生产性服务企业总部融合在一起。

同时，也应该注意到融合嵌入发展模式也存在一定的问题。作为城市形象代表的城市商业中心或者商业综合体，必然要求前期有巨额投资，面临回收期长、投资效益低下等问题，同时又需要兼顾各方面利益，包括运营商、承租人、顾客等，势必会面临巨大的风险。有场无商，有地无业，国内外不少城市区域商业中心处于“空城”的状态。各类企业面临有场无客或者店多客少的风险，经过长时间瘫痪或者半瘫痪的状态，必然导致融合嵌入发展模式的失败。因此，一个成功的融合发展模式更应同时兼顾各方面的综合利益，实施商业综合体可持续发展的战略。再者，商业综合体也应着重注意，融合嵌入发展模式并不是各种各样商业的大杂烩，而是需要根据各个地区实际情况及实际的需要，发展各具特色、各具优势的商业综合体。要根据城市自身发展的产业、特点、面貌，寻找自身的卖点与差异竞争点。统筹规划合理的商业布局是关键，突出城市的发展特色是重点，不同的商业圈不同的嵌入模式可以进行互补，重点突出购物、餐饮、旅游、休闲、娱乐、养生、棋牌、写字楼、酒店等，合力形成城市综合效应。因此，一个成功的融合发展模式应实施差异化竞争战略，不能千篇一律，要因城制宜、因需发展形成城市的特色商业综合体。

五、“互联网+”发展模式

广西发展生活性服务业必须要主动对接互联网，采用“互联网+生活性服务业”发展模式。广西依托广西自由贸易试验区的区位优势，结合“互联网+”先进技术在全球范围内进行有效的资源配置，利用中国—东盟自由贸易区实现服务业的对外开放，改善原有的服务业发展环境。但是采取这种“互联网+”发展模式，广西首先需要加快相应配套基础设施的发展，建立生产性与生活性服务业专业市场，为生产性与生活性服务业供应商和顾客提供必要的场所，注重建立以互联网金融服务、电子商务服务、现代信息技术、跨境营销等方面为核心的互联网平台，特别是要加快电商物流网络建设，还有互联网运营人才引进和培养。其次，广西政府应充分发挥“互联网+”对专业资本市场的监督与管理，通过互联网专业技术对市场进行大数据统计，保证信息发布真实有效，遏制市场的自发性与盲目性，有效防止违法行为发生。通过对服务业市场的有效管理，可以增加销售交易成功的概率，有效地降低服务业交易成本，提升服务行业整体的运营效率。此外，由于互联网安全形势严峻，还要对一些传统企业及农村地区的网民进行相应的安全教育，减少互联网安全威胁。更为重要的是，要加大生活性服务企业在使用互联网开展经营活动方面的法律宣传，保证广西生活性服务产品在互联网上能够形成良好口碑，帮助企业创造更多的社会价值，实现广西生活性服务业良性发展。再次，广西可以充分利用“互联网+”技术积极培育生产性服务业与生活性服务业的专业经营主体，加快原事业单位进行企业化改制后的进一步改革，想方设法引入竞争机制、提高经营效率、缓解资金压力。比如，积极引入私人投资者，推行多样化的政府和私人合作模式，加大对生产性服务企业的税收优惠力度等，着力抓好金融服务、现代物流、电子商务、研发设计、人力资源服务、信息技术和会展服务七大领域，实施重点突破，将广西打造成为“一带一路”国际商贸物流中心、区域金融中心。最后，广西利用“互联网+”建立生产性服务业与生活性服务业的技术创新体系，生产性服务业应建立以企业为主体、市场为导向、产学研相结合的技术创新体系，包括政府实施支持生产性服务企业自主技术创新的财税政策。利用“互联网+”推动广西各类科研机构加强生产性服务技术的研发优势，以及和阿里巴巴、京东、苏宁易购、海航现代物流集团等企业的合作优势，促进相关企业加快自动驾驶、无人仓的技术研发，加快融入业态创新发展模式；通过提升信息化水平提高运行效率，推动实体经济供应链环节提升，改变广西生产性服务企业“散、小、弱”的现状。

第二节　广西服务业转型升级的对策建议

一、坚持政府主导，注重各产业协调布局

产业布局合理是区域经济可持续增长的重要基础，政府在城市定位和产业发展中要起主导作用，根据自身的区位和资源，合理规

划布局服务业。未来，广西服务业的发展应由各级政府做出详细和明确的规划，由有关部门抓落实并做出相应的配套制度安排。加强顶层设计，科学编制广西现代服务业发展规划，进一步厘清发展思路，优化发展布局，释放广西现代服务业的后发优势。强化规划的引导作用，遵循错位发展、互补共赢的原则，使相关产业链条在一定区域内聚集，形成各有特色又相互关联的现代服务业集群，形成集约型产业发展模式，降低交易成本和商务成本。准确把握现代服务业生产要素向中心城市集聚的规律，将南宁定位为广西现代服务业的中心城市，在项目扶持、政策创新等方面给予倾斜和支持。大力支持南宁、柳州、北海、防城港、钦州、玉林等市发展服务业；重点发展水利、环境和公共设施管理业、卫生和社会工作业；做强南宁市的住宿和餐饮业，柳州市的租赁和商务服务，桂林市的居民服务、修理和其他服务业，梧州市的卫生和社会工作，北海市的水利、环境和公共设施管理业、金融业，防城港和贵港市的交通运输、仓储和邮政业，钦州市的教育，百色、贺州、河池、来宾、崇左等市的公共管理、社会保障和社会组织业。

目前，广西制造业的整体竞争能力偏低，多数制造企业处于加工生产制造环节，产业缺乏深度的价值链，而现代生产性服务业要求能将知识、技术等投入要素嵌入传统制造环节。如产品的研发、制造成本的降低与制造系统平台的构建，即能够有效地将计算机软件、信息技术传输、科学研究与技术服务等现代新兴生产性服务业嵌入广西工业体系中，有效推动制造业与现代服务业的融合。就目前广西服务业内部结构而言，带有传统服务业性质的交通运输、仓储与邮政业、批发零售业、租赁与商务服务业在服务业内部所占比重较大，部分传统生产性服务业比重较东部发达地区也有一定优势，然而这些传统生产性服务业以劳动、资本等传统要素投入为主，依靠知识、技术等创新投入要素的服务业发展程度低，如金融业等。尤其是在制造业体系中，积极培育与柳州汽车制造、生产与研发相关的实验室和研发机构，同时，加强经济技术开发区与其他区域之间的知识链接，建立促进产业转型与高端人才相结合的合作组织，加强与区外大学、科研机构的创新要素之间的互动。提高开发区内的制造业信息化、智能化、服务化水平，通过产业、科研、外部科技服务的机构产业知识同盟建设，全面提高区内制造业服务化的能力。积极推进“千亿元产业”建设，推进电子信息产业园区的建设，设立现代服务业产业园区与服务业产业基金，引导广西服务业内部结构向高端化转型发展，推进产业结构的优化。

现代服务业集聚区是促进广西服务业向更高层次发展的重要载体，现代服务业集聚区的规划与建设也是广西主动适应新常态、转换发展动力和调整结构的重要举措。借鉴上海、江苏和浙江等发达地区现代服务业集聚区的发展经验，规划应突出广西在“东盟、三沿、三南”开放合作战略部署中的特殊作用，结合广西经济发展的特点与实际情况，在近期重点建设为生产服务的现代服务业集聚区，兼顾发展为消费服务的现代服务业集聚区，主要鼓励发展现代物流集聚区、科技服务集聚区、新型（特色）专业市场、文化创意与设计服务集聚区、健康养生服务集聚区、金融商务集聚区、软件与信息服务集聚区、旅游休闲集聚区、现代教育服务集聚区和综合性服务集聚区10类现代服务业集聚区。其中，新型（特色）专业市场既包括在传统专业市场的基础上，通过信息化改造和提升，具有电子商务和物流配送等新业态、新功能的专业市场，又包括能够体现广西资源、区位、产业等特色，规模较大、运营模式较新，具有一定区域影响力的大型综合批发市场、专业市场园区、电商交易中心和大型商贸综合体等。

二、坚持市场运作，更加注重提升供给层次

我国《服务业创新发展大纲（2017—2025年）》指出，我国服务业发展需要坚持市场主导、质量至上的基本原则。以市场需求为导向，顺应消费升级趋势，提升服务品质，充分发挥市场在资源配置中的决定性作用，更好地发挥政府作用，在公平竞争中提升服务业竞争力。树立质量第一的意识，健全服务质量治理和促进体系，打造以标准、质量、品牌为核心的竞争优势，全面提高服务业发展质量和效率。广西也应把坚持市场主导、质量至上作为服务业发展的基本原则，树立质量第一的意识，逐步建立以标准、质量、品牌为核心竞争优势的发展战略。

具体来说，需要坚持市场运作，放宽市场准入，促进现代服务业加快发展，提升服务业的供给层次，主动发展前瞻性服务业。从西部各省服务业固定资产投资主体看，国有经济为主要投资方。2006 年，广西服务业固定资产投资中国有、有限责任公司、私营、个体四种投资主体的投资额达到了总投资额的 91.5%，其余所有制方式在资产投资上的贡献较小。要积极探索和引入市场竞争机制，允许和鼓励外资及民间资本以独资、合资、合作、联营、参股、特许经营等方式进入。政府制定合理的市场主体资质、市场准入条件和服务质量标准，建立公开透明、管理规范和全业统一的市场准入制度。对服务业市场准入的有关规定进行清理，降低市场准入门槛，废除不合理的、带歧视性的有关规定，改革市场准入的行政审批制度，减少行政审批项目。加强对服务市场的依法监管，整顿规范服务市场秩序，打造公开、公平、竞争有序的市场环境，通过市场主体有序竞争来提高服务业的供给质量。

三、促进广西生产性服务业的快速发展

2020 年是上承“十三五”、下启“十四五”规划的关键年份，也是深入贯彻改革开放的重要一年。“中国制造 2025”的推进离不开生产性服务业的支持，生产性服务业的健康发展有利于促进就业，改善民生，让老百姓尽快过上小康生活。因此，要积极解决广西生产性服务业的短板，推进生产性服务业快速发展。

（一）积极响应党的号召，推进生产性服务深化改革

目前，我国正在加快推进国企改革，垄断行业降低准入机制门槛，引进民营企业，释放市场活力，制定企业走出去策略。我国具有一定规模的企业大多属于国企，在生产性服务领域当中，金融业、交通运输等行业都属于国企垄断行业，行业之间没有竞争压力，市场准入限制严格，透明度低，导致企业生产效率低、服务不积极、缺乏创新新动力。建议广西政府加快推进生产性服务的深化改革，根据不同行业的性质，建立公平、公正、透明、规范的行业

准入机制，引入民营资本积极参与生产性服务行业，创造条件让民营企业和国有企业站在同一起跑线上公平、公开、公正竞争。

（二）推进生产性服务业产业结构的调整升级

规模大的生产性服务业企业一般集中在金融、保险、铁路、客运、邮政、仓储等国有传统服务业企业和北部湾港口建设后引进的一些以港务服务为主的服务业企业，而房地产业，租赁和商务服务业，信息传输、计算机服务和软件业及科学研究、技术服务业均出现了企业规模小、多而散、竞争力弱等问题，导致广西生产性服务业的服务水平专业性程度低、服务附加值低，造成服务资源的无效配置。因此，广西在加大力度发展生产性服务业的同时，应该时刻注重生产性服务内部结构的调整和升级。

（三）重点发展生产性服务领域亟须调整升级的产业

目前，广西生产性服务亟须调整升级科学研究和技术服务业、金融业、房地产业这三个产业。在科学研究和技术服务、信息技术服务这两个技术密集型行业上，广西应该着力构建开放式的研发创新体系服务，培育达标的孵化器，着力壮大科技服务机构规模，加快推进科技服务云平台建设，为全区提供大众创业、万众创新生产性服务创新平台。在金融资本密集型产业中，应鼓励银行等金融机构开展创新型质押融资服务，做好“引金入桂”工作，引进更多金融机构，鼓励民营银行加入，将小微企业贷款适用范围扩大到制造业和服务业小微型企业，尽快解决中小企业融资难的问题。在房地产行业，应按照产能过剩处理方式，积极引导企业转型升级，合理安排房地产行业人才转型，努力促进产业去库存，积极引导房地产行业向“城市一体化发展”理念转型。

（四）优化生产性服务领域人才培养方式，展现新面貌

促进生产性服务业的快速发展，人才培养机制和引入机制是关键。广西应当按照“整体部署、分类推进、试点先行、逐步完善”原则，优化人才培养方式和专业学科，围绕现代服务业和现代工业，以企业“点菜”模式优化专业设置及课程设计，培养企业型人才，提升服务地方经济和社会发展的能力。

大部分提供生产性服务的企业都属于技术密集型行业，因此，对该行业从业人员素质和产业科技含量都有很高的要求。广西拥有一定的人力资源优势，但从业人员中专家型高级人才稀缺。因此，广西更要注重专业人才的培养和引进，要建立起多层次人才培养方案：加大投资，提升高校、职业技校人才培养力度；设立各种职业技能培训机构提供在职培训；积极吸引国内外优秀人才，提供优质环境待遇，留住人才；建立有效的薪酬管理、激励、人员流动和社会保障机制，创设良好用人环境。鼓励生产性服务业从业人员适应不断发展变化的市场需要，确保为生产性服务业提供高品质的专业人才。此外应加大对信息技术与计算机、科研等行业的科技投入，例如，推进传统物流业与新型物流业的重组，不断引进先进技术，通过加快发展海运、服务外包和综合物流等方式来促进信息技术服务业的发展，最终形成现代化物流体系。

（五）政府重视生产性服务业的发展并加大扶持力度

任何一个产业的快速发展都离不开政府的扶持。目前，广西生产性服务业制约着制造业的健康发展。政府应该降低生产性服务企业的税收负担，加大对生产性服务领域企业的财政支持，鼓励资本进入生产性服务行业，扩大生产性服务业服务种类和范围。政府应该积极扶持培育技术研发、新产品项目，并关注生产性服务领域企业的成长。

四、促进广西制造业产业调整升级

（一）加快传统制造业转型，鼓励高新技术产业成长

当前，我国在产业调整的过程中面临制造业产能过剩这一困难。一方面，我国努力寻找去产能的有效途径，比如，鼓励中国企业走出去，建立“一带一路”丝绸之路，等等；另一方面，鼓励产能过剩的产业向相关行业领域转型和发展，比如，推动供给侧结构改革等。广西制造业也正处于这样一个历史背景下，制造业中的初加工行业必须寻求出路，比如，积极引入高新技术，强化自主知识产权，赋予品牌效应，改变市场营销渠道，建立互联网销售平台，等等。耗能高、对环境造成污染的行业，政府应该通过税负机制鼓

励和支持企业积极寻求节能减排的有效途径，淘汰落后技术和设备，引进先进环保的设备。

（二）鼓励企业向价值链“微笑曲线”两端延伸发展

目前，全国制造业在整体上仍处于产业价值链中低端环节，特别是成千上万的代工企业赚的仍是“汗水钱”。当务之急，是将生产性服务要素植入“中国制造”，推动制造业价值链向“微笑曲线”两端延伸。2014 年《关于加快发展生产性服务业的若干意见》提出，发展生产性服务业要更多依靠创新驱动和市场机制推动。在创新驱动方面，强调要以新一代信息技术为支撑，积极发展“互联网+”新业态，鼓励有能力的工业企业重点围绕提高研发创新，不断向价值链高端发展。在市场机制塑造方面，应更多地从营造公平的市场环境角度来研究提出具体的政策措施，尽量减少对市场的行政干预。此外，还应该突出产业融合发展方式。制造业服务化是全球制造业，特别是装备制造业发展的重要趋势，因此，促进制造业服务化有利于生产性服务业和制造业的协调发展。

（三）依靠珠江三角洲，大力发展产业集群

制造业承载着国家的经济命脉，是保障民生、实现经济快速发展的基础，也是现代国家发展的重要力量。那么，工业合作区就是发达的制造业的根本保证。珠江三角洲正在面临产业结构升级问题，将大量的制造业产业转移到泛珠三角洲，广西最有机会承接珠江三角洲的产业转移，这会给广西第二产业及第三产业的提升带来前所未有的机遇，将带动整个制造业和生产性服务业的发展。借此机遇，政府应该加强北部湾经济区的软硬件的建设，完善园区交通运输服务机制，建设生产性服务配套性设施，提高科学研究技术开发水平，提高制造业的产业结构层次水平。

五、加快广西制造业与生产性服务业融合发展

目前，广西生产性服务业发展滞后导致生产性服务业与制造业的互动不足，直接制约了制造业结构的升级和生产性服务的发展。要促进两者的良性互动发展，应从以下几点着手。

（一）加大对技术和资本生产性服务业的中间需求，提升产业结构

目前，广西制造业对批发、租赁商务服务、交通运输行业劳动密集型产业的中间需求比重大，而对科学研究、金融、房地产、信息技术服务等技术和资本密集型产业需求略小。从宏观角度来看，广西应该加快对制造业的产业调整升级，优化生产性服务业的产业布局。从微观角度来看，广西应该改变制造业的初加工现象，通过增加生产性服务业中科学研究和技术的附加值，扩大融资渠道范围，提升产业增值环节价值和形象。另外，生产性服务业的发展也要依靠制造业基础发展优势，加快构建以现代生产性服务业为主的现代服务业体系。

（二）构建信息互动平台，加强生产性服务和制造业的联系

制造业通过内部专业化分工将非核心技术服务部门剥离出来，分离出来的生产性服务业需要根据制造业的内部需求信息适时调整产业结构。为了提高生产性服务业与制造业的信息沟通频率和产业关联紧密度，政府应该为产业之间的供需信息交流搭建公共信息服务平台，进而为制造业提供生产性服务企业的信用信息，完善生产性服务业的信用机制建设。

（三）改善生产性服务业与制造业的相互发展的环境

随着工业城镇化的推进，生产性服务业与制造业的关系越来越紧密。改善两者互动发展的外部环境，对产业升级有着积极的推动作用。广西生产性服务业处于规模小、分布散的局面，生产性服务业和制造业之间的联系仍然是局部对局部的联系，没有形成整体对整体的模式。这在很大程度上制约了两者的相互融合发展。当务之急，政府应该建立起生产性服务一体化发展的集合体，配合制造业产业升级的要求，加快形成整体对整体的互动服务模式。

（四）因地制宜，协调广西各地区发展

并非每个地区都需要将工业化、城市化、国际化、市场化发展到完美，有些地区处于内陆，有些地区邻近海域或者与外邦接壤，资源禀赋各不相同。各地区应该充分依据自身优势，发展优势产

业。工业化、城市化、国际化、市场化四个指标对南宁、柳州的影响皆比较大，可以继续提升，而贵港、贺州、河池、来宾四市生产性服务业受上述指标的影响较小，就需要继续挖掘其他促进该地区发展的因素，进而找到突破口快速发展。应依照广西经济发展的区域特征，因地制宜，在不同产业带优先发展不同的生产性服务业。比如，南宁可发展会展业，北部湾经济区重点发展海运、港务代理、服务外包、第三方物流等产业，西江经济带则担当东部产业转移承接地，重点发展物流和工业园区服务业，而桂西资源富集区重点发展科技、信息等生产性服务业从而促进下游产业链的开发。

（五）充分发挥政府的指导协调作用，确定合理的临港产业布局

世界各国或地区发展临港工业，无一不是以政府的规划投资和各项有利于发展的政策与措施为基础的。因此，广西政府应充分发挥其总体规划者与调控者的作用，明确港口的功能定位，注重临港工业的合理布局，建立生产性服务产业，为加快临港工业建设提供必要的行政保障，在土地出让、简化政府办事程序和提高效率等方面提供优惠政策和便利。同时，还应注意加强对岸线资源的整合利用，节约使用建设用地，建设临港工业园区，形成特色产业群，鼓励组建产业集团，以形成功能明确的现代化临港工业基地，发挥规模经济效应。

（六）发挥生产性服务业的产业集聚效应，推动临港工业集群发展

日韩临港工业非常重视产业集群，采用集群化发展战略和全球化生产模式，形成了临港型工业强大的国际竞争力。我国临港工业的发展也应通过发挥天然水深的优势，将港口运输与地区经济结构有机地结合起来，实施产业规划、优惠政策、产业配套等措施，注重培育新的产业集群，大力发展具有世界先进水平和规模效应的临港工业，如重化工业、电力工业等优势产业和支柱产业。同时，要借鉴鹿特丹、新加坡和我国香港地区的经验，注重产业的多元化发展，建立多层次、多元化的临港产业模式，并努力向技术型、知识

型的产业模式转变，力争形成区域特色鲜明、产业关联度大、创新能力强的新型临港产业集群。

（七）大力推进生产性服务业和临港工业的融合发展

产业融合发展是社会生产力进步和产业结构高端化的必然趋势，现代服务业与现代制造业的融合发展是现代产业经济发展的客观规律。在现代经济条件下，要做强做优临港工业，必须跳出单一性临港工业发展的窠臼，大力推进临港制造业与生产性服务业的融合发展，这也是当今世界著名港口城市发展的一条基本经验。

要加快推进二、三次产业的融合发展。从发达国家的发展经验来看，服务业占 GDP 的比重超过 70%，为制造业服务的生产性服务业占整个服务业的比重也在 70%以上。必须大力提高现代服务业的比重，特别是把制造环节的前“3”个环节和后“3”个环节潜力挖掘出来，争取生产性服务业比重有一个大的提高，引进或培育研发、设计、营销等专业机构，做大做强生产性服务业。

要大力推进现代物流和港航服务业发展。充分发挥港口优势，大力发展现代国际物流业，吸引更多的国际物流企业入驻，积极发展国际配送、国际中转、国际采购等，努力建设成为国家物流节点城市。抓住海洋经济发展战略的机遇，以大容量的港口物流为支撑，大力拓展大宗商品交易功能，努力建设特色大宗商品的市场交易中心、价格控制中心和资源配置中心。

要大力推进产业在空间上的融合。在大区域的范围内，产业的融合也包含着区域间的错位竞争。如目前长三角范围的重化工业趋同化比例很高，苏沪产业趋同率超过 86%，浙沪产业趋同率超过 90%。因此，广西临港工业要坚持“差异化发展、错位化竞争”原则，进一步发挥资源享赋、产业基础和港口优势，找准自己的定位，发展优势主导产业。

推进临港工业与相关产业融合互动发展。形成临港主导产业及上下游产业的互动发展模式；放大和拓展保税物流园区的功能效应，更好地为各类开放区、工业园区、科技园区、产业园区等服务；着眼于区域的角度，促进产业融合，带动经济的发展。

营造良好的临港工业外部发展环境，港口物流是临港工业的基础，大力发展现代物流、信息技术等为港口配套的服务业，为临港工业升级换代提供支撑和保障。同时，要促进临港工业和临港服务业相互结合，形成组合优势，实现产业互动，以产业融合作为发展的推动力，通过资金、技术、信息的有机结合，打造新型的临港制造业基地，提高区域整体竞争力，营造良好的临港工业外部发展环境。

六、补齐短板，做大生活性服务业这块“蛋糕”

总体来看，生活性服务业整体发展水平不高，结构不合理，且区域间发展不平衡，是广西服务业存在的突出问题和短板。要解决这些问题，归根到底还是要抓发展，做大生活性服务业这块“蛋糕”。一是要加快改造提升生活性服务业。促进交通运输、住宿餐饮等传统型服务业转型，大力发展连锁经营、物流配送、电子商务等组织形式和服务方式。大力发展旅游、健康养老等服务业，充分发挥广西生态、环境、气候等天然优势，提升广西生态环境的利用率和影响力。二是培育新业态。要积极繁殖、培育、发展新业态，使之成为拉动经济增长和带动经济转型的重要引擎。大力发展以互联网为核心的现代服务业，加强互联网基础设施建设，加快无线网络创新，发展物联网、移动互联、云计算、大数据等新应用，提升广西区域网络化、信息化水平，鼓励跨领域的技术合作，重点扶持“互联网+生活服务业”新模式，推动移动互联网、云计算、物联网与生活性服务业结合，引导企业化解过剩产能，提升服务品质。三是形成产业融合，增强功能凝聚。文化产业与旅游产业的结合点是文化产业园区建设。文化产业园区可依托本地旅游景区和文化基础设施平台，提供文化产品、文化传播服务和文化休息娱乐。

七、加大投入，为生活性服务业发展注入新动力

广西生活性服务业的发展离不开资金、技术、人才等方面的持续投入，只有不断加大各方面投入力度，才能为广西生活性服务业的发展提供足够的支持。一是加大资金投入。近年来，广西第三产业投资占全社会固定资产投资的比重在稳步提升，但与广东、浙江

等发达省份相比，整体投入明显不足。生活性服务业的跨越式发展需要一个积累过程，对此就要合理规划，对一些带动能力比较强的融合嵌入型现代服务业集聚区和物流交通网络要重点给予资金方面的支持，保证基本的水电、燃气、交通、通信等基础投入。特别是在自治区财政有限的情况下，继续安排自治区服务业发展专项资金，各级政府要充分发挥政府财政引导作用，吸纳多渠道资金参与生活性服务领域投资建设。此外，还可以针对生活性服务企业实施信用等级的分类监管，为企业融资发展提供有效的金融支持。二是加大科技投入。长期以来，由于广西教育相对落后，加上基础研究薄弱，以及可用于技术创新的配套条件不足，广西服务业整体科技研发投入不足、渠道单一，导致广西生活性服务业创新驱动能力不强。对此，就要注重广西生活性服务业领域的政产教融合，促进科技、教育与生活性服务业发展的深度融合，重点关注研发中介、技术转移、创业转移、科技咨询、知识产权等领域，推动广西生活性服务业领域的科技创新和技术投入。三是加大人才投入。根据国外经验，生活性服务业属于体验性特别强的行业，对从业人员各方面的要求都非常高。为此，广西就要充分利用现有生活性服务业人才资源，一方面通过开展各类职业技能比赛和职业技能鉴定，鼓励和引导企业及个人不断加大人力资本投资，提升从业人员的工作技能和职业素质；另一方面，要采取有效措施，营造良好的营商环境，吸引区外优秀的人才到广西择业创业，为广西发展生活性服务业提供智力支撑。

八、加大创新力度，释放生活性服务业发展新潜力

生活性服务业是一个准入门槛相对较低的行业，对从业人员和投入资本的要求都远远低于工业制造企业。也正是如此，使得广西生活性服务业成为吸纳劳动力最多的部门，但也是市场参与者鱼龙混杂、市场秩序最难以维护和控制的部门。对此，就需要广西政府创新管理制度和产业政策，加强生活性服务供给管理，激发广西生活性服务业发展的巨大潜力。一是制定和完善相关法规与行业标准，减少行政审批项目，清理、修订阻碍行业发展的条款或标准。

二是在降低市场准入门槛的同时，要加快建立健全生活性服务业企业准入、运营、退出等机制，加强对服务市场的依法监管，保证市场有序发展。三是实行生活性服务业市场准入制度。对餐饮、洗浴、家政等生活性服务行业实行分等定级管理，强化职业资质，严控低水平重复建设，确保服务质量。四是建立生活性服务业评价指标体系，建立抽样调查制度，完善统计监测制度，动态管理广西生活性服务企业。

九、利用资源，促进多种服务业模式共同发展

充分利用广西各项资源，对商业业态统筹规划，满足居民生活需求，由专业市场为主导的商圈向多业态、服务性、购物综合性的商业业态发展。一是选取1～2个社区作为社区商业中心建设试点。鼓励连锁企业通过兼并收购、特许经营、加盟方式对社区内零散店铺进行整合。建设面向社区的信息服务平台，建立设施健全、网络完备、功能完善的社区商业中心。二是结合演艺、旅游、酒吧等行业发展，以高中低端消费结合为原则，对生活性服务业聚集区进行统一规划建设，包括美食聚集区、酒吧聚集区、美容美发聚集区、摄影广场聚集区，实现规模效应。三是推动生活性服务业融合嵌入式发展。在写字楼相对密集的地区，通过商务、财政、城建等多部门的联动，规划建设商住分离、业态齐备的生活性服务中心，实现商业相对集中、商住相对分离的适合商务人士的生活圈。四是加快互联网团购的本地化运作进程，推动本地商品及服务团购，实现与淘宝、京东等大型电商的差异化经营。同时，完善以下几个方面：一是完善团购网站的商家信息搜索；二是为团购消费建立担保机制，增强网络支付交易安全；三是丰富团购网站的消费品种和服务内容；四是鼓励医院、养老和健身机构加盟；五是加大团购消费供给模式的宣传力度；六是对团购消费供给模式进行深度创新。

十、坚持社会参与，更加注重发挥集聚效应

广西服务业需分区发展，充分发挥中部城市的核心带动作用，做大增长极城市的服务业，更加注重发挥集聚效应。积极培育北部湾经济区作为广西服务业增长值新动力。

（一）西江经济带服务业发展建议

西江经济带拥有柳州、桂林、梧州、玉林等老工业基地，是广西工业制造业的聚集地及核心地带；同时，该经济带又兼具西江黄金水道、毗邻粤港澳的区位优势。基于上述现实，可从以下方面推进该经济带现代服务业发展：首先，以柳州为龙头带动沿江城市工业生产性服务集聚区的差异化互补发展。柳州工业基础雄厚、体系完备，制造技术人才储备较丰富，职业教育较为发达，拥有汽车、冶金、有色金属、机械制造等优势支柱产业。因此，柳州可以抓住传统产业转型升级的契机，发展工业设计和科技服务等生产性服务业高地。同时，加强同沿江市域的专业分工与协作，以差异化发展、协同互动为原则，带动本区域以工业为中心的生产性服务业的发展。桂林可以在发展轻工业、旅游产品加工服务业的同时，利用其高校较多的优势，为柳州等沿江市域提供上游工业商品设计服务；来宾、贵港可通过为柳州建立配套工业带动当地生产性服务业的发展。其次，以桂林为中心，推动沿江休闲旅游健康养老服务为主导的特色优势服务产业集聚区的建设。作为世界知名旅游城市，桂林旅游资源极其丰富，以桂林国际旅游胜地建设国家战略为契机，通过建设休闲旅游、健康养老服务产业集聚区，可鼓励旅行社、酒店、旅游交通、景区及地产、旅游会展等业态进行多元化经营聚集发展；同时，以桂林旅游带动柳州、贺州等桂北旅游路线的连片化、精品化，从而通过旅游业带动区域经济整体发展。再次，以梧州为前沿、以贺州为辅助，促进承接粤港澳产业的步伐，推动现代服务业发展。发挥梧州、贺州毗邻粤港澳的区位优势，加大招商引资力度，引进循环经济、电子信息、林产化工、生物医药、新能源等产业，进而加快产业转型升级步伐，从而带动两地现代服务业协同进步、组团发展。

（二）桂西资源富集区服务业发展建议

桂西资源富集区（河池、百色、崇左）最大的优势为矿产、水能、旅游、农业土特产等资源富集，发展资源型产业的潜力巨大。近年来，依托资源富集的优势，该区目前已逐步形成了铝、锰、有色金属、水能、制糖、红色旅游等特色优势产业基地，但仍存在以下问题：经济总量偏小，工业基础薄弱；资源优势产业深加工及精加工能力不足，产品的附加值低，产业链延伸受阻；产业结构单一，抵御市场波动风险能力不够。基于上述现状及问题，特提出以下建议：一方面，以有色金属优势产业为依托，引领有色金属生产性服务业体系的发展。一是通过构建“采选冶加一条龙、科工贸一体化”的有色金属产业集群，持续挖掘资源优势产业深、精加工能力，提升高附加值产品生产水平。二是以有色金属产业集群化发展为抓手，推进有色金属生产性服务业体系的构建，以有色金属供应链建设为中心，引导有色金属深加工、新材料研发、循环经济、新能源行业的发展，加快有色金属下游产业及相关配套建设，积极引入有色金属供应商、贸易商、服务商、物流商等现代服务业的聚集共生发展，实现有色金属产业链的延伸化及精细化。另一方面，以特色农业优势产业为主导，促进农业生产性服务业的建设。立足桂西三市特色农业资源优势，以大力推进特色农业现代化为契机，通过区域特色农业产业集群的建设，将相关农户、农业流通企业、农业加工企业等龙头企业，以区域化布局、产业化经营、专业化生产、市场化运作的原则在地区和空间上形成聚集，引导农业企业精深加工，拉长产业链条，并以此为契机，大力推进特色农业产前、产中服务业体系（种苗供应、技术指导、统防统治、农业机械等）及特色农业产后服务体系（加工、储藏、流通等）的建设，提高农业生产性服务业专业化程度。此外，以本区三市特色旅游资源为基础带动健康养老、旅游休闲服务体系的形成。立足河池的“长寿”品牌效应、百色的红色基因及崇左的沿边风貌等丰富、独特的旅游资源，大力开发红色旅游、长寿养生旅游、休闲农业生态旅游、民族文化旅游、边境旅游等特色旅游，通过三区连片、集中开发，形成规模化聚集发展，带动本区健康养生、养老、休闲旅游等现代服务业体系格局的形成与深化。

（三）积极培育北部湾经济区作为广西服务业增长值新动力

北部湾经济区拥有首府南宁及北海、钦州、防城港三个沿海城市，其具有得天独厚的区位优势，尤其利于外向型经济、港口经济和海洋经济的发展。鉴于北部湾经济区拥有的区位优势、资源禀赋、产业基础及政策机遇，建议从以下方面推动本区现代服务业的发展：一是立足本区石化、造纸、冶金优势制造业，带动生产性发展服务业规模聚集与扩张。以延伸、提升石化、造纸、冶金产业链广度及价值为切入点，完善研发设计和市场服务环节，拓展相关生产性服务业的需求，推动现代服务业向石化、造纸、冶金生产前期研发设计、中期管理和融资，以及后期物流、销售、售后、信息反馈等延展渗透，以培育壮大现代服务产业集群，形成完善的现代服务体系。二是以人力优势为基点，推动新型高端服务业态的壮大。利用首府南宁全区政治、经济、文化中心的地位及高校集中、高端人才资源较丰富的优势，大力推动电子商务、金融服务、软件信息服务、文化创意设计服务及面向东盟的国际教育服务等高端新型服务业态的发展。三是以滨海、临港优势带动现代物流、国际航运、旅游养生等服务业的发展。依托北海、钦州、防城港三市滨海、临港的区位优势，进一步推动三市重点发展保税综合物流集聚区、航运服务集聚区及滨海旅游、健康养生服务集聚区。

总之，以区域优势产业引领广西现代服务业发展是统筹推进"两区一带"经济发展的必然要求，有利于统筹促进"两区一带"相互借力、互补发展，有利于促进本区区位和资源优势的转化，有利于推动广西产业转型升级和经济协调发展。